Recortes

Antonio Candido

Recortes

todavia

Para Clarisse, Laura, Dora, Maria Clara, Antonio, Elisa e Teresa

Explicação **9**

1. Drummond prosador **11**

2. Fazia frio em São Paulo **23**

3. A vida ao rés do chão **26**

4. O mundo desfeito e refeito **35**

5. Os dois Oswalds **42**

6. Oswaldo, Oswáld, Ôswald **52**

7. O diário de bordo **56**

8. Navio negreiro **59**

9. Cartas de um mundo perdido **65**

10. Erico Verissimo de 1930 a 1970 **78**

11. Mestre Alceu em estado nascente **92**

12. Fernando de Azevedo **97**

13. Aquele Gilberto **101**

14. Um crítico fortuito (mas válido) **103**

15. Dialética apaixonada **110**

16. O gosto pela independência **118**

17. Roger Bastide e a literatura brasileira **121**

18. Machado de Assis de outro modo **129**

19. Acerca de André Gide **137**

20. À roda do quarto e da vida **141**

21. As transfusões de Rimbaud **146**

22. Realidade e realismo (via Marcel Proust) **153**

23. Os brasileiros e a nossa América **161**

24. O olhar crítico de Ángel Rama **176**

25. Em (e por) Cuba **186**

26. Discurso em Havana 198

27. Cuba e o socialismo 204

28. Lucidez de Cruz Costa 208

29. Bettarello 215

30. A força do concreto 220

31. Lembrança de Luís Martins 224

32. Discreto magistério 228

33. Sobre a retidão 231

34. O companheiro Azis Simão 235

35. Arnaldo 242

36. Dispersão concentrada 245

37. Hélio versus demônio 250

38. Censura-violência 254

39. Salinas no cárcere 259

40. Literatura comparada 262

41. O recado dos livros 268

42. Cinematógrafo 276

43. Um verão, em Berlim 282

44. Nas Arcadas 288

45. O barão 293

46. Mário e o concurso 299

47. Patrimônio interior 304

48. Caipiradas 308

49. O mundo coberto de moços 313

50. Abecedários 319

Registro das primeiras publicações 335

Explicação

Os ensaios que andei reunindo em livro pela vida afora eram relativamente longos e presos por afinidades temáticas, seja no conjunto, como em *Tese e antítese*, seja nas partes, como em *A educação pela noite*. Além disso, eles tendiam em geral ao estudo, por causa do cunho analítico mais sistemático. Eu os coligi de preferência aos mais breves porque sempre achei que estes deveriam ficar na publicação de origem, devido ao seu caráter circunstancial de artigo, resenha, prefácio ou texto de fala. Penso que não tinha razão, pois muitas vezes um crítico se realiza bem nos escritos de circunstância, tanto quanto nos mais elaborados. Foi o que me decidiu a juntar esses recortes, que, ao contrário dos anteriores, formam um livro solto, com textos mais numerosos sobre assuntos os mais variados, embora alguns se aparentem com os vizinhos imediatos. E são curtos, pois poucos têm mais de dez páginas e na maioria não passam de quatro ou cinco. Outra diferença é que vários têm tonalidade pessoal, seja na evocação de amigos mortos, seja no relato de acontecimentos ligados à minha vida. Salvo meia dúzia de inéditos, os demais apareceram em publicações que vão devidamente registradas no fim do livro.

Antonio Candido de Mello e Souza
São Paulo, maio de 2004

1. Drummond prosador

Linguagem da província — Numa personalidade literária tão forte quanto a de Carlos Drummond de Andrade, o que primeiro fixa a atenção é mesmo a singularidade do traço. Ele é dos poucos autores brasileiros cuja escrita parece saliente no seu modo discreto, emergindo da página com relevo inconfundível.

No entanto, há também nele certo ar de família em relação a outros escritores do mesmo tempo e província. Talvez tenham tido em comum alguns pontos de partida na concepção do estilo; ou aquela aura difícil de definir que envolve os textos, mesmo dessemelhantes, devido a preocupações marcadas pelo timbre do lugar e do tempo. Estou pensando, é claro, na cidade ainda provinciana que foi Belo Horizonte até os anos de 1940, quando o prefeito Juscelino Kubitschek a sacudiu com manifestações culturais inéditas, semeou edifícios revolucionários na beira da Pampulha e plantou o Teatro Municipal, que ficou se arrastando como um esqueleto na verdura do parque. Naquela altura as linhas aéreas começaram a funcionar e encurtaram a distância do Rio, antes só alcançado por meio de viagens trabalhosas e empoeiradas, de trem ou de automóveis ainda lerdos nas estradas de terra.

Num dos *Contos de aprendiz* aparece o contato possível do poeta com a jovem capital, pela mediação de um personagem que vai para o internato, como ele foi para o famoso Colégio Arnaldo, cujo prestígio era grande na imaginação dos meninos do interior, não apenas devido aos postais vistosos de propaganda, mas pelo nome inusitado da ordem religiosa que o dirigia, os Padres do Verbo Divino:

> [...] em 1916, a cidade teria apenas cinquenta mil habitantes, com uma confeitaria na rua principal e outra na avenida que cortava

essa rua. Alguns cafés completavam o equipamento urbano em matéria de casas públicas de consumação e conversa, não falando no espantoso número de botequins, consolo do pobre. As ruas do centro eram ocupadas pelo comércio de armarinho, ainda na forma tradicional do salão dividido em dois: fregueses de um lado, dono e caixeiros do outro; alfaiates, ourivesarias de uma só porta, agências de loteria que eram ao mesmo tempo pontos de venda dos jornais do Rio e ostentavam cadeiras de engraxate. Um comércio miúdo, para a clientela de funcionários estaduais, estudantes, gente do interior que vinha visitar a capital e com pouco se deslumbrava.

Nessa rua principal (da Bahia) cortada pela avenida (Afonso Pena), o menino sofre a penosa decepção do sorvete, que se revela de um insólito intragável. E foi ali mesmo que o escritor cumpriria a fase mais crepitante da sua formação intelectual, nas livrarias, confeitarias e bares, convivendo com um grupo de amigos mais ou menos da mesma idade, cujo modo de praticar o humor, alinhar a frase, ver e comentar o mundo forma a aura meio vaga e nem sempre homogênea a que me referi.

Quase todos marcaram forte o seu tempo, e falavam, como se fosse um arcanjo, de um deles que morreu cedo, Alberto Campos. ("Alberto puxa a fieira", dirá o nosso poeta referindo-se aos companheiros mortos.) Eram: Carlos Drummond de Andrade, Milton Campos, Abgar Renault, Pedro Nava, Emílio Moura, João Alphonsus e alguns mais, a que se podem juntar os caçulas Cyro dos Anjos e Guilhermino César, que vieram pouco depois e arrancharam.

Como acontece na província, fez parte da formação deles algum atraso de gosto, misturado ao interesse ativo pela novidade. Assim, ainda poderiam discutir longamente sobre quem era melhor, Eça de Queirós ou Camilo Castelo Branco, e se impregnavam de Anatole France. Mas absorviam igualmente textos mais chegados a uma certa pré-modernidade, como os dos pós-simbolistas franceses; e em alguns deles a leitura de Remy de Gourmont instilou a liberdade nas preferências. De tal modo, que receberam e adotaram com sofreguidão a Semana de Arte Moderna, a ponto de formarem com os paulistas o eixo mais radical da vanguarda brasileira, que, na linha da vocação municipal dos mineiros, logo se desdobraria em Cataguases com os meninos-prodígio do grupo Verde.

Talvez daí tenha ficado neles uma certa disposição dupla para a ousadia das inovações e a fidelidade (embora transformadora) ao passado literário. Um escritor como Abgar Renault pertence à família exigente dos buriladores, que publica parcimoniosamente e cultiva os valores tradicionais. Por isso, recorta os seus sonetos com um rigor de fatura que surpreende quando comparada à liberdade do projeto e à fantasia do seu humor; por isso, os seus versos livres se dispõem com uma severidade que parece enquadrá-los na nostalgia de alguma métrica ausente. Nenhuma experiência é mais reveladora de certos aspectos desse grupo de Minas do que presenciar a luta de Abgar com as palavras, na redação aparentemente neutra (do ponto de vista estético) de um ofício ou certificado. O cacófato, a colisão, a assonância indiscreta, vislumbres de repetição, a suspeita de exatidão menor — são ponderados, depois triturados pelo trabalho forçado da pena, até o documento sair limpo, correto, exemplarmente destilado.

Pedro Nava é um caso à parte, porque, ao contrário dos outros, é tão abundante quanto Guimarães Rosa, foge ao escorço e não tem medo do labirinto. No entanto, a sua escrita imaginosa e torrencial é tão necessária que nenhum leitor consciente lhe pediria para suprimir algum pedaço dessa musculatura "diversa e ondulante". Ora, por muitos lados Pedro Nava é um homem das coisas antigas, fanático de genealogia, perito em brasões, nutrido de velhas leituras e *petite histoire*; mas inversamente — que modernidade extraordinária na sua irreverência, na visão desmistificadora que derruba com a mão esquerda o que a direita parecia consolidar de vez. Assim, usos, costumes, fatos, parentes, figurões, hierarquias, solenidades sofrem de repente a rasteira das suas conclusões desabusadas e dos seus palavrões justiceiros.

Outros, como Cyro dos Anjos, entram por uma porta diferente no espaço desses autores corretos e cheios de riqueza: entram pelo atalho da alusão; da elipse, amiga do humor; do ranço purista, meio sério-meio gozativo, numa espécie de ironia pela metade, "grande maior metade que seja". Em Cyro, como de certo modo no mais ácido Guilhermino César, vislumbra-se a curiosa modernidade mineira, feita com o sumo dos clássicos, temperada na leitura atenta mas divertida de velhos livros, que eles sabem transformar em adubo da prosa mais atual. Próxima desta linha ficaria a escrita mordente e humorística de Rodrigo Melo Franco de Andrade; e foi também alguma coisa do mesmo tipo que Carlos Drummond decantou ao máximo, obtendo a sua variante, que não exclui, todavia, o imponderável ar de família.

A prosa dos poetas — Há quase quarenta anos, resenhando *Confissões de Minas* no meu rodapé semanal da *Folha da Manhã* (atual *de S. Paulo*), anotei a diferença que me parecia haver entre os poetas e os romancistas brasileiros daquele momento com relação à escrita que praticavam fora da poesia e do romance. Quase todos os romancistas ficavam abaixo do que eram capazes de fazer no plano do imaginário, enquanto os poetas produziam invariavelmente prosa da melhor qualidade, desde a seca de Manuel Bandeira até a úmida de Vinicius de Moraes, passando pelo alto maneirismo de Mário de Andrade e a limpidez contida de Drummond.

Confissões de Minas foi o seu primeiro livro de prosa, e nele está a gama da sua virtuosidade fora do verso. Há crítica literária, estudos de personalidade, comentário lírico e anedótico sobre o cotidiano, mostrando que ele não é um cronista no sentido estrito, como são Rubem Braga, ou Rachel de Queiroz e Fernando Sabino quando fazem crônica. O que ele próprio chama assim são escritos de latitude maior, e por isso não houve espanto quando pouco depois publicou a novela *O gerente*, em modesto opúsculo das Edições Horizonte. Parecia que a ficção pura tinha saído naturalmente de um universo rico em imaginário e, ao mesmo tempo, penetração analítica. Universo cujos elementos ele modulou desde cedo a partir de um comando cada vez mais seguro da linguagem. Alguns anos mais tarde os *Contos de aprendiz* reuniam os seus escritos de ficção e o leitor tinha nova oportunidade para verificar este fato.

Na sua obra a prosa de ficção parece ter um papel indispensável, na medida em que constitui o ponto intermédio na gama que vai da poesia à crônica. Isto não quer dizer que haja isolamento entre os diversos tipos da sua produção, pois, ao contrário, muito da sua obra é constituída por um trânsito de mão dupla entre eles. Eles se interpenetram com efeito frequentemente, nem é novidade assinalar que na poesia de Drummond há um gosto acentuado pelo elemento narrativo, desde a tonalidade de *romance* popular ("O caso do vestido") até o poema notícia ("A morte do leiteiro"), com matizes que passam pela efabulação marcada ("O padre e a moça") e o relato como projeção pessoal ("A morte no avião"). Isso, para não falar nos limites fluidos da crônica propriamente dita, onde poesia e ficção se misturam a fim de produzir figuras variadas em torno da anedota, o caso singular, a cena de rua. Digamos que numa ponta ficam as estruturas especificamente poéticas, com função própria; na outra, certas prosas de cunho reflexivo ou polêmico, nutridas de ideia, protesto, denúncia, como as que têm atraído de maneira crescente esse escritor capaz de atuar com firmeza, mas sem brutalidade nem grosseria — coisa muito rara hoje. E, na base, o dom de uma prosa lírica e firme, correta sem afetação, que foi ganhando transparência mágica e ultimamente sabe incorporar com naturalidade o que há de mais expressivo nos torneios coloquiais e no vocabulário da nossa língua em mudança rápida. A partir da matriz possivelmente mineira, Drummond extraiu de um corte clássico do idioma os movimentos mais livres.

A ponte ficcional — Pensemos um pouco na prosa de ficção, para justificar se for possível a hipótese proposta. Seja um trecho no começo do conto "Beira-rio":

> Sete da manhã e o trabalho principiando no campo. O apontador chegava ainda com escuro, porque não conseguia dormir na casinha de pau a pique onde ele, mulher e filhos viviam como que em depósito, à espera de vaga na vila proletária. Os mosquitos resistiam a tudo, e o fio de som que emitiam no voo lento, indo e vindo, tecia sobre a cama uma espécie de cortinado. A mão, levantando-se, dilacerava a trama, que contudo logo se recompunha, e tão constante no seu dom de irritar que, se por acaso cessasse um momento, o silêncio feria por sua vez, de inesperado. Então, o apontador ia acordar o balseiro, e os dois, cortando o rio, presenciavam calados o nascimento do sol, que do campo em ruínas, na outra margem, ia tirando pouco a pouco uma usina em construção.

O que logo sobressai é a poderosa metáfora da teia, baseada num "equívoco", como diziam os antigos: o fio de som gera a ideia de tecido formado por ele, como se um sentido próprio se materializasse a partir do sentido figurado. Em torno da metáfora gira o trecho e ela lhe confere um toque de linguagem poética, situando-o para o lado da poesia. No entanto, é igualmente forte o elemento de referência ao real, que funciona como nível informativo ao modo de uma notícia: o empregado, que vive miseravelmente numa casa de pau a pique, atravessa o rio de balsa e vai para a construção da usina, onde é apontador — e aqui estamos perto dessas crônicas que fixam o cotidiano. Mas o trecho não é poema nem crônica, embora possa ser visto como oscilando entre ambos: é ficção, que talvez seja tão boa devido à presença de elementos ricos em poesia e singela realidade.

Para sentir o funcionamento desses aspectos na economia da escrita, registremos que o trecho é construído segundo uma descontinuidade temporal: a faina está começando, mas o apontador já tinha chegado antes dos outros porque não conseguiu dormir (o que constitui cronologicamente a terceira parte da sequência). Por enquanto, não sabemos a causa da insônia (primeira parte cronológica) nem como ele chegou ao trabalho (segunda parte cronológica). O esclarecimento deste último dado fica suspenso até sabermos em retrospecto o que aconteceu durante a noite (isto é, antes de tudo mais) para impedir o sono do apontador. O retrospecto separa a informação sobre o presente da narrativa em dois momentos cronologicamente invertidos (terceiro antes do segundo), e privilegia a linguagem figurada como fonte principal do discurso. A sua força é grande no plano da estrutura e no da linguagem, cujo curso inflete. Observe-se, com efeito, que o primeiro segmento do trecho (cronologicamente terceiro) é redigido em linguagem referencial; o segundo segmento (cronologicamente primeiro) se apresenta em linguagem figurada; o terceiro segmento (cronologicamente segundo) mistura referencialidade e figuração. Em termos drummondianos, é como se a partir dos dados informativos iniciais entrássemos surdamente no reino das metáforas, com o fio de som que tece um cortinado fantástico; e nele estamos no segmento final, onde o elemento informativo que faltava é revelado pelo poder criador do sol. Como se a irrupção da metáfora contaminasse todo o discurso, parece que agora o resto da informação não pode mais trilhar a via direta. Por isso, a realidade sai do bojo da imagem, na medida em que o sol transforma (o que parecia) umas ruínas, *tirando* delas a usina em construção. Graças a este jogo de linguagem referencial e linguagem figurada, dispostas segundo uma estrutura de descontinuidade temporal, Drummond institui a sua matéria na confluência da poesia e da crônica. Eis por que ficou dito que na variedade da sua obra, e apesar do baixo contínuo de um tom peculiar, a ficção pode ser posta idealmente no meio geométrico, vinculando os dois extremos.

Crônica entre aspas — Drummond chama de crônica ao resto dos seus escritos em prosa, mas creio que é preciso fazer algumas distinções para poder aceitar esta designação, a meu ver extremamente modesta. A julgar pelas coletâneas em livro, ela só pode ser considerada plenamente válida depois de *Fala, amendoeira*, pois o cronista foi se decantando a partir de uma atividade mais complexa, refletida nos livros iniciais, *Confissões de Minas* e *Passeios na ilha*, constituídos, como vimos, por uma série de escritos de natureza variada.

Entre estes, há alguns que têm características de estudo e manifestam um aspecto muito próprio de Drummond: a solidez da informação, que ele atenua por meio do tom ocasional, como se aquilo estivesse brotando à medida que a pena corre. É o caso da "Carta aos nascidos em maio" (*Passeios na ilha*), onde o conhecimento quase erudito se dissolve na gratuidade coloquial. Mas noutros lugares não ocorre este disfarce modesto; veja-se, no mesmo livro, "Rosário dos homens pretos", que deixa patentes a investigação documentária e a força da interpretação histórica. De fato, a dinâmica da sociedade mineira do século XVIII é analisada do ângulo da luta de classes, através das confrarias religiosas, e no fim surge o material documentário, para estaquear a argumentação e tirar qualquer dúvida ao leitor. Cronista? Só se for nalgum velho sentido de expositor penetrante dos fatos.

Poder-se-ia então dizer que em Drummond há entre outras uma vocação monográfica, disfarçada às vezes pelo relato impressionista. Lembro, sempre em *Passeios na ilha*, a longa e admirável "Contemplação de Ouro Preto", onde o leitor dificilmente pensaria noutra coisa além do simples registro de uma excursão, mas que traduz a realidade passada e presente, artística e social, religiosa e lúdica da velha cidade. Aliás, todos os escritos desta parte do livro, a que chamou "Província, minha sombra", formam um ciclo de interpretação da sua terra, com um discernimento lúcido e um saber que nem sempre consegue ficar latente.

Isso faz lembrar que alguns dos escritos desta parte servem para nos referirmos a outra modalidade de crônica, ligada a uma das obsessões do autor: a evocação da cidade de Itabira e da sua infância itabirana. Se leio "Antigo", na mesma série, concordo que pode ser uma crônica propriamente dita, pois nutre-se apenas da lembrança e das impressões, que fazem surgir imagens e transfiguram as cenas; a informação eventual está embutida. Mas quanto ao escrito seguinte, "Notícias municipais", fica meio difícil decidir se se trata de um trecho de memórias, uma notícia sobre a cidade ou uma livre divagação. Na verdade, deve haver lembrança individual, informação de terceiros, investigação documentária e interpretação da vida de uma comunidade em certo momento do tempo perdido, dando a ideia de que o escritor parou, consultou papéis, verificou datas e ocorrências a fim de elaborar um escrito que vai além da crônica sem perder o encanto da sua leveza.

Essa vertente da memória, como todos sabem, é um dos mananciais de Drummond e responde pelas variações que ele efetua a partir dos gêneros estabelecidos, criando modalidades que escapam às classificações, insinuando poemas no conjunto das crônicas de *Caminhos de João Brandão* ou *Poder ultrajovem*, dando tonalidades de crônica aos três *Boitempo*, *As impurezas do branco*, *A paixão medida*. Neste último caso, quando ele sai à busca de si mesmo na contracorrente do tempo, as fronteiras literárias se esbatem e tudo vira poema a seu modo, ligando a crônica à linguagem e procedimentos da poesia.

Assim, mesmo em escritos rotulados de *crônica*, muitos perdem o toque dominante da gratuidade ocasional (que costumamos associar ao gênero) e vão caminhando para outra coisa: poema, estudo, autobiografia — ou um certo tipo de reflexão, em geral bem disfarçada, que deixa para trás o pretexto imediato e mostra uma dimensão imprevista. Esta última modalidade leva a pensar que ele pratica ao seu modo aquilo a que Montaigne chamava ensaio, ou seja, o exercício em profundidade do pensamento, a partir de estímulos aparentemente fúteis ou desligados do que acaba sendo a matéria central. É em Montaigne que penso quando vejo Drummond, numa prosa que se apresenta como algo irrelevante, deslizar do papo para reflexões de um alcance e densidade que nos fazem incluí-lo na família mental dos que *ensaiam* o pensamento, a pretexto de motivos inesperados; mesmo quando ele volta de repente a algo que parece insignificante, como se quisesse, por meio desse particular corriqueiro, quebrar o *ensaio* e refazer a *crônica*. Ainda nisto lembra Montaigne, que pode partir da dor de dentes de um guerreiro antigo, em seguida filosofar sobre o estoicismo e acabar contando pormenores da sua administração doméstica ou dos seus males de entranha. Por isso, quando na crônica "Antigo" fala em "humana contingência", o leitor pressente alguma afinidade no ar e acaba lembrando a *humaine condition*. E aí concluímos que a designação *crônica* pode ser tão arbitrária em Drummond quanto *ensaio* em Montaigne. Num caso e noutro, os movimentos livres do pensamento e da imaginação vinculam estreitamente o detalhe insignificante à reflexão cheia de consequências, de um modo que escapa às classificações.

Além dessas modalidades, há outras. Qualquer leitor percebe que em Drummond, como aliás ocorre nos cronistas, a crônica é pretexto para pequenas criações ficcionais, escorregando não apenas para sketches, mas para verdadeiros contos, como "A bolsa", que abre o livro *A bolsa e a vida* com os seus quatro episódios. Em sentido diverso, referindo-se à unidade de tom de *Fala, amendoeira*, Rubem Braga diz que, "bem pensando, poderia ser uma novela ou pequeno romance de costumes". Foi a partir dessa altura, todavia (meados dos anos de 1950), que o cronista, que existiu nele desde sempre, foi se tornando mais *puro*, crescendo a quantidade de escritos que não hesitamos em chamar crônicas. E já vimos por alto que nos anos de 1960 ele começaria a intensificar a prática daquela modalidade de poemas que bem caberiam na definição *Versiprosa*. Aí, crônica em mais de um sentido, ficção e poesia se combinam sob a referência desta, mostrando a livre circulação de um autor que, sendo altíssimo poeta e não menos alto prosador, pode transitar entre os gêneros e acima deles.

Trabalho dividido — Se for assim, talvez seja prudente apagar os esquemas e divisões sugeridos nesta introdução. Como diria Jean Paulhan, *"mettons que je n'ai rien dit"* e pensemos sem maior preocupação na prosa admirável de Drummond como um dos modos dele exprimir a sua visão de si mesmo, dos outros, do mundo, variando-os segundo a ocasião e os desígnios pessoais. Mesmo porque, talvez só haja *um* Drummond, nem poeta, nem ficcionista, nem cronista, instalado na posição-chave da sua competência soberana, a partir da qual variam os modos de penetrar no meandro da "humana contingência".

Por isso, é claro que na sua poesia há ficção e crônica; na sua crônica, poesia e ficção; na sua ficção, crônica e poesia — tudo formando o que para ele decerto são tentativas, mas para nós são realizações completas e exemplares. Tentativas por meio das quais dá vulto às mesmas fixações, cacoetes e nostalgias; às mesmas frustrações, mas também aos deslumbramentos; e afinal às convicções fortes e contidas. Na sua obra surgem a cada instante a terra natal, a família, o mal-estar pelo desconserto do mundo, o desejo de vê-lo humanizado, a revolta com as coisas como estão, o divertimento em face do ridículo, a matreira redução da pompa à piada. Para não falar nas pulsões que vêm não se sabe de onde, como é o senso da mutilação, que pode estar numa crônica, nos poemas da mão suja ou nas mordidas afiadas da novela *O gerente*, cujas consequências são tremendas.

Isto faz pensar em certa divisão do trabalho literário, segundo a qual a prosa serviria para repassar a mesma matéria da poesia, mas num nível de menor tensão. A prosa de Drummond em geral distende o leitor e por isso é de excelente convívio. A sua poesia, ao contrário, força o leitor a se dobrar em torno de si mesmo como um punho fechado. E isto está de certo modo em harmonia com a natureza dos dois veículos. A poesia é mais tensa, porque depende de uma exploração constante da multiplicidade de significados da palavra. Nela, cada palavra é e não é o que parece, e na escolha semântica predominante, efetuada pelo poeta, fervem os significados recalcados, de maneira a estabelecer com frequência a dificuldade, a obscuridade essencial, solicitando a mobilização de todas as disponibilidades de compreensão do leitor. Já na prosa, o peso da mensagem a transmitir atenua na maioria dos casos a força tensorial, cada palavra encontrando o leito por onde corre mais livre. Em tese, é claro.

Por isso, sobre a base da personalidade literária de Drummond os poemas recolhem a parte mais tensa, e a prosa, a parte mais distendida. Ambas decantam a integridade do seu impulso criador, que recompõe, todavia, a unidade básica por meio daquela interpenetração de poesia, crônica, ficção que já ficou assinalada e ele procura muitas vezes demonstrar, fazendo "versiprosa", misturando os gêneros e jogando com a sua variada singularidade.

2. Fazia frio em São Paulo

Em 1934 Carlos Drummond de Andrade saiu daquela Belo Horizonte tranquila, traçada com régua meticulosa mas cheia de encanto, que ainda vive em romances de Eduardo Frieiro e Cyro dos Anjos, para ser chefe de gabinete do ministro Gustavo Capanema, no Rio de Janeiro. Veio o golpe de Estado em novembro de 1937 e ele continuou na mesma função, abrindo um capítulo curioso da relação entre o cargo que um escritor exerce e a sua liberdade de pensar e escrever. Ninguém ignorava que Drummond era então simpatizante das posições comunistas, que o Estado Novo proscrevia e perseguia, pois um dos pretextos para a sua instalação foi, justamente, o alegado perigo que elas apresentariam para a Nação, a Ordem, a Família e outras maiúsculas. Assim, o chefe de gabinete do ministro da Educação viveu, no exercício das funções, a fase mais ativa da sua militância intelectual de poeta comprometido com ideais de esquerda.

Os governos são mais ou menos elásticos quanto à liberdade de pensamento dos funcionários, de acordo com uma equação instável na qual se equilibram os seus interesses de segurança e a necessidade de recrutar quadros burocráticos capazes. Não esqueçamos que durante o Estado Novo Portinari pôde cobrir com afrescos revolucionários as paredes do novo edifício do ministério, projetado por dois arquitetos de esquerda. E que o próprio ministro dava mão forte a artistas e intelectuais, sem indagar qual era a sua posição ideológica.

De 1940 é o livro *Sentimento do mundo*, onde a poesia chamada participante ganhou no Brasil uma tonalidade diferente, pois o poeta conseguia exprimir o estado de sua alma de um jeito que importava simultaneamente em negar a ordem social dominante, não faltando poemas nos quais eram visíveis a adesão ao socialismo e a negação do sistema capitalista. Tudo isso em chave de lirismo, como alguma coisa que vem de dentro e existe antes de mais nada enquanto modo de ser; mas revelando tão claramente a posição política, incompatível com as funções do chefe de gabinete, que não foi possível lançar o livro no mercado, naquele momento de censura total. Ele saiu numa tiragem fora do comércio, de 150 exemplares, que, no entanto, se difundiram razoavelmente por meio de cópias feitas por leitores de empréstimo.

Eu era aluno de segundo ano na Faculdade de Filosofia da Universidade de São Paulo, onde apareceu certo dia um colega arvorando a preciosidade. O exemplar pertencia a Rubem Braga, com dedicatória e tudo, mas andava rodando de mão em mão e, por confiança do colega, parou nas minhas uns dois ou três dias. A impressão dominante foi de coisa nova, inclusive naquele terreno difícil onde os moços do meu tempo procuravam uma solução que convencesse, para além da geralmente fraca *poesia participante*. Era como se o poeta tivesse afinal conciliado de maneira exemplar "os óleos inconciliáveis da verdade e da beleza", encontrando o quid que poderia gerar a verdadeira poesia política, por meio da sua incorporação ao modo de ser e, sobretudo, de dizer.

Em 1943 escrevi a Drummond sem conhecê-lo, pedindo descaradamente colaboração para uma revista de jovens de que eu fazia parte. Ele respondeu com extraordinária cortesia, mandando palavras de estímulo e alguns poemas admiráveis, que depois apareceriam quase todos em *Rosa do povo*. Escolhemos três, que só foram sair dali a um ano, porque a revista passou por longo eclipse. Mas antes de acabar para sempre, no fim de 1944, pôde publicar em primeira mão um dos poemas mais belos e importantes da literatura brasileira contemporânea: "Procura da poesia".

De permeio, no dia 9 de novembro de 1943, os estudantes de direito fizeram contra a ditadura da época uma passeata de protesto, que foi dissolvida a bala pela polícia, com morte de um rapaz, ferimento de vários outros e dezenas de prisões. Como a censura à imprensa e ao rádio era absoluta, resolvi mandar a amigos do Rio uma informação sobre os acontecimentos, a fim de desmascarar ao menos para algumas pessoas responsáveis as deformações previsíveis da versão oficial. Foi o que fiz com a ajuda de uma colega no fim daquela tarde, contando inclusive que o dia estava cinzento, frio, com vento e uma chuvinha ocasional. Tiramos várias cópias a máquina, em papel fino, e mandamos à gente com a qual estávamos ligados, remetendo também uma para Drummond. Pensando na coisa, vejo agora que nunca soube se o relato chegou aos destinatários; mas tempos depois recebi de Drummond a cópia de um poema novo, "O medo", dedicado a mim e com epígrafe tirada de um artigo meu daquele ano — o que me encheu de um desvanecimento que se pode imaginar. Ora, lá aparecem uns versos que sempre supus alusivos ao relato dos acontecimentos daquela tarde de repressão violenta, embora nunca tenha me certificado a respeito com o autor:

Refugiamo-nos no amor,
este célebre sentimento,
e o amor faltou: chovia,
ventava, fazia frio em S. Paulo.

Fazia frio em S. Paulo...
Nevava.

Naquele tempo Drummond difundia os seus poemas políticos impublicáveis por meio de cópias remetidas aos amigos; estes, por sua vez, as multiplicavam e elas corriam o país, datilografadas e mimeografadas. Assim se espalharam: "Depois que Barcelona cair"; "Carta a Stalingrado"; "Telegrama de Moscou"; "Com o russo em Berlim"; "Mas viveremos"; "Visão 944" — recolhidos mais tarde em *Rosa do povo*, menos o primeiro. Por este meio o chefe de gabinete exercia uma atividade constante e decidida, animando muita gente com o exemplo de uma participação tão alta, naquele momento que para muitos deveria levar ao "mundo novo" que um dos poemas queria ajudar a nascer.

3. A vida ao rés do chão

A crônica não é um *gênero maior*. Não se imagina uma literatura feita de grandes cronistas, que lhe dessem o brilho universal dos grandes romancistas, dramaturgos e poetas. Nem se pensaria em atribuir o Prêmio Nobel a um cronista, por melhor que fosse. Portanto, parece mesmo que a crônica é um gênero menor.

Graças a Deus, seria o caso de dizer, porque sendo assim ela fica mais perto de nós. E para muitos pode servir de caminho não apenas para a vida, que ela serve de perto, mas para a literatura, como dizem os quatro cronistas deste livro[*] na linda introdução ao primeiro volume da série. Por meio dos assuntos, da composição solta, do ar de coisa sem necessidade que costuma assumir, ela se ajusta à sensibilidade de todo o dia. Principalmente porque elabora uma linguagem que fala de perto ao nosso modo de ser mais natural. Na sua despretensão, humaniza; e esta humanização lhe permite, como compensação

---

[*] Este escrito é prefácio do livro *Crônicas*, v. 5 da série Para Gostar de Ler, da Editora Ática.

sorrateira, recuperar com a outra mão certa profundidade de significado e certo acabamento de forma, que de repente podem fazer dela uma inesperada embora discreta candidata à perfeição. É o que o leitor verá em muitas que compõem este volume e os que o precederam na mesma série.

Mas, antes de chegar nelas, vamos pensar um pouco na própria crônica como gênero. Lembrar, por exemplo, que o fato de ficar tão perto do dia a dia age como quebra do monumental e da ênfase. Não que estas coisas sejam necessariamente ruins. Há estilos roncantes mas eficientes, e muita grandiloquência consegue não só arrepiar, mas nos deixar honestamente admirados. O problema é que a magnitude do assunto e a pompa da linguagem podem atuar como disfarce da realidade e mesmo da verdade. A literatura corre com frequência este risco, cujo resultado é quebrar no leitor a possibilidade de ver as coisas com retidão e pensar em consequência disto. Ora, a crônica está sempre ajudando a estabelecer ou restabelecer a dimensão das coisas e das pessoas. Em lugar de oferecer um cenário excelso, numa revoada de adjetivos e períodos candentes, pega o miúdo e mostra nele uma grandeza, uma beleza ou uma singularidade insuspeitadas. Ela é amiga da verdade e da poesia nas suas formas mais diretas e também nas suas formas mais fantásticas, sobretudo porque quase sempre utiliza o humor.

Isto acontece porque não tem pretensões a durar, uma vez que é filha do jornal e da era da máquina, onde tudo acaba tão depressa. Ela não foi feita originariamente para o livro, mas para essa publicação efêmera que se compra num dia e no dia seguinte é usada para embrulhar um par de sapatos ou forrar o chão da cozinha. Por se abrigar nesse veículo transitório, o seu intuito não é o dos escritores que pensam em *ficar*, isto é, permanecer na *lembrança* e na admiração da posteridade; e a sua perspectiva não é a dos que escrevem do alto da montanha, mas do simples rés do chão. Por isso mesmo, consegue quase sem querer transformar a literatura em algo íntimo com relação à vida de cada um; e, quando passa do jornal ao livro, nós verificamos meio espantados que a sua durabilidade pode ser maior do que ela própria pensava. Como no preceito evangélico, aquele que quer salvar-se acaba por perder-se; e aquele que não teme perder-se acaba por se salvar. No caso da crônica, talvez como prêmio por ser tão despretensiosa, insinuante e reveladora. E também porque ensina a conviver intimamente com a palavra, fazendo que ela não se dissolva de todo ou depressa demais no contexto, mas ganhe relevo, permitindo que o leitor a sinta na força dos seus valores próprios.

Retificando o que ficou dito atrás, ela não nasceu propriamente com o jornal, mas só quando este se tornou cotidiano, de tiragem relativamente grande e teor acessível, isto é, há pouco mais de um século e meio. No Brasil ela tem uma boa história, e até se poderia dizer que sob vários aspectos é um gênero brasileiro, pela naturalidade com que se aclimatou aqui e a originalidade com que aqui se desenvolveu. Antes de ser crônica propriamente dita foi *folhetim*, ou seja, um artigo de rodapé sobre as questões do dia — políticas, sociais, artísticas, literárias. Assim eram os da seção "Ao correr da pena", título significativo a cuja sombra José de Alencar escrevia semanalmente para o *Correio Mercantil*, de 1854 a 1855. Aos poucos o *folhetim* foi encurtando e ganhando certa gratuidade, certo ar de quem está escrevendo à toa, sem dar muita importância. Depois, entrou francamente pelo tom ligeiro e encolheu de tamanho, até chegar ao que é hoje.

Ao longo deste percurso, foi largando cada vez mais a intenção de informar e comentar (deixada a outros tipos de jornalismo), para ficar sobretudo com a de divertir. A linguagem se tornou mais leve, mais descompromissada e (fato decisivo) se afastou da lógica argumentativa ou da crítica política, para penetrar poesia adentro. Creio que a fórmula moderna, na qual entram um fato miúdo e um toque humorístico, com o seu *quantum satis* de poesia, representa o amadurecimento e o encontro mais puro da crônica consigo mesma.

No século passado, em José de Alencar, Francisco Otaviano e mesmo Machado de Assis, ainda se notava mais o corte de artigo leve. Em França Júnior já é nítida uma redução de escala nos temas, ligada ao incremento do humor e certo toque de gratuidade. Olavo Bilac, mestre da crônica leve e aliviada de peso, guarda um pouco do comentário antigo, mas amplia a dose poética, enquanto João do Rio se inclina para o humor e o sarcasmo, que contrabalançam um pouco a tara de esnobismo. Eles e muitos outros, maiores e menores, de Carmen Dolores e João Luso até os nossos dias, contribuíram para fazer do gênero este produto sui generis do jornalismo literário brasileiro que ele é hoje.

A leitura de Bilac é instrutiva para mostrar como a crônica já estava brasileira, gratuita e meio lírico-humorística, a ponto de obrigá-lo a amainar a linguagem, a descascá-la dos adjetivos mais retumbantes e das construções mais raras, como as que ocorrem na sua poesia e na prosa das suas conferências e discursos. Mas que encolhem nas crônicas. É que nelas parece não caber a sintaxe rebuscada, com inversões frequentes; nem o vocabulário *opulento*, como se dizia, para significar que era variado, modulando sinônimos e palavras tão raras quanto bem-soantes. Num país como o Brasil, onde se costumava identificar superioridade intelectual e literária com grandiloquência e requinte gramatical, a crônica operou milagres de simplificação e naturalidade, que atingiram o ponto máximo nos nossos dias, como se pode ver nas deste livro.

O seu grande prestígio atual é um bom sintoma do progresso de busca de oralidade na escrita, isto é, de quebra do artifício e aproximação com o que há de mais natural no modo de ser do nosso tempo. E isto é humanização da melhor. Quando vejo que os professores de agora fazem os alunos lerem cada vez mais as crônicas, fico pensando nas leituras do meu tempo de secundário. Fico comparando e vendo a importância deste agente de uma visão mais moderna na sua simplicidade reveladora e penetrante.

No meu tempo, entre as leituras preferidas para a sala de aula estavam os discursos: exórdio do sermão de são Pedro de Alcântara, de Monte Alverne; trechos do sermão da *Sexagésima*, de Vieira; *Oração da coroa*, de Demóstenes, na tradução de Latino Coelho; Rui Barbosa sobre o jogo, o chicote, a missão dos moços. Um sinal favorável dos tempos é esta passagem do discurso, com a sua inflação verbal, para a crônica e seu tom menor de coisa familiar.

Acho que foi no decênio de 1930 que a crônica moderna se consolidou no Brasil, como gênero bem nosso, cultivado por um número crescente de escritores e jornalistas, com os seus rotineiros e os seus mestres. Nos anos de 1930 se afirmaram Mário de Andrade, Manuel Bandeira, Carlos Drummond de Andrade e apareceu aquele que de certo modo seria *o* cronista, voltado de maneira praticamente exclusiva para este gênero: Rubem Braga.

Tanto em Drummond quanto nele, observamos um traço que não é raro na configuração da moderna crônica brasileira: a confluência, na maneira de escrever, da tradição, digamos clássica, com a prosa modernista. Esta fórmula foi bem manipulada em Minas (onde Rubem Braga viveu alguns anos decisivos); e dela se beneficiaram os que surgiram nos anos de 1940 e 1950, como Fernando Sabino e Paulo Mendes Campos. É como se (imaginemos) a linguagem seca e límpida de Manuel Bandeira, coloquial e corretíssima, se misturasse ao ritmo falado da de Mário de Andrade, com uma pitada do arcaísmo programado pelos mineiros.

Neles todos, e nalguns outros que não estão aqui, como, por exemplo, Rachel de Queiroz, há um traço comum: deixando de ser comentário mais ou menos argumentativo e expositivo para virar conversa aparentemente fiada, foi como se a crônica pusesse de lado qualquer seriedade no tratamento de problemas. Mas observem bem as deste livro. É curioso como elas mantêm o ar despreocupado, de quem está falando coisas sem maior consequência e, no entanto, não apenas entram fundo no significado dos atos e sentimentos do homem, mas podem levar longe a crítica social. Veja-se a extraordinária "Carta a uma senhora", de Carlos Drummond de Andrade, onde a menininha que não possui nem vinte cruzeiros faz desfilar na imaginação os presentes que desejaria oferecer à sua mãe no Dia das Mães. É como se ela estivesse do lado de fora de uma vitrine imensa, onde se acham os objetos maravilhosos que a propaganda criadora de aspirações e necessidades transformou em bens ideais. Ela os enumera numa escrita que o cronista fez ao mesmo tempo belíssima e liricamente infantil. A impressão do leitor é de divertida simplicidade que se esgota em si mesma; mas por trás está todo o drama da sociedade chamada de consumo, muito mais iníqua num país como o nosso, cheio de pobres e miseráveis que ficam alijados da sua miragem sedutora e inacessível:

> Mammy, o braço dói de escrever e tinha um liquidificador de 3 velocidades, sempre quis que a Sra. não tomasse trabalho de espremer laranja, a máquina de tricô faz 500 pontos, a Sra. sozinha faz muito mais. Um secador de cabelo para Mammy! gritei, com capacete plástico mas passei adiante, a Sra. não é desses luxos, e a poltrona anatômica me tentou, é um estouro, mas eu sabia que minha Mãezinha nunca tem tempo de sentar. Mais o quê? Ah sim, o colar de pérolas acetinadas, caixa de talco de plástico perolado, par de meias etc.

Veja-se depois, no limite do patético, firme e discretamente evitado pelo autor, a "Última crônica", de Fernando Sabino:

a família pobre que vai ao botequim celebrar o aniversário da menina com um pedaço de bolo onde o pai finca e acende três velinhas trazidas no bolso. Não será a mesma criança que escreveu a carta mirífica do Dia das Mães? Diz o cronista:

> Eu pretendia apenas recolher da vida diária algo do seu disperso conteúdo humano, fruto da convivência, que a faz mais digna de ser vivida. Visava ao circunstancial, ao episódico. Nesta perseguição do acidental, quer num flagrante de esquina, quer nas palavras de uma criança ou num incidente doméstico, torno-me simples espectador e perco a noção do essencial. Sem mais nada para contar, curvo a cabeça e tomo o meu café, enquanto o verso do poeta se repete na lembrança: "assim eu queria o meu último poema". Não sou poeta e estou sem assunto. Lanço então um último olhar fora de mim, onde vivem os assuntos que merecem uma crônica.

É quando vê o casal com a filhinha e assiste ao ritual modesto. Mas as suas reflexões, a maestria com que constrói a cena e todo o ritmo emocionado sob a superfície do humor lírico — constituem ao mesmo tempo uma pequena e despretensiosa teoria da crônica, deixando ver o que sugeri, isto é, que por baixo dela há sempre muita riqueza para o leitor explorar. Dizendo isto, não quero transformar em tratados essas peças leves. Ao contrário. Quero dizer que por serem leves e acessíveis talvez elas comuniquem, mais do que poderia fazer um estudo intencional, a visão humana do homem na sua vida de todo o dia.

É importante insistir no papel da simplicidade, brevidade e graça próprias da crônica. Os professores incutem muitas vezes nos alunos (inclusive sem querer) uma falsa ideia de seriedade; uma noção duvidosa de que as coisas sérias são graves, pesadas, e que consequentemente a leveza é superficial.

Na verdade, aprende-se muito quando se diverte, e aqueles traços constitutivos da crônica são um veículo privilegiado para mostrar de modo persuasivo muita coisa que, divertindo, atrai, inspira e faz amadurecer a nossa visão das coisas.

Este livro está cheio de exemplos disso; é quase só isso, de começo a fim. Nele são raros os momentos de utilização da crônica como militância, isto é, participação decidida na realidade com o intuito de mudá-la, coisa que apenas perpassa em "Luto da família Silva", de Rubem Braga, cujo assunto é a grande maioria dos homens que sua e pena para fazer funcionar a máquina da sociedade em benefício de uns poucos:

> A gente da nossa família trabalha nas plantações de mate, nos pastos, nas fazendas, nas usinas, nas praias, nas fábricas, nas minas, nos balcões, no mato, nas cozinhas, em todo o lugar onde se trabalha. Nossa família quebra pedra, faz telhas de barro, laça os bois, levanta os prédios, conduz os bondes, enrola o tapete do circo, enche os porões dos navios, conta o dinheiro dos bancos, faz os jornais, serve no Exército e na Marinha. Nossa família é feito Maria Polaca: faz tudo.
>
> Apesar disso, João da Silva, nós temos de enterrar você é mesmo na vala comum. Na vala comum da miséria. Na vala comum da glória, João da Silva. Porque nossa família um dia há de subir na política [...].

Aliás, este é um bom exemplo de como a crônica pode dizer as coisas mais sérias e mais empenhadas por meio do zigue-zague de uma aparente conversa fiada. Mas igualmente sérios são as descrições alegres da vida, o relato caprichoso dos fatos, o desenho de certos tipos humanos, o mero registro daquele inesperado que surge de repente e que Fernando Sabino procura captar, como explica na crônica citada mais acima. Tudo é vida, tudo é motivo de experiência e reflexão, ou simplesmente de divertimento, de esquecimento momentâneo de nós mesmos a troco do sonho ou da piada que nos transporta ao mundo da imaginação, para voltarmos mais maduros à vida, conforme o sábio.

Para conseguir este efeito, o cronista usa diversos meios. Neste livro há crônicas que são diálogos, como "Gravação", de Carlos Drummond de Andrade, ou "Conversinha mineira" e "Albertina", de Fernando Sabino. Outras parecem marchar rumo ao conto, à narrativa mais espraiada, com certa estrutura de ficção, como "Os Teixeiras", de Rubem Braga; ou parecem anedotas desdobradas, como "A mulher do vizinho", de Fernando Sabino. Nalguns casos o cronista se aproxima da exposição poética ou de certo tipo de biografia lírica, como vemos em Paulo Mendes Campos: "Ser brotinho" e "Maria José", ambas admiráveis.

"Ser brotinho" é construída por enumeração, como certos poemas de Vinicius de Moraes. Parece uma divagação livre, uma cadeia de associações totalmente sem necessidade, que deveria resultar em simples acúmulo de palavras. Mas eis que o milagre da inspiração (isto é, o poder misterioso de fazer as palavras funcionarem de maneira diferente em combinações inesperadas) vai organizando um sistema expressivo tão perfeito, que no fim ele aparece como a própria necessidade das coisas:

> Ser brotinho é poder usar óculos como se fosse enfeite, como um adjetivo para o rosto e para o espírito. É esvaziar o sentido das coisas que transbordam de sentido, mas é também dar sentido de repente ao vácuo absoluto. É aguardar com paciência e frieza o momento exato de vingar-se da má amiga. É ter a bolsa cheia de pedacinhos de papel, recados que os anacolutos tornam misteriosos, anotações criptográficas sobre o tributo da natureza feminina, uma cédula de dois cruzeiros com uma sentença hermética escrita a batom, toda uma biografia esparsa que pode ser atirada de súbito ao vento que passa. Ser brotinho é a inclinação do momento.

O leitor fica perguntando se ser brotinho não é um pouco ser cronista — dando aos objetos e aos sentimentos um arranjo tão aparentemente desarranjado e na verdade tão expressivo, tirando significados do que parece insignificante. "[...] dar sentido de repente ao vácuo absoluto" é a magia da crônica.

Parece às vezes que escrever crônica obriga a uma certa comunhão, produz um ar de família que aproxima os autores num nível acima da sua singularidade e das suas diferenças. É que a crônica brasileira bem realizada participa de uma língua geral lírica, irônica, casual, ora precisa, ora vaga, amparada por um diálogo rápido e certeiro, ou por uma espécie de monólogo comunicativo.

Nos autores deste livro percebemos tanto essa comunidade quanto o vinco da sua maneira pessoal. Apenas um deles é cronista puro, ou quase: Rubem Braga. Mas todos escrevem como se este fosse o seu veículo predileto, embora sintamos em cada um a presença nutritiva das suas outras atividades literárias: a precisão de Drummond, o movimento nervoso de Fernando Sabino, a larga onda lírica de Paulo Mendes Campos. Provindos de três gerações, eles se encontram aqui numa espécie de espetáculo fraterno, mostrando a força da crônica brasileira e sugerindo a sua capacidade de traçar o perfil do mundo e dos homens.

4. O mundo desfeito e refeito

Como estudar o texto literário levando em conta o seu vínculo com as motivações exteriores, provindas da personalidade ou da sociedade, sem cair no paralelismo, que leva a tratá-lo como documento? A única maneira talvez seja entrar pela própria constituição do discurso, desmontando-o como se a escrita gerasse um universo próprio. E a verificação básica a este respeito é que o autor pode manipular a palavra em dois sentidos principais: reforçando ou atenuando a sua semelhança com o mundo real.

A semelhança é reforçada quando ele escreve, por exemplo: "as nuvens pairavam no alto céu"; e é atenuada quando escreve: "bandos de carneiros corriam no campo azul". Neste caso, as nuvens lembram lã de carneiro e a sua quantidade pode evocar a ideia de rebanho; como os rebanhos circulam nos campos, o céu se equipara a um campo.

Nesta comparação, como em qualquer outra, há um duplo movimento: de um lado ela garante o nexo com o mundo, pois as nuvens são parecidas com carneiros, animais que conheço e posso observar diretamente; mas, de outro, perturba este nexo, pois as nuvens deixam de o ser no momento em que viram carneiros e, reciprocamente, estes não são mais carneiros, porque são nuvens. Daí uma tensão cheia de ambiguidade, da qual surge a linguagem poética, que a explora e incrementa, levando-a às últimas consequências, muito além do nível informativo.

Portanto, na comparação, sobretudo em sua forma mais radical, a metáfora, o mundo está e não está presente. De fato, graças a ela o escritor acentua a intensidade da analogia até parecer que não há mais mundo, mas sim uma mensagem com vida própria, podendo inclusive não se referir a algo que a experiência comprove. Explorando um pouco mais o que foi dito acima: este processo de desfazer a semelhança com o mundo pode dar-se pela substituição convencional ou pela substituição não convencional. Usando agora exemplos tirados de textos literários, lembremos, no primeiro caso, o poema "Booz adormecido", de Victor Hugo, baseado numa narrativa bíblica. Deitada ao relento entre os ceifadores, Ruth, com os olhos semicerrados sob os véus, vê o firmamento como vasto campo de trigo, no qual algum deus, algum ceifador divino deixou cair a foice quando ia embora:

[...] *et Ruth se demandait,*

Immobile, ouvrant l'oeil à moitié sous ses voiles,
Quel dieu, quel moissonneur de l'éternel été
Avait, en s'en allant, négligemment jété
Cette faucille d'or dans le champ des étoiles.

Belíssimo, mas enquadrado nos limites que a poética tradicional impunha para tornar aceitáveis as comparações, pois, de fato, o crescente lunar parece uma foice, e o céu estrelado uma campina cor de ouro.

Já num dos "Poemas da negra", de Mário de Andrade, a substituição insólita exige do leitor certo esforço de adaptação:

Ai momentos de físico amor,
Ai reentrâncias de corpo...
Meus lábios são que nem destroços
Que o mar acalanta em sossego.

A luz do candeeiro te aprova,
E... não sou eu, é a luz aninhada em teu corpo
Que ao som dos coqueiros ao vento
Farfalha no ar os adjetivos.

No embalo da ternura física, os lábios do amante são destroços boiando na ondulação dos gestos, enquanto o corpo amado, em vez de fazer jus a louvores, os produz ele próprio, como adjetivos espalhados pelos coqueiros ao vento.

As fases de transformação literária trabalham sobretudo esta segunda modalidade, enquanto nas fases estáveis predomina a primeira, mais conservadora. Mas a distinção é relativa, porque o anticonvencional de hoje poderá ser a rotina de amanhã.

Neste processo de desfazer a realidade o mundo vai se desfigurando e o objeto referido pela palavra parece passar dele para dentro do discurso. Aparentemente, não é mais o mundo, é outra coisa, que parece não existir fora dos limites do texto.

Para obter este efeito o escritor pode recorrer a diversos meios. A sua finalidade é encontrar recursos para dar realce ao discurso, no campo sonoro ou no campo semântico, sendo certo que as modificações ou singularidades no campo sonoro têm um poder singular de conferir toques semânticos. O resultado é a criação de um sistema específico de sentido, que pode ser convergente, paralelo ou divergente em relação ao sistema do mundo.

Como se vê, estou bordando à roda do ponto de vista de Jakobson, que se poderia simplificar dizendo que o discurso poético é aquele que chama a atenção sobre si mesmo. No limite (acrescentemos) ele tanto chama a atenção sobre si que faz esquecer o mundo, tornando-se outro mundo. Ora, para isso são fundamentais não apenas os efeitos de alteração sintática, mas também os de ritmo e sonoridade, que formam a base para as alterações no terreno da analogia ou do nexo, por sua vez atuantes no significado.

Vejamos um trecho do capítulo inicial, "Origens, memória, contato, iniciação", n'*A idade do serrote*, de Murilo Mendes:

O dia, a noite.

*

Adão e Eva — complementares e adversativos.
Meus pais: Onofre e Elisa Valentina, Adão e Eva descendentes.

*

A multiplicação dos pais. A multiplicação dos peitos. A multiplicação dos pães. A multiplicação dos pianos.

*

O jardim-pomar da casa paterna, limite traçado ao meu incipiente saber. O sabor das frutas. A árvore da ciência do bem e do mal ao meu alcance. Um esboço de serpente pronta para armar o bote. Outros jardins-pomares da casa de tias e primas.

O princípio que rege este texto é a assimilação alegórica do mundo nascente do narrador ao mundo nascente descrito pelo Gênese. Os pais, novos Adão e Eva, se multiplicam gerando o filho, que tem por menagem o Éden-pomar, onde estão as frutas reais e as frutas metafóricas das iniciações, junto às primas que também vivem a descoberta da vida em seus pomares edênicos. O recurso principal de escrita é a elipse, que sugere a experiência fragmentária e desconexa da infância, condicionando uma realidade aproximativa e descontínua, que parece residir mais nas palavras do que nas coisas que elas designam. O mundo da experiência racionalizada foi desfeito, reduzido a impressões fugidias incompletas, nascidas da percepção embrionária do menino pequeno. Mas a seguir foi refeito pela palavra, tratada como se sobre ela, não sobre a realidade, repousasse o significado profundo.

Interessante sob este aspecto é o terceiro segmento, que representa de maneira mais pura o processo de desfazer-refazer, porque somos embalados pela sua sonoridade antes de pensarmos com rigor no sentido. A mesma palavra (*multiplicação*) é repetida quatro vezes, multiplicando-se efetivamente, sempre ligada a outras irmanadas por uma homofonia feita de rimas quase toantes e entrelaçadas: pais-pães, peitos-pianos. É como se a palavra propusesse um mundo refeito por ela, de tal modo que o discurso parece propor-se como finalidade de si mesmo, ao chamar a atenção sobre si por meio dos recursos de sonoridade e simbolização.

Portanto, a lógica fônica parece antepor-se à outra, criando uma razão específica, antes de deixar ver a sua razão enquanto referência à realidade externa. Um discurso como este garante e ao mesmo tempo perturba o nexo com o mundo. Mas, milagrosamente, a perturbação torna o nexo mais significativo, porque ao destacar o discurso dá maior expressividade ao mundo. Aqui o mundo é o do nascimento, do aleitamento, das percepções iniciais. Mas para um católico como Murilo Mendes é também o senso do milagre (multiplicação dos pães, extensiva a outros níveis), que infunde transcendência ao cotidiano. E é senso de absurdo, exprimindo a nutrição espiritual através da arte, na proliferação surreal dos pianos, isto é, da sua sonoridade captada pelo menino. Talvez a articulação se deva a nexos de tipo associativo: o leite conduz ao pão (alimento); este é assimilado ao milagre da sua multiplicação por Jesus; o milagre por sua vez abre a possibilidade da multiplicação metonímica dos pianos. E assim vemos de que maneira um elemento ideológico, a religião, permite infletir o discurso no rumo do insólito, resultando o sentimento do cotidiano como milagre possível, ideia cara aos surrealistas e, por motivos em parte diferentes, a Murilo Mendes. É como se o sentido *interno* passasse de algum modo ao primeiro plano, pois dá vida especial ao sentido *externo*, isto é, o que garante a relação do discurso com o ser e com o mundo.

O processo de desfazer a semelhança da palavra com o mundo pode ir mais longe, a ponto da realidade interna do discurso, a sua autorreferência (se for possível dizer isto), parecer maior do que a referência externa. Veja-se como somos arrastados pela lógica própria das associações, sempre com base na repetição e na analogia sonora, neste outro trecho do mesmo capítulo inicial d'*A idade do serrote*:

As têmporas de Antonieta. As têmporas da begônia.

As têmporas da romã, as têmporas da maçã, as têmporas da hortelã.

As pitangas temporãs. O tempo temporão. O tempo-será. As têmporas do tempo. O tempo da onça.

As têmporas da onça. O tampão do tempo.

O temporal do tempo. Os tambores do tempo. As mulheres temporãs.

O tempo atual, superado por um tempo de outra dimensão, e que não é aquele tempo. Temporizemos.

Tudo se ordena ao redor da palavra *tempo*, segundo um critério sonoro, não lógico, pois as afinidades fônicas regem as associações que constituem o discurso, exprimindo o sentimento do tempo passado por meio de evocações em revoada da experiência infantil. Uma referência do parágrafo anterior amarra um pouco o significado, de outro modo completamente solto: "[...] no tempo em que não era antropófago, isto é, no tempo em que não devorava livros [...] as têmporas de Antonieta me tentavam e me alienavam, a mim o atento: que tento tenho, e quanto".

Neste trecho já se esboçava a dominância fônica da dental T, mas interessa mais notar que o menino se impressionou com as "têmporas" de Antonieta, fragmento da sua pessoa que se estende sobre o resto do mundo, porque tudo o mais passa a possuir têmporas, e a memória abrange todas as impressões remotas (isto é, do "tempo da onça", que foi "temporão" para ele) por meio de associações desencadeadas pela obsessão inicial. Resulta um universo fantástico, afastado do nosso, embora nascido rigorosamente dele em todos os seus elementos.

Portanto, o poeta efetuou uma substituição do mundo real por meio da força criadora da palavra. Poderíamos dizer que o mundo real está presente com a sua riqueza de gentes, frutas, folhagens, emoções, mas foi refeito no movimento da recordação, que transfigura. Tanto assim, que chegamos a perguntar se o verbo final, "temporizemos", significa mesmo o que os dicionários indicam: "adiemos", "demoremos", "aguardemos ocasião mais favorável", "contemporizemos". Não estará o poeta criando outro sentido, qualquer coisa como "mergulhemos no tempo para refazer o passado perdido"; ou "nos transformemos em tempo a fim de captar o passado"? Neste caso, seria qualquer coisa equivalente a um fictício verbo tempar. Mas o fato é que Murilo Mendes abre muitos significados possíveis, alguns virtuais, mostrando a capacidade que a palavra tem de refazer um mundo desfeito pelo impacto da imaginação.

5. Os dois Oswalds

Sempre me pareceu que Oswald de Andrade era dividido ao meio, como homem e como escritor, e foi o que comecei a dizer em artigos desde 1944. Eu escrevia que a sua obra ficcional era avançada e criadora nas duas narrativas que englobei depois sob a designação de "Par" — *Memórias sentimentais de João Miramar* e *Serafim Ponte Grande*. E era inesperadamente passadista, apesar da técnica, na "Trilogia", isto é, os três romances subordinados ao título geral de *A trilogia do exílio*, mais tarde substituído pelo do primeiro, *Os condenados*. Finalmente, achava que a série *Marco zero* (inacabada), prevista como coroamento de sua obra ficcional (já então com o intuito de fazer *literatura engajada*, como se dizia), era mal realizada e se aproximava da "Trilogia" como teor e qualidade.

As restrições dos artigos iniciais não agradaram obviamente Oswald, que se defendeu me atacando de rijo num artigo depois recolhido no volume *Ponta de lança*. Mas ao ver que eu continuava analisando a sua produção de maneira objetiva voltou às boas, e a partir do desentendimento as nossas relações, antes apenas cordiais, tornaram-se amizade estreita.

Concordo que é banal dizer de alguém que é dividido, porque no fundo todos somos. Mas há divisão e divisão. Mário de Andrade disse num verso conhecido: "Eu sou trezentos, sou trezentos e cinquenta, [...] Mas um dia afinal eu toparei comigo", e procurou cumprir este programa. De fato, o seu esforço foi sempre buscar unidade na vida e na obra, podendo dizer-se que tentou arduamente a coerência sem desconhecer as incoerências, como convinha a homem tão lúcido e reflexivo.

Oswald, ao contrário, era espontâneo e intuitivo, mentalmente brilhante, mas pouco ordenado. Por isso, nunca procurou domar racionalmente o jogo das contradições. Viveu com elas e elas formaram os dois blocos opostos a que aludi e indicam certa incoerência, que, aliás, parecia não perturbá-lo. Com sua enorme força de vida, ele sempre arrastou tumultuosamente as contradições não solucionadas.

Procurando sugeri-las, começo por verificar rapidamente o que ocorre em sua obra narrativa, a única que abordarei, lembrando que ele é quase sempre excelente na poesia, no teatro e no debate de ideias.

No "Par" dominam uma linguagem condensada e fulgurante, um estilo de tendência fragmentária admiravelmente adequado à visão anticonvencional, à completa ausência de sentimentalismo, ao sarcasmo e ao mais acerado humor. Na "Trilogia" parece que esta escrita, aparentemente a mesma, perdeu as asas, pois não se ajusta à concepção do mundo e dos personagens, tornada convencional e sentimental, séria entre aspas, própria da literatura de tônus baixo. O "Par" corresponde a um modo modernista e avançado, enquanto a "Trilogia" corresponde a um modo meio pelintra de origem decadentista, isto é, aquelas raízes indiscretas que Oswald não conseguiu liquidar de todo. Por isso, no "Par" as imagens são novas, ousadas e criadoras, mas na "Trilogia" são artificiais e grandiloquentes. Entretanto, os dois grupos de obras foram compostos praticamente lado a lado, intercalando-se como se o autor se desdobrasse num modernista e num passadista, num escritor aparentado às vanguardas europeias e num escritor ligado tanto à *écriture artiste* quanto à retórica neossimbolista.

Nessa diferença de *modos*, a presença ou ausência do humor deve ter sido decisiva, sendo certo que uma das grandes lições do nosso Modernismo foi o papel profilático, regenerador e humanizador do humorismo. "O claro riso dos modernos" (título de um artigo de Ronald de Carvalho) operou prodígios de higiene mental e social, caracterizando os grupos esteticamente coerentes, enquanto os escritores mais convencionais se revestiram de uma seriedade pouco séria que deve ter contribuído para levá-los a posições reacionárias a partir de um modernismo equivocado. Na literatura brasileira dos nossos dias há notória e lamentável decadência do humor, que agora só é cultivado pelos humoristas propriamente ditos, deixando de ser a brilhante senha que foi para tantos escritores avançados do período entre as duas guerras. É o caso, por exemplo, das vanguardas dos últimos decênios, que são compenetradas e sem graça, porque se levam a sério demais; e isso pode ser um perigo na vida intelectual.

Com os modernistas de 1922 era diferente, e nenhum deles mais do que Oswald usou o "claro riso" como ingrediente libertador, que nele foi também condição de excelência. Sempre que pôs de lado o humor, na "Trilogia" ou no *Marco zero*, a tensão baixou, e do Oswald rebelde e criador desprendeu-se um surpreendente Oswald sentimental, bem menos certeiro.

Mas as contradições não existiam apenas na obra narrativa; estavam presentes também no seu comportamento, no seu modo de ser e até de falar. Um traço que só pode ser avaliado pelos que o conheceram pessoalmente era o seu jeito empolado de dizer poemas e fazer discursos. Eu o vi diversas vezes nessas atividades e pude verificar que usava uma dicção cantada, modulando a voz como se estivesse imitando oradores canastrões. Nesse tom fez, por exemplo, o belíssimo discurso na sessão de encerramento do I Congresso Brasileiro de Escritores (1945), como se dentro do iconoclasta irreverente da Semana sobrevivesse o orador oficial (que de fato foi) do Centro Acadêmico da Faculdade de Direito, o XI de Agosto.

Também na vida pessoal Oswald denotava contradições interessantes. Ele casou seis vezes, geralmente com alguma formalidade de tipo legal ou religioso, e isso lhe deu fama de imoral e antifamiliar na esfera das classes média e alta de São Paulo. Ora, eu o ouvi dizer mais de uma vez, meio sério, meio brincando, mas com visível intuito de afirmar a sua natureza, coisas como: "Eu sou família!". Ou: "Eu sou o brasileiro que mais respeita o casamento. Quando quero uma mulher, caso com ela, ao contrário da maioria dos homens, que só têm uma mulher legal, mas muitas amantes sucessivas".

Vejo nesta atitude não apenas paradoxo, mas também mais respeito pela mulher e pela família do que é habitual na sociedade brasileira. A prova era a organização da sua vida doméstica, o ritmo dos eventos familiares, com festas, reuniões, almoços; ou o interesse pelo desenvolvimento mental de suas companheiras, que estimulava o que podia no terreno da cultura; ou, ainda, a dedicação e o profundo amor pelos filhos. Significativamente, estes, oriundos de três casamentos, acabaram sempre ficando com ele nos casos de separação, não com as mães, o que é índice do seu sentimento de responsabilidade familiar.

Concluo que havia nele o respeito pela mulher num plano essencial. Daí o fervor com que preconizava a sua liberdade e valorizava o seu papel. Verdadeiro precursor, queria vê-la como eixo da sociedade, remontando para justificar-se a teorias mais ou menos válidas sobre o matriarcado, que lhe serviram como ponto de apoio para condenar o patriarcalismo autoritário e abrir a perspectiva de um estado de coisas onde a preponderância feminina permitiria a igualdade econômica e o fim da violência. Convenhamos que, a ser o Barba Azul da lenda, seria um curioso Barba Azul familiar e feminista...

Talvez valha também a pena aludir à religião, pois nesse contundente adversário dos padres e da Igreja oficial, que dava a impressão de ter superado inteiramente a ideia de Deus, havia um substrato de fé, traduzido no acatamento por hábitos e práticas próprios de pessoas observantes. Os seus livros, até *A estrela de absinto* (1927) inclusive, terminavam pela fórmula de louvor a Deus: Laus Deo. Sabe-se que eventualmente rezava e houve quem o visse usando bentinhos debaixo da camisa. É provável que na raiz dessas sobrevivências estivesse a lembrança arraigada de sua mãe, que o educou na mais estrita fé católica e cuja memória ele sempre venerou.

Menos importante, mas ainda assim valendo menção, é a prosápia genealógica desse rebelde igualitário, que a partir de 1930 foi comunista militante e atacou de vários modos a burguesia e suas pompas. Com ar de estar fazendo blague, nunca deixava de mencionar por escrito ou em conversa, quando fosse o caso, que era descendente do capitão-mor Tomé Rodrigues Nogueira do Ó, fundador de Baependi no começo do século XVIII e tronco de uma importante família mineira depois alastrada por São Paulo e Rio, com marqueses, condes e barões no império. Isso, do lado do pai, José Oswald Nogueira de Andrade. Pelo lado da mãe se orgulhava de descender dos "Sousas de Mazagão", defensores desta última praça-forte portuguesa em Marrocos, aos quais contava que o rei d. José I mandara "dar o Pará", depois de Pombal lhe haver dito, em resposta a uma pergunta desdenhosa, que eram "tão nobres quanto Vossa Majestade".

Finalmente, o iconoclasta que ria das instituições oficiais ensaiou duas vezes candidatar-se à Academia Brasileira de Letras e quis ser professor universitário, fazendo em 1945 um concurso de literatura brasileira do qual saiu livre-docente, e ensaiando outro de filosofia no começo dos anos de 1950. Eu diria para brincar um pouco que naquela altura ele estava se contradizendo ao querer ser *chato-boy*, isto é, equivalente aos rapazes segundo ele estudiosos, sensatos e sensaborões, entre os quais eu... Aí, Oswald parecia querer entrar na pele da engraçada alcunha que inventou para caçoar dos jovens universitários de São Paulo.

Passo agora a outro tópico, cuja exposição pode dar elementos para ilustrar o anterior.

Em 1926 ele fez uma viagem ao Oriente Próximo, na companhia do filho mais velho (único naquele tempo) José Antônio Oswald (Nonê), da então esposa Tarsila do Amaral, e dos casais Altino Arantes e Cláudio de Souza, gente do tipo mais convencional que se possa imaginar. Altino Arantes — católico piedoso, autor de um escrito sobre *A devoção mariana perante a razão e o coração* — foi político importante, inclusive presidente do estado de São Paulo de 1916 a 1920, orador, membro da Academia Paulista. Cláudio de Souza passou bem cedo da medicina aos negócios e ganhou fama como autor de algumas peças de êxito, como *Flores de sombra*. Era da Academia Brasileira de Letras e foi depois mentor do PEN Clube do Brasil, caracterizando-se como literato do tipo *homem de sala*.

Ninguém imagina hoje esta companhia tão estranha para um Oswald que as gerações atuais imaginam como um ser à margem da vida burguesa. Mas, à maneira de outros modernistas, ele tinha ligações normais com ela e as manteve mesmo depois de entrar na luta comunista.

Os viajantes embarcaram em Marselha no vapor *Lotus*, visitaram Nápoles, Pompeia, a Grécia, Rodes, Chipre, a Síria, a Palestina e o Egito. A excursão rendeu duas representações literárias: uma ficcional de Oswald de Andrade, que é a viagem em escorço pitoresco de seu personagem Serafim Ponte Grande; e um relato de Cláudio de Souza, o livro *De Paris ao Oriente* (Rio de Janeiro: Gráfica Sauer, 1928), dois volumes.

O escrito de Oswald está na parte do romance intitulada por antífrase "Os esplendores do Oriente". São poucas páginas de prosa sintética, costurada de imagens em cascata, nas quais um Oriente esquálido é cenário de vertiginosa perseguição erótica das duas moças, Pafuncheta e Caridad Claridad, pelo protagonista. A experiência da viagem é transfigurada em substância de ficção.

De Paris ao Oriente parece contar a viagem como ela ocorreu, mas sem exatidão documentária, pois começa por suprimir o menino e as três senhoras. O narrador é anônimo e os nomes dos companheiros são discretamente alterados: Altino Arantes é Amaral, e Oswald, Gonçalo, não havendo, porém, razão para pensar que tenha havido distorção essencial dos fatos, além de toques literários inevitáveis. É possível que Cláudio de Souza alterasse o real pela imaginação, mas, se assim foi, ele o fez com grande propriedade, porque sentimos o tempo todo em Gonçalo a maneira de Oswald. Imagino que as diferenças (também sensíveis em muitos trechos) se devam ao fato de Cláudio de Souza reduzir ao seu jargão próprio o que fez e disse o companheiro de excursão, ou de descrever como efetivo o que pode não ter passado de possibilidade.

Assim, há um momento em que Gonçalo, aborrecido pela falta de banho no hotel, em Atenas, resolve lavar-se na torneira do corredor, nu em pelo (v. I, p. 51). Pode-se supor que Oswald tenha ameaçado burlescamente fazê-lo e Cláudio de Souza aproveitou para construir a cena. No caso das falas é provável que tenha procurado reproduzi-las com exatidão, acabando, no entanto, por deformar sem querer, ao passá-las pelo coador medíocre da sua prosa. Daí haver quase sempre um ar de diferença na semelhança. Mas isso posto, volto a observar que a invenção, o pastiche ou a paródia eventuais correspondem ao que era Oswald, permitindo considerar *De Paris ao Oriente* documento válido no geral. Com uma ressalva, todavia: quem está em cena é um Oswald em plena atividade de "espantar o burguês", pois é provável que em face daqueles dois monumentos acadêmicos bem-pensantes a sua verve se sentisse espicaçada e ele assumisse no dia a dia o comportamento de choque, criando o escândalo possível.

Desde o começo sentimos a sua presença em Gonçalo, como ele gordo, alegre, exuberante, iconoclasta e brincalhão, mas com um toque mais carregado de futurismo, talvez a maneira de Cláudio de Souza receber a mensagem modernista, sempre assimilada aos padrões de Marinetti pela opinião média. Ao jeito de Marinetti, Gonçalo tem horror dos monumentos, da arte tradicional, não ressalvando nada. E, à maneira de Oswald, usa a cada momento o paradoxo como arma de ataque e provocação. Por exemplo, quando reabilita o porco ou desqualifica a porta, que segundo ele é uma contradição, ao *abrir* o acesso de um espaço, a casa, feito para ser *fechado* (I, 8-9). Blagues de Oswald? Paródias pertinentes?

Também marinettiano é o constante louvor que Gonçalo faz à vida tumultuosa, às paisagens convulsas, contrapostas aos equilíbrios serenos, atitudes mentais que correspondem a um modernismo de programa. Mais característico é o comportamento, como em certa brincadeira na Síria, quando os viajantes são surpreendidos por um "Viva o Doutor Amaral, futuro Presidente da República do Brasil", partido em português de um grupo de árabes. Era um sírio que vivera em Minas e fora emprazado por Gonçalo... (I, 96). Bem oswaldiano é o episódio em Chipre, onde os viajantes são ciceroneados por um estudante grego que amava certa moça cipriota, cujo pai o rejeitava por não lhe conhecer a família. Então Gonçalo arquitetou o plano de apresentar-se com os amigos como sendo parentes, e ante o aspecto bem-posto do grupo o pai consentiu no casamento (I, 85). Quem conheceu Oswald ou leu as suas memórias sente a realidade provável do relato.

Tipicamente oswaldiana é a observação de Gonçalo no vale de Josafá, depois de ter avaliado as suas dimensões: "Estamos livres do júri final. O espaço não chega nem para a população da Palestina que é de oitocentos mil habitantes" (I, 193).

Ou também a sua recusa de participar de uma excursão pelo Nilo, alegando que ela estava toda no folheto turístico. E como prova expôs por escrito o que seria a banalidade do passeio, terminando assim:

> O Egito, a Grécia, Roma antiga, *et coetera, et coetera*, são pedras, são litíases, são cálculos renais a que os ureteres deram formas exóticas de Partenons, de Pirâmides, de Mesquitas, de Coliseus, do diabo a quatro e estão obstruindo a alma estética universal como fenômenos de retenção que acabarão em uremia grave. (II, 110)

Cláudio de Souza começa a alegada transcrição dizendo: "Dou a seguir as notas que ele jura nunca me haver enviado". Isso talvez queira dizer que, se neste caso ele deixou ver que se tratava de paródia, talvez nos outros tenha mesmo efetuado o registro, tão fiel quanto foi capaz de realizar, dos atos e ditos de Oswald. É o que sentimos em certos momentos que correspondem ao que ele era e fazia.

Na igreja de Pompeia, por exemplo, o narrador vê com surpresa o irreverente Gonçalo rezando. "A um olhar meu respondeu com o seu sorriso de sempre: — Com isto não se brinca, meu caro. Futurismo é lá fora!" (I, 31).

Em Jerusalém Gonçalo demonstra possuir sobre tapetes orientais um saber que causa admiração aos companheiros. Mas "descobrimos, depois, que se servia de um catálogo da *Oriental Carpet Co.* que trouxera de Esmirna" (II, 33).

Com efeito, a informação apressada e fragmentária, transformada em aparente erudição, era habitual em Oswald, leitor impaciente e salteado, que às vezes cortava apenas partes de um livro, sobre o qual podia não obstante falar com pertinência, graças ao talento excepcional e à capacidade de *pegar no ar*. Do mesmo modo, é fiel o tom de certas tiradas de ênfase desconcertante; ou de certas fórmulas que transitam da pompa verbal à melhor expressividade, como dizer que o Oriente é "hoje uma oftalmia purulenta que se enxuga às fraldas da miséria" (II, 173). Para não falar em achados e trocadilhos notáveis, mesmo filtrados pela escrita acadêmica do narrador, e é o caso das velhas prostitutas egípcias, com tabuletas indicando idades ficticiamente reduzidas: "Foi para saber ao certo a idade dessas mulheres — gritou Gonçalo — que Pitágoras inventou sua tábua de multiplicação quando esteve em Alexandria!...".

Ou o caso deste arranjo da famosa tirada de Napoleão sobre as pirâmides: "Atenção, amigo, em cada uma dessas mulheres quase um século vos contempla!..." (II, 160-161).

Em Nazaré (cidade que estimula a literatice devota e sentimental)

> Gonçalo saiu a passeio e logo voltou trazendo a seguinte descrição oral:
>
> Escuro. Ladridos. Tropeções em pedras soltas. Quem vem lá? D. Juan que vai à caça... Au...ão...ão...ão... Ouve-se uma corneta: Ta...te...re...ti... Quartel de polícia: ti...ri...ti...ri...ti...ri... Canta um galo: Ki...ki...ri...ki...ki...i...i... Responde-lhe uma galinha: Cô...cô...ré...có...
>
> E afirmou categórico:
>
> — Quem ao ouvir esta descrição não "sentir" uma noite em Nazaré, é um animal bípede com cérebro de quadrúpede. (I, 119)

Ainda aqui: reprodução mais ou menos fiel? Paródia? Gonçalo é um Oswald possível e deve corresponder com certa fidelidade ao que foi o viajante singular no meio dos dois figurões solenes que o viam com certa condescendência compreensiva... E o relato documenta o que eram capazes de perceber nele. Ainda aqui, portanto, pode-se dizer forçando a nota que há dois Oswalds, embora noutro sentido: o de verdade e o Oswald visto pela sociedade dominante, meio perplexa com a sua rebeldia genial.

6. Oswaldo, Oswáld, Ôswald

Oswáld de Andrade, cujo nome completo era José Oswáld de Souza Andrade (já se verá por que estou acentuando), achava graça na lenda segundo a qual ele teria alterado por excentricidade modernista o verdadeiro prenome, supostamente Oswaldo. Imaginem o que diria se pudesse saber que hoje é chamado cada vez mais — Ôswald, com acento na primeira sílaba... Paulo Emílio Sales Gomes disse certa vez que os homens da nossa idade estavam assistindo ao nascimento de um mito, tão afastado da realidade que até revestia designação própria, fazendo Oswáld virar Ôswald...

Portanto, Oswáld ou Oswaldo, como se dizia correntemente, achava graça no boato, e para mostrar a sua insubsistência explicava (segundo escreveu depois nas memórias) que herdara os prenomes do pai, José Oswáld (não Oswaldo) Nogueira de Andrade, e que esta forma peculiar fora iniciativa da avó, natural de Baependi e leitora do romance *Corina*, de Madame de Staël, onde a heroína assim chamada sofre e morre de amor por Oswald, lord Nelvil, escocês romântico que, como se sabe, é transposição ficcional do guapo português cosmopolita d. Pedro de Sousa Holstein, futuro duque de Palmela, amigo íntimo e mais que isto da autora. Mas tudo faz crer que o gosto não era individual, apenas da avó de Oswáld, porque naquele canto do sul de Minas tornou-se frequente usar os nomes dos dois protagonistas. Ainda mais: houve gente com a mesma singularidade de adotar a forma inglesa, como se vê pela lista dos eleitores de Aiuruoca, cidade vizinha de Baependi, onde figura nos anos de 1880 um João Oswáld Diniz Junqueira. (Ver o *Almanak sul-mineiro para 1884*, organizado por Bernardo Saturnino da Veiga.)

Esta forma inglesa se manteve na família do nosso escritor por três gerações, sempre pronunciada Oswáld, à brasileira (como certamente pronunciaria também, mas aí à francesa, Madame de Staël), até o pintor Oswáld de Andrade Filho, que se chama José Antônio Oswáld. Portanto, se excentricidade houve foi da avó, em meados do século passado, não do neto.

Essa avó era Antônia Nogueira Cobra, trineta pelo pai do capitão-mor Tomé Rodrigues Nogueira do Ó, ilhéu da Madeira, que casou em Guaratinguetá com Maria Leme do Prado e foi pró-homem em Baependi no começo do século XVIII, fundando uma família enorme, espalhada até hoje por Minas, São Paulo e Rio. Oswáld gostava de falar (e escrever) que por causa desse patriarca estava registrado na *Genealogia paulistana* "do racista Silva Leme" — onde, aliás, aparece como "Oswaldo, preparatoriano em 1905". ("Preparatoriano" quer dizer que estava "tirando os preparatórios", isto é, cursando as matérias do secundário.)

Dona Antônia casou em Baependi com Hipólito José de Andrade, de outra imensa família daquela zona, fazendeiro que perdeu os bens e abriu para sobreviver um pequeno hotel em Caxambu (Oswáld conta nas memórias a tristeza dele vendo as filhas servirem a mesa dos hóspedes). Para São Paulo veio um filho do casal, o referido José Oswáld Nogueira de Andrade, conhecido como seu Andrade, que depois de muita luta se destacou, foi vereador, fez fortuna com iniciativas de loteamento e urbanização arrojadas para o tempo. Já maduro casou com Inês Inglês de Sousa, paraense, irmã do autor d'*O missionário*. Oswáld gostava de falar e escrever também sobre a família materna, contando que descendia dos últimos defensores da praça de Mazagão no Marrocos, aos quais o rei d. José I teria mandado "dar o Pará" num rompante, depois de Pombal lhe ter dito: "São tão nobres quanto Vossa Majestade". Recentemente outro da mesma fonte e paragem, o escritor Márcio Souza, me confirmou a autenticidade da origem e a persistência da anedota.

Mas aqui não interessa a genealogia, e sim o nome, que como ficou dito é usual em famílias da zona de Baependi desde a geração de seu Andrade, e se espalhou com as migrações dessas famílias. É provável que muitas pessoas de lá, a partir de 1820, tenham lido ou ouvido falar do romance de Madame de Staël, e por isso deram com certa frequência aos filhos a denominação dos protagonistas.

Nas famílias Nogueira e Andrade, que eram as de Oswáld pelo lado do pai, e também Junqueira, muito ligada a ambas, encontramos diversos xarás dele, mas (com uma ou outra exceção) na forma vernaculizada. Por exemplo: nas *Memórias e tradições da família Junqueira*, de Frederico de Barros Brotero, vemos em 1883 um José Oswaldo Diniz Junqueira pedir dispensa para casar com parenta. Folheando por alto este livro, vemos que surgem depois: um quase homônimo, José Oswaldo de Andrade Junqueira, dois Oswaldos de Andrade Junqueira, um Oswaldo Martins de Andrade. Dezenas de outros tinham o nome e não o sobrenome, como os seguintes parentes dele, registrados em Silva Leme: Domingos Oswaldo Gorgulho Nogueira, Oswaldo Gomes Nogueira, Oswaldo Gomes de Carvalho. Atualmente, um dos mais famosos peritos e criadores de cavalo manga-larga se chama José Oswaldo Junqueira. Por aí vemos que daquela zona saiu e se espalhou um gosto acentuado pelo prenome de lord Nelvil, isolado ou combinado a outros.

Pensando sempre na informação de Oswáld sobre a escolha da avó, conclui-se que ela tem maior alcance e vale também para explicar um gosto que é grupal e regional; e a favor disto há uma contraprova: na mesma zona, nessas e outras famílias, aparecem Corinas que são irmãs, primas, tias de Oswaldos, podendo daí saírem casais, por causa da endogamia. O referido Oswaldo Gomes de Carvalho, por exemplo, primo de Oswáld em terceiro grau, era casado com uma tia, Corina Nogueira Cobra, prima em segundo grau de Oswáld. Na escolha de nomes para os filhos, o dos personagens femininos de ficção costumava acompanhar os masculinos, como as Floripes irmãs dos Oliveiros e dos Roldões, com base na *História do imperador Carlos Magno e dos Doze Pares de França*. Ou, já no século XX, as Lígias irmãs dos Vinícius e/ou dos Petrônios, numa trinca que seguia a voga imensa do romance *Quo vadis?* de Sienkiewicz.

De modo que a imaginação romanesca de dona Antônia Nogueira Cobra se enquadra na imaginação do seu meio e grupo, aos quais ela e mais alguma outra mãe talvez tenham querido dar certa satisfação, ao compensarem o preciosismo da forma inglesa pela junção pacificadora dos banais João ou José. Conta Oswáld nas memórias que no caso de seu pai foi exigência do vigário, que recusou batizá-lo com nome estranho ao hagiológio corrente sem a compensação de um mais garantido. E isto mostra que aquelas senhoras de Baependi e Aiuruoca estavam sendo inovadoras, estavam introduzindo um nome antes inexistente por lá e que depois se tornou quase banal. Seja como for, a combinação de José com Oswáld constitui uma discrepância associada a uma transigência, para formar o nome que seria no futuro de um grande rebelde.

No uso corrente formou-se uma transigência a mais durante a vida deste, porque toda a gente, como ficou dito, retificava na fala Oswáld para Oswaldo. Ligado ao sobrenome o prenome gerou ainda outro compromisso, que levava a aumentar a indecisão quanto à grafia, pois a pronúncia desprevenida era e é Oswál' de Andrade. Mas sempre, como se vê, com a tônica na segunda sílaba, até que começasse essa bobagem de Ôswald, que com certeza vai ficar e predominar, como tantas outras. Na peça sobre os "alegres rapazes e a sua semana de arte moderna" Carlos de Queiroz Telles já a tinha denunciado implicitamente. Nela, quando o chamam Ôswald, o personagem brada de mau humor: "Oswáld!".

Estas considerações e informações não são tão intempestivas quanto podem parecer. É preciso fazê-las, porque senão a moda pega e na próxima geração, quando estiver sendo por sua vez devidamente trabalhado pela lenda, Drummond pode virar Drúmon, se algum sabido decidir que a pronúncia do seu nome escocês deve ser reajustada.

7. O diário de bordo

Quem leu as memórias de Oswald de Andrade, *Um homem sem profissão*, ficou sabendo que em 1918, com a situação em casa já atrapalhada, ele alugou um apartamento para receber mulheres e amigos, uma garçonnière, como se dizia, na rua Líbero Badaró. Nele, abriu-se uma espécie de registro, do tipo "livro em branco", anunciado pelas papelarias, formato grande, grossa capa preta cartonada, duzentas páginas numeradas a máquina, desses usados para registros em cartório, atas, apontamentos comerciais. Cada amigo que ia lá podia escrever alguma coisa que viesse à cabeça, encadeando-a frequentemente com a deixa da nota precedente: coisas internas do grupo, coisas externas da cidade, gozações, máximas pitorescas, trocadilhos, divagações, desenhos, além da colagem de recortes. Um verdadeiro diário de bordo, intitulado por um dos frequentadores *O perfeito cozinheiro das almas deste mundo*. Na parte final das memórias, Oswald aproveitou alguma coisa do que escreveu, transcrevendo, ampliando, tomando como esteio da narrativa. Creio que então já se sentia cansado e, em vez de elaborar mais discursivamente as recordações, como fez até certa altura do livro, passou a transcrever notas diretamente. Foi aí que o cadernão ajudou.

A Editora Ex-Libris está lançando dele uma edição fac-similar, a primeira, que é verdadeiro prodígio gráfico, reproduzindo exatamente o amarelado do tempo, as manchas, os recortes colados, os rabiscos soltos, a cor das tintas de escrever: roxo, verde, vermelho. "Há um sinal de grampo enferrujado na página 57", diz Oswald nas memórias. Pois o leitor poderá vê-lo tal e qual nesta edição, que, além do mais, é amparada e esclarecida por estudos de dois profundos oswaldianos, Mário da Silva Brito e Haroldo de Campos.

Tanto quanto lembro, Oswald de Andrade sempre usou cadernos, não apenas para notas e reflexões, mas para esboçar e redigir as narrativas e os poemas. Inclusive cadernos do tipo desse "livro em branco". Em todos é constante o talhe da letra meio garranchosa, dando a impressão inicial de pouco legível, mas de fato perfeitamente clara na sua irregularidade regular de caligrafia vertical. Mas esse diário de bordo é dele apenas em parte, porque todos os do grupo escreviam, inclusive a moça com quem tinha no momento um caso amoroso, apelidada Cíclone, "com acento na primeira sílaba", esclarece nas memórias. Em torno dela girava meio enamorado um bando de rapazes, alguns dos quais também ficariam famosos: Guilherme de Almeida, Menotti del Picchia, Leo Vaz, Vicente Rao. Todos a celebram, lamentam a sua ausência, fazem alusões sentimentais e alegres, resultando um texto entrecortado que vai da piada à retórica, com alguma filosofice jocosa, o gosto pelo jogo de palavras e muita ingenuidade pelo meio. Do ponto de vista visual, o conjunto é uma festa.

Cíclone era uma figura singular de moça liberta, em choque com os costumes e a família. Doente, acabou morrendo tuberculosa pouco depois, não antes de Oswald, num gesto cavalheiresco e generoso, muito seu, ter casado com ela praticamente em artigo de morte, sepultando-a, quando chegou a hora, no jazigo de sua família. A garçonnière, que acabou nessa altura, ficava por perto do Hotel Carlton, do Café Paraventi, do Bar Franciscano. Tudo isso evaporou, mas ela, graças ao diário de bordo, ficará "intacta, suspensa no ar", como o quarto do poeta na Lapa carioca.

Muita coisa registrada pelos frequentadores já parece menção sem objeto claro, pois aí também o tempo comeu. O famoso usurário será para o leitor de agora um nome vago, em vez da figura real que viveu tanto tempo entrincheirada no seu antro. A burrice de fulano, a solenidade vazia de beltrano serão mera referência descarnada. Poucos poderão, inclusive, apreciar direito uma curiosa montagem verbal de Oswald, assimilando o lugar distante para onde fora a namorada ao misterioso (para nós) Tipperary de uma canção inglesa de guerra, ainda popular no anos de 1920:

> *It's a long way to Tipperary,*
> *It's a long way to go,*
> *It's a long way to Tipperary,*
> *To the sweetest girl I know.*

Mas, de um modo ou de outro, tudo compõe com encanto a atmosfera daquele universo provinciano em mudança. Na São Paulo de uns 500 mil habitantes, a garçonnière não é só o refúgio cerrado, mas também um eco do mundo. É o lugar de onde podemos observar os tipos e fatos da cidade, as viagens ao interior, o movimento das artes — tudo parecendo girar em torno do ambiente criado pela sociabilidade imperiosa de Oswald, homem que não sabia ficar só e precisava dos outros para se estimular, rir, brigar, passar o tempo, como se a falta de convívio fosse o próprio mal, o vazio insuportável da privação. Ele vivia convidando para a sua casa e correndo para a dos amigos, pendurado no telefone, consultando, sugerindo, movimentando. Neste sentido, esse diário de bordo é um signo do seu modo de ser, porque reúne as pessoas, leva todos a pensar e escrever em comum, a não isolar-se, nem ante a aventura amorosa de Oswald e Cíclone, presenciada e comentada pelos amigos. De fora chega o rumor da cidade, tão viva na obra de Oswald, que sabia modular a autonomia da escrita e o registro da realidade, praticado de maneira escrupulosa e paciente. Por isso, São Paulo está incrustada na sua obra muito mais do que se diz.

Um dia, pela altura de 1950, ele foi à nossa casa, situada no encontro de Aclimação, Cambuci e Glória. Na saída eu o acompanhei, para ajudá-lo a pegar um táxi. Atravessamos a rua Pires da Mota e entramos na Conselheiro Furtado. Era uma tarde fresca, azul e sossegada, como ainda havia naquele tempo. Oswald explicava com detalhes alguma coisa sobre a sua obra. Ouvindo, eu olhava o renque de casinhas baixas, encardidas. E de repente me pareceu estar numa rua de romance dele, *Os condenados* ou *A estrela de absinto*, vogando na ficção junto com o autor, que seria ao mesmo tempo um dos seus personagens. Foi apenas um segundo, durante o qual senti sem poder explicar que estávamos ambos no mundo da sua narrativa. Mas não disse nada. O táxi passou, ele subiu e foi embora. A sensação permaneceu em mim como lembrança, e estou certo de que, no leitor interessado apenas em fruir, permanecerá também a sensação de ter penetrado na atmosfera fechada e aberta da garçonnière, que o diário de bordo construiu acima do tempo e esta edição impecável revela setenta anos depois.

8. Navio negreiro

"O navio negreiro" de Castro Alves faz jus ao subtítulo, "Tragédia no mar", mas este aspecto ligado ao assunto não deve atrapalhar a percepção do que ele é como incrível feito de composição poética. Tragédia no mar, sem dúvida, como é evidente pela descrição do que acontece a bordo da nau celerada: os escravos obrigados a dançar para manter certa forma física e mental, e assim diminuir o número de mortes; as crianças famintas penduradas no peito sangrento das mães; a crueldade dos marinheiros que os açoitam. Esta cena é o núcleo, o centro dramático do poema, organizado em torno dele, pois o que vem antes é preparo e o que vem depois é consequência. Mas a cena só é forte e impositiva porque o poeta organizou toda a matéria do poema de modo igualmente perfeito, dispondo as palavras com sabedoria plástica e conceitual.

O que chama a atenção em primeiro lugar são os ângulos e as distâncias. O observador que narra, postado idealmente na altura, vê ao longe um veleiro e ouve cantigas. Para saber o que é, pede figuradamente emprestadas as asas ao albatroz, "águia do oceano", e chega perto. Agora está no meio dos movimentos e pode ver diretamente o horror da cena.

É, portanto, através de perspectivas, distâncias e aproximações que o assunto é apresentado. Mas tão importantes quanto elas são o espaço e os elementos que o povoam: mar, céu, noite, lua, ondas, estrelas formam um quadro adequado ao titanismo da composição. Esses elementos emprestam uma dimensão enorme à cena e aos protagonistas, e seu efeito provém da maneira pela qual são usados como recursos de fatura, que parece baseada numa espécie de *lei* fundamental: o jogo de extremos, que se aproximam, se cruzam ou se repelem, criando grandes contrastes, que Castro Alves aprendeu com seu mestre Victor Hugo. Sob este aspecto, o princípio que serve de esteio ao poema é uma antítese implícita: liberdade × escravidão. A partir dela se organizam outras, que vão aparecendo aos poucos.

No começo, as oposições se harmonizam e desse jogo nasce a sugestão poética. Na primeira estrofe, por exemplo, a lua e sua luminosidade são comparadas a uma borboleta dourada, lá no alto; cá embaixo, as ondas correm paralelamente. Mas na segunda estrofe céu e mar se misturam, se cruzam, pois os astros são mostrados como espumas de ouro (e espuma é coisa do mar), enquanto no mar as ardentias parecem astros (e astro é coisa do céu). Distantes, mas aproximados pelas imagens, na terceira estrofe eles se espelham reciprocamente e acabam irmanados. O cenário está misteriosamente unificado e pronto para o que vai acontecer: "Qual dos dois é o céu? qual o oceano?".

Nas estrofes seguintes o observador ideal vê o brigue e ouve os cantos, imaginando que devam ser expansão da alma dos marinheiros deste ou daquele país, cujas características evoca, sugerindo talvez que todos eles poderiam ser agentes do drama que ainda ignora. Mas não se trata disso, e a primeira impressão de harmoniosa beleza é transformada em oposição de extremos inconciliáveis: a música está ligada a um espetáculo de inconcebível crueldade, e ao perceber isto nós chegamos ao cerne da tragédia a cuja volta se ordena o poema. O contraste aqui é insolúvel e não haverá meio de unir os opostos, como tinham sido unidos metaforicamente o céu e o mar. Trata-se de homens que antes eram livres no deserto, caçando e vivendo a sua vida, mas agora, por serem "negros como a noite", estão acorrentados, a caminho do trabalho escravo. Indignado pelo contraste que fere os direitos da condição humana, o observador ideal não apenas manifesta a sua perplexidade diante de Deus, na famosa apóstrofe — "Senhor Deus dos desgraçados!" —, mas subverte o cenário do início, convocando a noite, os astros, os furacões do mar para se desencadearem como protesto cósmico sobre a iniquidade:

Ó mar, porque não apagas
Co'a esponja de tuas vagas
Do teu manto este borrão?

Astros! noites! tempestades!
Rolai das imensidades!
Varrei os mares, tufão!...

Depois disso, só falta a peroração ainda mais famosa, antes da qual é preciso, todavia, dizer que o que mencionei até agora constitui o conjunto dos ingredientes básicos do poema, mas não toda a sua riqueza, cuja dimensão só aparece se aludirmos a outras coisas que os versos contêm, como, logo no começo, a vela do navio comparada às andorinhas ou aos corcéis, o vento do mar que não levanta pó. No preparo da cena, quando o poeta imagina quem será que está cantando, vem a evocação dos povos com suas características, lendas e heróis. Na cena propriamente dita avultam o tombadilho ensanguentado, as lanternas avermelhadas pelo reflexo do sangue, os grilhões, as chibatas e, sobretudo, o essencial do poema, isto é, os escravos que elas tangem. Convém então prestar atenção em um elemento unificador que anima essa poderosa visão plástica: a ideia de movimentos coleantes, embora antagônicos, de cujo choque brota um dos aspectos tenebrosos da tragédia no mar. Senão, vejamos.

Os escravos estão acorrentados e saracoteiam na dança macabra, formando filas sinuosas; os chicotes, igualmente longos, sinuosos e flexíveis, caem sobre eles como instrumentos de tortura. Ora, ao evocar o estado anterior de liberdade o poeta os tinha mostrado soltos, caçando tigre e leão, guerreando, enquanto as mulheres procriavam ou cismavam na cabana. A escravidão chega e os arruma na fileira agrilhoada pelos preadores, na unidade coleante da caravana de prisioneiros, cujo desfecho é a imagem da serpente que "faz doidas espirais" no tombadilho:

Prende-os a mesma corrente
— Férrea, lúgubre serpente—,
Nas roscas da escravidão.

E assim zombando da morte,
Dança a lúgubre coorte
Ao som do açoite... Irrisão!...

Somando mentalmente as descrições e as imagens homólogas que representam pessoas presas umas às outras, reduzidas a "uma só cadeia", tangida pelo chicote formalmente análogo, o leitor percebe a força com que o poeta soube sugerir o estado de escravidão.

A partir disso acrescentamos o efeito de certas antíteses que exprimem a antítese básica liberdade × escravidão e se encontram na quinta parte do poema: movimento livre do guerreiro ou caçador × restrição imposta pelas cadeias; espaço aberto que serve de imenso abrigo × porão apertado, infecto e imundo; perigo afrontado voluntariamente na caça às feras × perigo imposto das doenças do cativeiro; existência como força de vida × morte no navio e sepultamento no mar. Este movimento das antíteses, das oposições que não se cruzam nem se unificam, gera estrofes admiráveis:

Ontem a Serra Leoa,
A guerra, a caça ao leão,
O sono dormido à toa
Sob as tendas d'amplidão!
Hoje... o porão negro, fundo,
Infecto, apertado, imundo,
Tendo a peste por jaguar...
E o sono sempre cortado
Pelo arranco de um finado,
E o baque de um corpo ao mar...

Desde a vastidão do espaço, do céu, do mar e das estrelas, até a algema e o chicote, o poeta povoou plasticamente o seu universo com uma variedade de coisas e situações convergindo magistralmente para o objetivo, que desfecha depois da cena e depois da invocação dos elementos da natureza, pois é então que surge o problema das responsabilidades, fundamentais neste poema de intenção ética e social.

Nutrido de indignação humanitária, o poeta pergunta quem promove e quem acoberta essa monstruosidade. A resposta está no epílogo terrível: o comércio atroz é feito à sombra da bandeira de seu próprio país, o "auriverde pendão" mencionado tantas vezes desde os tempos da Independência, mas transformado por ele em propriedade única e legítima, graças ao poder inédito do contexto onde o situou.

E como desfecho surge o contraste final: o Novo Mundo fora celebrado dois anos antes em "O livro e a América" como continente da liberdade e do saber, mas a ação dos negreiros, protegida pela oficialização do regime servil, se ergue como vitória da tirania mais feroz, da mais feroz espoliação. Como é possível (brada o poeta) que a mesma bandeira das lutas pela libertação nacional (alusão provável e implícita ao "Dois de Julho", que ele celebrou numa ode), como é possível que ela própria venha agora servir de cobertura para iniquidade deste porte? Os versos finais eletrizam o poema com o apelo ao descobridor do continente e ao patriarca da nossa Independência. Depois vêm didaticamente o lugar e a data de composição: "São Paulo, 18 de abril de 1868".

A nós, resta imaginar o entusiasmo que devia despertar o moço baiano, declamando com ênfase esses versos nos pobres teatrinhos de São Paulo, aos quais trazia a teatralidade heroica do cenário de mares e firmamentos, varridos de tempestade, semeados de estrelas. Adotando a maneira empolada daquele tempo, poderíamos dizer que essas tempestades eram menos intensas, e essas estrelas brilhavam menos do que a flama da sua generosidade, sacudida pelo horror da tragédia no mar.

9. Cartas de um mundo perdido

Um dos encantos d'*A correspondência de uma estação de cura*, de João do Rio, romance leve e agradável, é a sua inatualidade — dessas inatualidades que acabam sendo atuais, porque conservam para o leitor de agora o tom e o sabor da vida que passou. O mundo descrito nele supõe o prestígio e a função peculiar das cidades hidrominerais, que hoje pouco significam, não apenas como recurso terapêutico, mas como ambiente privilegiado de convivência.

As cidades hidrominerais foram muito importantes durante séculos, desde os romanos, inventores do período de 21 dias para a *cura*, que podia ser tratamento de alguma doença por meio das águas, ou apenas vilegiatura, como é o caso dos personagens de João do Rio. Montaigne foi até a Itália atrás de banhos termais, Madame de Sévigné escreveu cartas nas suas temporadas em Vichy, Lamartine cantou o lago de Aix-les-Bains. Os reis, os elegantes, os grandes do mundo frequentavam as estâncias da Alemanha, da França, da Itália, da Boêmia, onde d. Pedro II marcou o ponto em Karlsbad.

As do Brasil tiveram voga dos meados do século passado aos meados deste. Muitas fontes de Caxambu ainda têm nomes de membros da família imperial, pois a princesa Isabel ia lá tentar a solução da sua prolongada esterilidade, o que de fato alcançou. Não por causa das águas, com certeza, mas quem sabe devido à mudança temporária de comportamento e modo de ser que a *estação* acarretava. Eram dias fora do ramerrão, eufóricos, movimentados, durante os quais, como no Carnaval, podiam acontecer coisas diferentes do cotidiano.

Os leitores deste livro verão de que maneira os visitantes, concentrados nos hotéis, travavam relações novas, conheciam gente variada, tinham oportunidades de namoro e aventura, tentavam a sorte nos cassinos, dançavam diariamente nas matinês, soirées e bailes formais. Podiam estar lado a lado com gente fora da rotina — *personalidades*, artistas da noite, concertistas famosos, atores, dançarinas, moças *de vida alegre*, tudo concentrado densamente em pequeno espaço, durante um período curto. A estação de águas era uma espécie de festa prolongada para os que nela iam passear e ali viviam num mundo diferente. Os que iam apenas para se tratar costumavam ficar fora do ritmo mundano:

> Não há ninguém doente. As mazelas, os reumatismos, as seborreias — o mobiliário estragado da sociedade fica por aí noutras hospedarias. Estamos num hotel *snob*. Avisos por todos os lados participam aos doentes de verdade que o lugar não os admite. É exclusivamente de cura mundana.[*]

Por isso, os enfermos preferiam muitas vezes ir no *intervalo*, os meses menos concorridos, quando tinha lugar a *estação do baú*, como era chamada em Poços de Caldas, caracterizando o tipo de clientela pela modéstia arcaica da bagagem.

O resultado era que a *temporada* concentrava em ritmo intensificado o movimento das classes média e alta, nas suas paixões, na sua ambição, nos seus cálculos, na exibição frequentemente simulada de sua prosperidade. Esse mundo acabou, ou só existe em livros como o de João do Rio.

Das estâncias brasileiras, a mais famosa no século passado foi Caxambu; neste século foi Poços de Caldas, que chegou a ter a sua temporada estrangeira de argentinos e uruguaios. Quando João do Rio a tomou para cenário de romance ela estava em pleno fastígio, que foi duradouro e chegou ao máximo com os requintes do decênio de 1930, depois que o governo de Minas remodelou a cidade e construiu as

---

[*] As citações não identificadas por nota de rodapé são trechos do próprio romance.

Termas Antônio Carlos, o Palace Hotel, o Palace Cassino. Mas foi lugar procurado desde o outro século, e muita gente graúda de fora fez lá as suas casas para passar algum tempo cada ano. No decênio de 1880 surgiram os chalés, tão adequados ao cenário da montanha, que deram o tom da arquitetura local por muito tempo, enchendo de encanto alpino as encostas e o vale. Eles foram devidos a um arquiteto tirolês, Panzini, que traçou neste estilo as primeiras termas, o primeiro hotel mais ou menos confortável (da Empresa), casas para vilegiatura, como as do conde do Pinhal, dos barões de Miranda e Itacuruçá, e os lindos *chalés Procópio* das famílias Azevedo e Oliveira, fazendeiros na vizinha São João da Boa Vista. Na virada do século, contrastando com a leveza dessas estruturas, implantaram-se casarões compactos e pesados, como os de Martinho Prado Júnior (Martinico) e do conde Prates; em seguida, os da Rainha do Café, dona Iria Junqueira, e outros grandes fazendeiros.

Durante a temporada essas casas se enchiam de convidados, que formavam constelações com os hóspedes dos melhores hotéis. Primeiro, o da Empresa; no tempo do romance de João do Rio, o recente Grande Hotel, encostado no Teatro Politeama, construídos ambos, assim como as novas termas, pela Empresa de Melhoramentos (referida neste livro), presidida por um filho do mencionado Martinico, Cássio da Silva Prado.

Esses hotéis tinham cassino próprio, além dos que havia soltos na cidade, um dos quais, o Gibimba, figura no romance. Era um vasto casarão de esquina, ainda de pé, ponto quente do jogo, das danças, das aventuras galantes, ativo até depois da construção dos grandes edifícios modernos entre 1926 e 1930.

Na trepidação diária da vida de *estação* desenrolavam-se namoros, formavam-se noivados sensacionais (como o deste livro), estouravam escândalos, perdiam-se fortunas no *pano verde*. Lindas ou banais, circulavam as mulheres, desde as mocinhas comportadas até aventureiras de todo nível, sem contar as senhoras comedidas que ali, por algum tempo, soltavam as rédeas e abriam hiatos na rotina. De permeio havia o espetáculo dos figurões, inclusive, no tempo da monarquia, um dos príncipes de Saxe-Coburgo-Gotha, neto do imperador, e sua bela amante, aninhados num chalé. Aliás, o próprio d. Pedro II lá esteve com a imperatriz para inaugurar a estrada de ferro, em 1886.

Na República Velha (que interessa por ser a época deste livro) não faltaram os grandes políticos, os escritores e artistas famosos, as senhoras que *davam o tom* à alta sociedade do Rio e de São Paulo. Passou tudo por Poços de Caldas, fazendo da cidade uma caixa mágica e privilegiada de ressonância: Rui Barbosa, Rodrigues Alves, Campos Sales, Pinheiro Machado, José Carlos Rodrigues, João Pinheiro, Afrânio de Melo Franco, Olavo Bilac, Alberto de Oliveira, Coelho Neto, a "Marechala da Elegância" dona Laurinda Santos Lobo. O teatrólogo, cronista e pintor França Júnior não só ia lá, como lá morreu e foi enterrado. Gustavo Salvini e sua companhia representaram Ibsen em italiano no Politeama. Batista da Costa pintou suavemente os morros e campos do Planalto de Caldas. Mário de Andrade, em moço, lá passeou a cavalo como os personagens de João do Rio, indo como eles ao Posto Zootécnico, à Cascata das Antas, à Caixa-d'água, à Fonte dos Amores, cantada em maus versos por Félix Pacheco.

Não espanta com isso tudo que Poços de Caldas tivesse atraído o interesse dos escritores. Em 1901, por exemplo, Olavo Bilac veraneou por lá e escreveu uma crônica de louvor, "Nas Caldas", depois recolhida no livro *Ironia e piedade*. Nela conta um pouco da história local, descreve a beleza do sítio e o contato veludoso da água sulfurosa, além de mencionar Pedro Sanches de Lemos, figura tutelar da cidade, grande médico e homem de cultura cuja biblioteca era simplesmente extraordinária em história, filosofia, literatura, estudos sociais e políticos. Nessa crônica Bilac lançou a expressão "fonte de juventa", para exprimir o poder curativo e reparador atribuído às águas minerais.*

Ela parece deixa para Coelho Neto, que em 1905 publicou a novela *Água de juventa*, onde descreve em tom meio caricatural o movimento do Hotel da Empresa, destacando a lua de mel de um casal elegante, prejudicada porque o marido estava impossibilitado de cumprir os deveres específicos. Por isso, foi a Poços de Caldas tentar a cura com o dr. Lino, transposição que mal disfarça Pedro Sanches de Lemos. Afinal, já desanimado, o casal faz uma excursão ao morro e, perto da Fonte dos Amores (não indicada pelo nome), no meio do mato e sua força seivosa, o rapaz recupera as capacidades, simplesmente suspensas pela depressão nervosa como vira o dr. Lino.

Mas foi João do Rio que escreveu o romance mais completo sobre a vida dos forasteiros em Poços, *A correspondência de uma estação de cura*, sob a forma de cartas não comentadas remetidas por diversos "banhistas". Sem querer avançar os limites do tempo, lembro que em 1948 foi publicado um romance que inverteu a perspectiva dos anteriores, *O céu entre montanhas*, de Jurandir Ferreira. Não se trata explicitamente de Poços, mas de uma estância com nome suposto que no fundo é ela mesma, transfigurada pela elaboração ficcional e vista de dentro para fora, isto é, do ângulo do morador, não do banhista. Agora, aparece a vida própria da cidade, o seu ritmo cotidiano, embora condicionado pela interferência das *temporadas*.

---

* Depois da morte de Pedro Sanches, em 1915, a crônica foi editada num bonito folheto de pequeno formato, vendido para angariar fundos destinados à fatura do seu busto.

A correspondência de uma estação de cura foi escrito em 1917 durante uma estadia do autor em Poços de Caldas e "publicado parceladamente n'*O País*, antes de sair em volume".[*] É dos raríssimos romances epistolares da nossa literatura, e de um tipo especial, porque não há troca de cartas entre duas ou mais pessoas, nem reunião das cartas de uma só pessoa, como era usual; há as cartas remetidas por um grupo de veranistas, sem as respostas dos destinatários.

Alguns homens e mulheres escrevem a conhecidos do Rio, Petrópolis e São Paulo relatando o que está acontecendo, e essa variedade de fatos e perspectivas vai formando o enredo. Há várias linhas narrativas cruzadas, mas pouco a pouco predomina uma delas, referente à corte habilidosa de um diplomata carioca, Olivério Pereira Gomes, caça-dotes lançado com outros rapazes à conquista da milionária paulista Olga da Luz, da qual acaba noivo. Estes e mais alguns formam a alta-roda, com os seus cavalos de raça, sua elegância e sua mentalidade de grupo fechado. A propósito diz o missivista Antero Pedreira: "O nosso (grupo) é o único com interesse real — porque as senhoras vestem no mesmo costureiro da Rua da Paz e os homens fazem o possível para fingir a peça francesa do boulevard".

Outras cartas exprimem a burguesia comercial endinheirada, os artistas de teatro e cabaré, os jogadores profissionais e aventureiros, até uma *mulher fácil*. O tom de cada uma varia, compondo uma espécie de coro social que o escritor ordena com bastante competência. Graças ao ritmo próprio das *temporadas* essa gente que em geral vive separada se encontra lado a lado no espaço dos hotéis, clubes e cassinos:

---

[*] Raimundo Magalhães Júnior, *A vida vertiginosa de João do Rio*. Rio de Janeiro: Civilização Brasileira, 1978, p. 298. O romance apareceu sob a forma de livro em 1918 pela Editora Leite Ribeiro, do Rio de Janeiro.

[...] é a mistura mais completa de que há memória: dançam, comem, jogam etc., os *chauffeurs* e os deputados, os roleteiros gatunos do interior e os moços milionários de São Paulo, as mulheres mais sem vestido e as mulheres mais cheias de joias.

Variando o tom de cada missivista, João do Rio caracterizou de maneira direta cada grupo ou tipo, bem como a sua maneira de ver as coisas. Esse uso plural da técnica epistolar é a qualidade básica do livro. Outra, é a compreensão do que era a vida própria das estações de águas, gerando o estado de exceção que modifica a rotina e abre possibilidades novas de relação e aventura. E não falta ao livro um traço peculiar do autor: o senso dos aspectos escondidos que a sociedade procura dissimular sob a superfície apresentada como única ou principal.

Na sua carreira João do Rio foi ficando cada vez mais inclinado para o lado oficial e desfrutável da vida, mas no começo era sensível às injustiças e mostrou interesse pelo pobre, o irregular, o humilhado. Este romance tem traços disto: ao lado do cronista fútil surgem o observador misericordioso da desgraça e o espectador compreensivo da malandragem. Algumas das melhores cartas são devidas aos problemas de um agenciador de artistas, mordedor e bom sujeito; e a cena mais elaborada está na carta de um neurastênico de alta sociedade que descreve a visita a uma pobre velha deformada pelo reumatismo, desfigurada por chagas e pústulas, na pior miséria. Isso forma um pouco do ritmo contraditório de João do Rio, escritor mais complexo do que mostraria a superfície convencional de cinismo e ironia que ficou predominando na opinião.

Assim, indica o que podia estar por baixo da camada brilhante da estação de cura: a doença, que quebrava a euforia aparente e era visível pela manhã, nos estabelecimentos de banhos sulfurosos:

À tarde, quando vejo os cavalheiros bem-vestidos, rindo nos passeios ou conversando nos salões da roleta; à noite, quando encontro pintadas e estridentes, em torno das mesas de bac ou de campista, as damas, lembro-me das manhãs. Vês aquele rapaz que dá gargalhadas? Foi retirado de uma banheira quase morto. Vês aquela linda mulher, cheia de joias? Inteiramente perdida.

Poços de Caldas era centro de tratamento do reumatismo, doença que se podia declarar; mas também das moléstias venéreas, cujo nome não se pronunciava. Os males secretos do corpo e o furor da jogatina formavam o purgatório daquela superfície brilhante, e por vezes o romancista os junta. A propósito das joias que os velhos ricaços davam às cocotes e elas torravam na roleta, diz um dos correspondentes:

> Não é, ao lado das fontes de enxofre que saram dos males da Luxúria, o holocausto de todos os vícios, de todos os crimes, de todas as ganâncias, da podridão humana, ao Deus Moloc do jogo?

Nas estâncias daquele tempo o jogo era o grande negócio: "Fica no fundo uma roleta, que parece complemento e é a oração principal. Tudo aí não se paga — os licores, o café, os charutos, as águas".

Por isso, o jogo envolvia a cidade numa espécie de teia invisível, que João do Rio traduz por meio de imagens sonoras:

> Duas horas depois de chegar comecei a ouvir o rumor das fichas, compassadas pelos sons roucos dos ancinhos nos panos verdes. Era o hotel [...]. Saí. E o som das fichas continuou a seguir-me. Às vezes vem de cima e parece um regato saltando nas pedras de uma cascata; quase sempre é nos rés do chão e temos de costeá-lo como se ao lado das ruas fosse molemente de encontro às paredes a vaga de um oceano. O terrível Aristófanes

fazendo falar os pássaros como ao pobre Eurípides, inventava palavras onomatopaicas. Eu ouço agora a linguagem das fichas. Mais do que em Nice. Mais do que em Monte Carlo, onde só se ouve as fichas quando se quer. Para exprimir esse ruído seria preciso inventar, como Aristófanes, uma série de onomatopeias sem sentido. É uma eterna e irônica música, uma cavatina diferente e cínica.*

As vigarices, o roubo, a falência, a própria morte podiam estar incrustados nesse barulho, como a doença estava por baixo do ritmo festivo, inclusive o lençol subterrâneo de treponemas e gonococos, subprodutos do prazer. Muita gente ia aos banhos sulfurosos para dar mais eficácia ao tratamento pela famosa injeção antissifilítica "914", o neosalvarsan que reinava na terapêutica com as suas ampolas solitárias e avantajadas, em caixinha própria. De fato, aqueles rapazes brilhantes, circulando nos cassinos e dançando com alegria, eram muitas vezes poços de moléstias do sexo, prontos para transmiti-las gentilmente às esposas e amantes conquistadas nos passeios e nas festas. Mas nesse setor João do Rio passa discreto, deixando a carga para as entrelinhas que o leitor do tempo decifrava sem dificuldade, ao ler trechos como um dos citados acima (com alusão à luxúria), ou aquele outro onde um correspondente descreve os médicos enfileirando para a injeção os inumeráveis doentes do mesmo mal.

Porém, o que avulta no livro é a euforia de superfície, a luta pelo amor, o dinheiro, o sucesso mundano em compasso de comédia, no quadro da incomparável natureza caldense, muito bem descrita neste romance marcado pela topografia, o sentimento dos lugares e até os itinerários, não faltando um

* A referência a Aristófanes está errada. Há onomatopeias do coaxar das rãs na primeira parte da comédia deste nome, mas não aludem a Eurípides, satirizado na segunda parte. Na comédia Os pássaros não há nada disso.

relato movimentado e interessante sobre a viagem de trem. Estão presentes a chuva manhosa de março, naquele tempo o mês supremo da estação; o inesperado frio dos 1200 metros de altitude; os pinheiros hoje desaparecidos; as manhãs "de azul e prata" e o encanto do "célebre luar de Poços, de uma doçura de lírios diluídos", segundo um missivista.

Aí se desenrolam os problemas de cada um, criando em número relativamente pequeno de páginas uma narrativa atraente, que o leitor apreciará melhor se fizer (como deve) duas leituras, porque na segunda já estará familiarizado com a identidade dos personagens e poderá apreciar a eficiência com que João do Rio varia o tom de um e de outro.

O livro é apenas agradável, mas o senso das desarmonias compensa de certo modo a sua frivolidade. O tom narrativo é bom, mesmo levando em conta certos defeitos de linguagem, como o lusitanismo do vocabulário, desnecessário e quebrando a naturalidade que João do Rio queria alcançar. Esse lusitanismo se explica não só pela influência dos escritores portugueses, então na mais alta voga, mas pelo desejo de estabelecer maior comunicação com a colônia portuguesa, à qual o nosso autor era muito ligado; e quem sabe também com o público de além-mar, onde estavam alguns dos seus editores. Assim é que usa os detestáveis "mamã" e "papá", que nunca ninguém usou no Brasil a não ser certos escritores desfrutáveis daquele tempo; assim é que chama a sala de jantar, "casa de jantar", o carro de cavalos, "tipoia" ou "trem d'animal", o trem de ferro, "comboio", o terno de roupa, "fato", e outros que tais. Mas no geral o estilo fluente de cronista e a capacidade de se interessar pelo real tornam a leitura fácil e compensadora.

A técnica epistolar era pouco usada nas literaturas do tempo, como ficou dito, depois de ter tido o seu grande momento no século XVIII e algum relevo no seguinte. Na literatura brasileira, antes do romance de João do Rio, só lembro o de Júlia Lopes de Almeida, *Correio da roça*, publicado em 1914.

Os que estudaram esta modalidade narrativa indicam entre as suas características a proximidade maior com o leitor, que parece estar vendo a realidade se formar à medida que o missivista escreve. Isto ajudaria a verossimilhança, porque o missivista é uma espécie de testemunha fidedigna da informação. Quando ele é apenas um, como no *Werther*, de Goethe, a revelação da sua personalidade pode ser mais profunda; quando há troca de cartas, como em *Gente pobre*, de Dostoiévski, estabelece-se uma dualidade de visão que ilumina os fatos narrados; quando os correspondentes são muitos, como n'*As ligações perigosas*, de Laclos, forma-se um contraponto de perspectivas.

Entre as diversas modalidades de narrativa epistolar (um estudioso chega a identificar doze), a escolhida por João do Rio é das mais raras: diversas pessoas escrevem a amigos que não respondem. Mais raro ainda, se não único, é o truque de verossimilhança do desfecho: as cartas não foram enviadas, porque um empregado maluco do Grande Hotel as reteve… Com isso o autor tencionava certamente dar uma nota realista, explicando como aquele material todo permaneceu reunido, indo cair afinal nas mãos de um dos missivistas, que o remete a Godofredo de Alencar, personagem-heterônimo em vários escritos de João do Rio, como se sabe.

Não havendo primeira pessoa privilegiada que escreve, nem editor fictício que organiza as cartas e pode manifestar-se sobre elas no prefácio ou nas notas, este livro é um exemplo puro de técnica epistolar funcionando pela própria força: têm a palavra apenas os missivistas. E como eles são treze, pertencentes a diversos tipos humanos e sociais, resulta um contraponto animado e vário, que mostra a vida excepcionalmente diversificada da estação de águas, por meio da pluralidade de focos. E ainda: visto que mais de um missivista alude às mesmas pessoas e aos mesmos fatos, nós temos um enriquecimento de visão, pois os ângulos são múltiplos em relação ao mesmo objeto. Assim, a jovem grã-fina Olga da Luz se julga amada sinceramente por um Olivério Pereira emocionado e discreto; este, por sua vez, revela a frieza calculista da sua estratégia de caça-dotes, tratando o casamento como um trunfo; os concorrentes suplantados o veem como aventureiro sem sentimentos, além do mais ferindo o bairrismo paulista, porque vai levar para o Rio a bela herdeira; d. Maria de Albuquerque vê tudo com a bonomia de velha senhora da sociedade que sabe avaliar a função convencional do casamento no equilíbrio burguês — e assim por diante.

Essa visão múltipla era novidade na literatura brasileira do tempo. João do Rio a manipula bem, elaborando uma espécie de contraponto narrativo anterior à difusão desta técnica na literatura contemporânea. Com isso quebrou a rotina, e esta escolha deve ter nascido duma espécie de combinação espontânea das suas próprias variedades: a qualidade de jornalista convencional; de repórter curioso dos grupos e tipos sociais; de deslumbrado cronista mundano; de contista atraído pelas situações estranhas; de autor teatral sensacionalista; de escritor de fôlego curto, mais ajustado aos quadros restritos. N'*A correspondência de uma estação de cura* parecem combinadas estas várias faces, ajudadas pela capacidade imitativa, que nele chegava ao plágio e se ajeitava bem à necessidade de variar a expressão segundo o missivista. Por ser um ponto de encontro dos aspectos de João do Rio, este romance funciona bem, somando de maneira coerente as suas qualidades e os seus defeitos.

Apesar de esta opção pela narrativa epistolar não decorrer de uma verdadeira consciência técnica, é fora de dúvida que João do Rio percebeu a originalidade com que estava inovando no ambiente literário do Brasil daquele tempo. É o que se vê no artigo com que respondeu aos reparos de Viriato Correia, que apesar de simpático, o censurava por não ter feito narrativa unificada (de tipo realista convencional).[*]

Ora, foi a narrativa plural, descontínua até certo ponto, que assegurou a eficiência do livro. Esta não provém da descrição física da cidade, nem da descrição social dos *banhistas* — *ingredientes* essenciais, mas não *fator* decisivo. O fator decisivo é a técnica epistolar, que divide a visão segundo cada missivista e multiplica a penetração no real, encarnando em nível literário a verdade profunda da estação de águas como era — lugar onde a promiscuidade febril conservava o toque de mistério das relações novas, em situações cheias de inesperado, de dúvida quanto à intenção das pessoas e ao significado dos seus atos. Cada missivista desmascara o outro, mas todos estão mascarando por meio do outro a sua própria realidade. O jogador profissional se apresenta como desinteressado amigo, quando na verdade articula golpes; o aventureiro que vive de expedientes age com ar de dedicação, mas o que quer é dinheiro. Neste livro, pode-se dizer que a felicidade do método é superior à relativa banalidade do tom e da visão de mundo.

A correspondência de uma estação de cura não foi praticamente levado em conta pela crítica, no momento da publicação e depois. Viriato Correia no artigo citado (que só conheço pelas indicações de Raimundo Magalhães Júnior) tratou-o bem, embora cobrando o afastamento da norma realista. Pelo mesmo motivo entre outros, trinta anos mais tarde Lúcia Miguel Pereira o desqualificou drasticamente, como exercício superficial que não chegava ao estatuto de obra de ficção.[**] Mas nada igualou a incompreensão agressiva de Monteiro Lobato numa resenha de 1918, onde mostra má vontade cheia

---

[*] Raimundo Magalhães Júnior, op. cit., pp. 299-300. [**] Lúcia Miguel Pereira, *Prosa de ficção* (*de 1870 a 1920*). *História da literatura brasileira*. Dir. de Álvaro Lins. Rio de Janeiro: José Olympio, 1950, v. XII, pp. 275-276.

de preconceito, citando frases soltas para distorcer o sentido e sugerir uma tolice que não há no texto, além de descer a alusões racistas, numa grosseria tacanha que contrasta com o lado generoso do seu caráter.[*]

10. Erico Verissimo de 1930 a 1970

Nas últimas páginas d'*O resto é silêncio*, há uma espécie de simultaneidade dentro do simultâneo. O livro retomara a técnica de contraponto usada alguns anos antes com maestria em *Caminhos cruzados*. No final, o romancista faz uma espécie de chamada dos personagens, em torno da execução da *Quinta sinfonia* de Beethoven no Teatro São Pedro de Porto Alegre. Culminando a tentativa de fixar no relato a simultaneidade presente (o que é de certo modo espacializá-la), eles são postos lado a lado no mesmo momento e no mesmo lugar, os seus fluxos de consciência e os seus problemas se cruzam, alguns dos seus atos se misturam, outros apenas se justapõem, mas todos vivem os mesmos instantes. E nessa apoteose da sincronia, um dos figurantes, o escritor Tônio Santiago (talvez um porta-voz, ou alter ego do autor), tem uma espécie de fulgurante visão diacrônica. Ao som de uma partitura tradicionalmente associada ao Destino, ele imagina o destino do seu Estado, ao imaginar as raízes longínquas dos ouvintes reunidos no teatro; e recapitula uma série de etapas e paisagens, cuja concatenação o enche de confiança.

Para quem leu, anos depois, o primeiro volume da série *O tempo e o vento*, este final de romance ficou parecendo uma espécie de programa do romancista, uma primeira ideia ou

---

[*] Monteiro Lobato, "A correspondência de uma estação de cura", *Revista do Brasil*, n. 32, ago. 1918. Recolhido em *Crítica e outras notas*. São Paulo: Brasiliense, 1965, pp. 38-43. Agradeço a Marisa Lajolo a indicação e comunicação deste escrito.

uma primeira comunicação ao público do projeto de saga rio-grandense que haveria de representar a culminação de sua obra.

Mas o que interessa agora é apenas verificar o brusco lampejo de sucessão temporal no momento onde parece triunfar a dimensão por assim dizer espacial, para concluir que na obra e na própria visão ficcional de Erico Verissimo há uma espécie de jogo fecundo entre ambas, pois são possivelmente dois eixos da sua sensibilidade. Com efeito, elas representam, de um lado, o desejo de descrever a vida como ela é num instante único do tempo, multiplicada por todos que a vivem; de outro lado, representam o desejo de entender de que maneira os atos dos homens se engrenam com o que veio antes e o que virá depois, levando o observador a pensar nas sequências longas, não nos momentos limitados.

O seu primeiro livro, *Clarissa*, focalizava uma menina e os que se relacionavam com ela. Quase todos aparecerão em outros livros, e alguns em quatro deles, mostrando da parte do escritor o intuito de acompanhar os fios verticais da vida, de observar como o tempo age e transforma os indivíduos. Mas *Caminhos cruzados* se voltava para os fios horizontais, para o entrosamento ou a simples justaposição dos destinos num fragmento insignificante do tempo. Mostrando o intuito de observar a variedade fabulosa do real e constatar o que há de fortuito, de inexplicável, nas vidas contempladas ao acaso.

Se n'*O resto é silêncio* o devaneio do personagem mistura as duas linhas, é porque a técnica do romancista já tinha amadurecido a ponto de jogar livremente com ambas e fazê-las convergir para uma visão mais completa do real, como se veria na composição impecável d'*O continente*, que parece realizar a visão de Tônio Santiago. E é interessante notar que a metade inicial de *Olhai os lírios do campo* constitui a primeira tentativa de combinar os dois eixos (sincrônico e diacrônico) no plano da narrativa: enquanto o protagonista vai de uma estância a Porto Alegre, tentando alcançar ainda viva no hospital a mulher que amou e abandonou, o narrador intercala a história da sua vida até o momento exato da ação presente, de modo que o eixo do passado venha se dissolver no do presente.

O continente (e depois, com menos êxito, *O arquipélago*) é construído segundo esta projeção de um eixo sobre o outro, que faz a ação atual inserir-se na continuidade do tempo histórico. Mas para ele, ao contrário de *Olhai os lírios do campo*, o romancista transpôs de *Caminhos cruzados* o enfoque no grupo, mais do que no indivíduo. O desejo de optar pelo coletivo em relação ao individual se combina agora, todavia, ao senso penetrante dos destinos individuais apreendidos na sua totalidade, de tal forma que cada personagem é ele próprio, mas também um elo na história da família, enquanto esta, por sua vez, é um elo na história da província.

O paradoxo aparente (isto é, enxerto de uma técnica da simultaneidade no fluxo linear do tempo histórico) se justifica por essa perspectiva recíproca entre pessoal e social. Talvez a eminência d'*O continente* na obra do autor seja devida em grande parte a motivos de ordem técnica, representando a fusão das suas obsessões com as suas melhores experiências artesanais. O indivíduo e a sua história pessoal; a interferência ou a coexistência das histórias pessoais; o grupo como trama de histórias pessoais; a história como destino dos grupos.

Essas perspectivas e opções técnicas pressupõem uma concepção do homem e da arte literária. Pressupõem, talvez, a vontade de testemunhar, mais do que simplesmente narrar; de apreender o sentido dos atos, mais do que apenas descrevê-los, captando os nexos à primeira vista inexistentes no acaso do contraponto humano, até transformá-los pouco a pouco numa rede interdependente de significados.

Sob este aspecto, Erico Verissimo é um escritor marcado pelo decênio de 1930. Decênio onde ele se definiu como autor e os da minha geração se definiram como seus leitores. Decênio a cujas inquietudes ele se manteve singularmente fiel, sem prejuízo de toda a evolução da sua arte; e cujo espírito aparece transfigurado no romance com que abriu corajosamente a sua atividade neste decênio de 1970: *Incidente em Antares*.

Em 1930 nós vivemos o problema do Realismo, ou Neorrealismo, socialista ou não, bem como a incorporação daquilo que as vanguardas do decênio anterior tinham proposto como inovação. Vivemos um grande surto do romance, ligado aos pontos de vista postos na moda pela sociologia e a antropologia, como um triunfo do *social* contraposto às tendências espiritualistas e religiosas. Houve dilaceramentos e disputas, com a formação de um antipolo metafísico e as mais rasgadas polêmicas que marcaram todos nós. Quando comecei a fazer crítica literária, pouco depois de 1940 (auge do Estado Novo, da censura e do arrocho), senti que uma das tarefas era fornecer *blindagem* ideológica para os romancistas mais significativos do decênio de 1930 — coisa que hoje há de parecer incompreensível, pois eles se tornaram incorporados aos hábitos de leitura como coisa óbvia. Mas basta lembrar a vigorosa e não raro brilhante campanha de um escritor de direita, Otávio de Faria, contra eles e os modernistas de 1922. Basta lembrar as celeumas levantadas pelo clero de então e pela opinião *bem-pensante*. O próprio Erico foi atacadíssimo no seu estado pelos porta-vozes de uma potente ordem religiosa, lá por 1943 ou 1944; e eu lembro de ter escrito a seu favor um artigo de *blindagem* que não pôde ser publicado, porque (nada é novo) havia autocensura nos jornais e o redator achou melhor não arriscar.

Naquele tempo, 1930 e 1940, alguns modernistas se empenharam a fundo na reflexão ideológica ou mesmo na ação política, como Mário de Andrade e Oswald de Andrade. E isto nos aproximava deles, porque o nosso entusiasmo pela Semana de 1922 era em parte devido ao fato de terem esses próceres feito semelhante evolução; e ao fato de se ligar ao espírito deles o grande poeta político que foi naquele momento Carlos Drummond de Andrade, um de cujos livros, *Sentimento do mundo*, teve de sair em edição restrita e privada, e cujos poemas posteriores sobre matéria *social* circulavam datilografados. Talvez tenhamos até ficado mais com o modernismo como crítica do que com o modernismo como invenção. O primeiro afastamento em relação a esta perspectiva foi o dos poetas da chamada "geração de 1945", que atacavam os homens de 1922 por motivos estéticos, como quem já não está mais interessado no radicalismo que julgávamos inseparável da verdadeira literatura naqueles decênios radicais de 1930 e 1940.

A eles, como disse, Erico Verissimo está ligado por algumas das suas (nossas) mais constantes preocupações. Inclusive as que se tornaram bastante superadas, seja na sua essência, seja na maneira de serem propostas, como é o caso dos dilemas arte ou vida; beleza ou verdade; contemplação ou participação. Todos sabíamos, é claro, que não há oposição real e que um polo tende a completar o outro; mas na prática havia uma espécie de opção latente, que levava, sendo preciso, a tender ao segundo termo de cada um dos pares mencionados. O decênio da depressão econômica, das agressivas vanguardas artísticas, do dilema *fascismo* ou *comunismo*, da vacilação e do acovardamento da democracia — gerou uma espécie de estética anestética, que nos marcou profundamente e transparece nas concepções de Erico Verissimo.

N'*O continente*, bem no começo, o missionário Pedro, acolhido pelos Terras, os surpreende e perturba com a sua flauta, a sua imaginação mística, o colorido das suas histórias. Os pioneiros ásperos resistem, sentindo-se talvez obscuramente ameaçados por essa invasão de gratuidade no meio da sua faina. E há um momento, depois de o missioneiro Pedro ter contado a história da mulita que deu leite ao Menino Jesus, em que o patriarca observa: "Bobagens [...]. É uma história que nunca sucedeu". Mas a mulher emenda:

— Pode ser bobagem [...]. Mas é bonito.
— E sem serventia, comentou o marido, sem serventia como quase tudo que é bonito.

Esse remorso por mergulhar na beleza, com a disposição consequente de só aceitá-la se vier justificada por uma razão de ordem prática, uma "serventia", é típico do decênio de 1930 e entra como componente na ficção de Erico, influindo porventura na sua escolha da técnica de contraponto, que permite traçar os panoramas sociais e desenhar o retrato complexo dos grupos. Note-se que, enquanto o praticante para nós mais famoso dessa técnica naquele tempo, Aldous Huxley, usou o corte horizontal para descrever a vida de um grupo restrito das classes privilegiadas da Inglaterra, Erico a democratizou de certo modo, ajustou-a ao espírito de 1930, ao incorporar tanto o rico quanto o pobre e assim transformar a amostra em sondagem. N'*O continente*, o terceiro estrato da narrativa é formado pelos comentários líricos em grifo, no fim de cada capítulo. É uma espécie de presença do coro anônimo, e este é composto pelo deserdado, o miserável, o explorado, introduzindo o povo ao lado das classes que têm história e amainando, por meio da face comum dos inominados, a forte individualização dos atores principais.

Em quase todos os livros de Erico há um ou mais de um personagem *raisonneur*, geralmente escritor ou intelectual com força suficiente para debater. Em *Caminhos cruzados* e *Um lugar ao sol*, esta função é atribuída ao par Fernanda-Noel, que encarna os dois polos mencionados mais acima: Noel, sonhador, seduzido pela beleza e a gratuidade; Fernanda, prática, puxando-o para os problemas feios da vida. Quando ela fala, parece-nos entrar no cerne da estética anestética dos anos 1930:

> Que importa que um romance tenha arte se não tem humanidade? O que importa é a humanidade.
>
> [...]
>
> Ninguém bocejará se você fizer uma história humana. Deixe de literatura. Faça um romance moderno.
>
> [...]
>
> O romance deve ser um hino... hino não, é um termo muito convencional, deve ser uma exaltação da coragem, do espírito de camaradagem. Deve ser uma esperança de dias melhores para os que sofrem e para os que lutam... E deve também ser um libelo... [...] aos que por egoísmo, por descuido, por ganância ou por qualquer outra razão não compreendem que todos têm direito de viver decentemente...

Mas para Noel o Realismo parece "uma traição ao seu sonho de arte".

Esses problemas de opção aparecem nos outros livros e são formulados longamente pelo escritor Tônio Santiago n'*O resto é silêncio*. Mas talvez eles ganhem sentido forte quando são propostos num contexto ligado diretamente à vida política, como em *Saga* ou nas duas partes finais d'*O tempo e o vento*, sobretudo *O arquipélago*, marcado pela presença do fascismo e do comunismo, da ditadura e do liberalismo. O escritor Floriano Cambará, filho do segundo Rodrigo, desempenha nele uma função meio coral, que a coletividade dos deserdados desempenhava n'*O continente*. O seu "Caderno de pauta simples", em grifo, é uma espécie de consciência dele e do grupo, e ali encontramos uma das expressões mais completas que o sentimento de culpa no intelectual não participante encontrou na obra de Erico. Ele se acusa por ter ficado tomando sol em Copacabana, enquanto a miséria grassava à roda e a ditadura se instalava. Era novembro de 1937, quando ocorreu o golpe que estabeleceu o Estado Novo, e na praia uma americana lhe pergunta por que tudo aquilo acontecera sem violência nem sangue:

> Então eu, de olhos semicerrados, acariciando os ombros da rapariga, murmurei com sorriso preguiçoso: "é muito simples, *darling*. O brasileiro é avesso à violência". E passamos a outros assuntos. No entanto, é bem possível que naquela mesma hora os "especialistas" da Polícia estivessem aplicando nas suas vítimas os seus requintados métodos de tortura. Tu ouviste falar neles... Arrancavam as unhas dos prisioneiros com alicates... esmagavam-lhes os testículos com martelos... aplicavam-lhes pontapés nos rins... Sim, e metiam buchas de mostarda nas vaginas das mulheres dos prisioneiros políticos, ou então as sodomizavam na frente dos maridos... Nós, os moços da praia, ouvíamos falar nessas brutalidades da Polícia, mas preferíamos achar que tais rumores não passavam duma mórbida ficção, produtos dum sinistro folclore em processo de formação... Recusávamos aceitar essa realidade não poética.

Os que leram e escreveram em 1930 e 1940 encontrarão aqui, de maneira grave e penetrante, um dos temas da geração, elevado a paradigma por uma crônica famosa de Genolino Amado, "Os inocentes do Leblon", e um poema homônimo de Carlos Drummond de Andrade:

> Os inocentes do Leblon
> não viram o navio entrar.
> Trouxe bailarinas?

trouxe imigrantes?

trouxe um grama de rádio?

Os inocentes, definitivamente inocentes, tudo ignoram,

mas a areia é quente, e há um óleo bom

que eles passam nas costas, e esquecem.

E assim se criou na literatura daquele tempo uma espécie de *waste land* carioca, a dos "moços da praia" de Erico, símbolos de uma mentalidade de burguesia colonial eufórica e inconsciente, que parecia aos escritores a própria maldição da inteligência. Por isso, compreende-se ter havido tamanha tensão, que parece falsa vista de hoje, entre beleza e verdade, fruir e agir etc. E compreende-se que Erico tenha ficado com uma desconfiança invencível e injustificada ante os escritores mais requintados, que, encontrando no discurso a sua justificativa mais alta, pareciam não enfrentar os problemas do mundo, preferindo os primeiros termos das nossas mal formuladas antinomias. Na sua obra há uma espécie de curioso ciclo anti-Proust, que ainda no último romance, *Incidente em Antares*, aparece ao lado de Joyce e Kafka num contexto nitidamente satírico. E já numa palestra de 1938 Erico falava dele como de um mal a que felizmente escapara, manifestando o espírito de 1930, participante, realista e *social*: "Corri o perigo de ficar sendo o resto da vida um introvertido, uma espécie de Marcel Proust (em imitação Sloper, é claro…)".

Essa palestra, "Confissões de um romancista" (publicada no livro *As mãos de meu filho*), não apenas dá indicações que permitem ligar à biografia do nosso autor algumas atitudes assumidas pelos personagens e algumas características da obra, mas ajuda a esclarecer a natureza das relações entre arte e moral, que influiu na sua opção por um estilo *não artístico*, comparado por ele à roupa do homem bem-vestido, que não se nota. Do mesmo modo, o escritor que preferiu dar relevo maior à *vida* disfarça seus recursos e parece estar escrevendo casualmente; e assim vemos como se chega a um tipo de atividade estética a partir de uma disciplina de ordem ética, para a qual Erico orientou inclusive os pendores de ironia e ceticismo que o impediram de se tornar um fanático do que quer que seja.

Um empenho ético tão pronunciado não poderia deixar de conduzi-lo aos problemas maiores da sociedade, como os da miséria e do desamparo, que sobressaem em *Olhai os lírios do campo*, mas ocorrem em quase todos os seus livros, sobre o baixo contínuo da revolta contra a desigualdade econômica. Inseparável deles, surge o problema da violência na vida individual e na vida social, como preocupação constante que faz frequentemente da sua obra uma espécie de celebração horrorizada da brutalidade. Sob este aspecto, ela representa uma verdadeira premonição, como se desde os anos de 1930, e sobretudo a partir d'*Um lugar ao sol*, ele sentisse qual era o papel que ela viria a ter nos nossos dias.

Nos primeiros livros ela aparece menos, e talvez esteja latente por contraste na preocupação com o homem inerme, posto à margem pela aspereza da vida, como os da galeria de *Caminhos cruzados*, desde o esmagado Maximiliano até os sonhadores, pobres como João Benévolo, ou ricos como Noel. E é curioso que o personagem masculino tratado com maior carinho pelo escritor na primeira fase da sua obra, Vasco, seja um violento que rejeita a violência e prefere escapar pela arte, até o dia em que se alista como soldado, na Guerra da Espanha, para usar a violência contra as suas formas piores.

Neste domínio, uma constante na obra de Erico é o caudilhismo gaúcho, que ele incorporou à nossa literatura de ficção e cujos costumes de brutalidade já horrorizam Clarissa em *Música ao longe*:

> Ora, preleções cívicas! Os coitadinhos não entendem nada desses assuntos de pátria, de bandeira, de civismo. O que eles querem é

brincar. Não se devia meter nas cabecinhas deles essas histórias de guerras. Porque eles vão aprendendo que matar e ser valente é muito bonito e muito bom. Quando ficarem grandes acabam degoladores como muitos que conheço aqui na minha terra.

Esta página do seu diário de professorinha reflete o que observou em casa, onde aparecem para visitar uns "senhores graves, de cabelos brancos, com caras carrancudas ou sorridentes, falando com toda a gente, respeitados por todos", mas que podem provocar o seguinte comentário: "Esse é um bandidão de marca maior. Um dia em 93 mandou degolar cinco homens na fazenda do Jacó Alemão". O que leva o dono da casa a dizer "com ar de repreensão":

— Sim, titia, mas ele é macho! No combate da Praça do Conde terçou armas com dois federalistas e derrubou os dois. Que ele é macho, é mesmo!

E vêm outras histórias. Revoluções, combates nas coxilhas abertas, no inverno, o minuano cortando como navalha e gemendo como um ferido abandonado no campo. Entreveros, correrias, cabeças esfaceladas, cavalos com a boca espumando. Cargas de cavalaria, o barulho das patas, os urros dos guerreiros. As lagoas que se tingem de sangue. Lenços vermelhos e verdes. Lanças enristadas, palas voando. E combates, e mais combates. E nomes, coronéis, generais, soldados. E outros degolamentos. E frases de entusiasmo: "Aquilo é que era homem, seu!" "Macho legítimo!" "Índio taura!".

Este trecho corresponde a uma das matrizes da obra de Erico, um dos seus focos obsessivos, que o levará, em quase todos os livros, a traçar retratos impiedosos de velhos caudilhos aposentados, e o levará também a refazer a história do Rio Grande do Sul através da ficção n'*O tempo e o vento*.

O caudilho é feroz, mas tem uma razão de ser histórica. A violência é atroz, mas pode combinar-se tanto com o bem quanto com o mal. Como? Por quê? A resposta está na vida dos Amarais e dos Cambarás, dos Campolargos e dos Vacarianos, tanto os pioneiros que conquistam e defendem a terra quanto os coronelões que a desfrutam e oprimem, ou os doutores e negocistas que saem deles para levar a sua marca à política do Estado e da nação.

Eles se parecem bastante uns com os outros, porque correspondem a fixações humanas e estéticas. Há até uma certa indeterminação que dissolve os indivíduos na categoria, como o uso flutuante do nome descritivo Campolargo, equivalente a um símbolo do espaço gaúcho. Na cidade de Jacarecanga, de Vasco e Clarissa, há um decrépito general Justiniano Campolargo, tirano local e degolador emérito que, todavia, se torna Chicuta numa pequena *macchietta* incluída n'*As mãos de meu filho*. E, no *Incidente em Antares*, Campolargo é nome de um clã de "pica-paus", aparecendo vários deles, que nunca são Justiniano nem Chicuta; e, aliás, a cidade é outra. A fixidez do nome na variação dos personagens, do tempo e do lugar revela o caráter quase simbólico e o desejo de estabelecer o tipo social, que n'*O resto é silêncio* se chamará Quim Barreiro e será um antigo caudilho de Santa Marta fenecendo em Porto Alegre.

Esses guerreiros que dominam municípios durante trinta anos mandam marcar a ferro os desafetos, degolam os inimigos, ameaçam castrar as autoridades, entram pelas terras dos outros e arrebanham gado alheio, formam uma espécie de casta soturna e pitoresca na obra de Erico Verissimo, que se ocupa em acompanhar a sua decadência e a sua ressurreição nos filhos urbanizados, adaptados às mudanças para continuarem a mandar de outro jeito. Homens ainda abrutalhados e rurais, como Tibério Vacariano (*Incidente em Antares*), ou refinados, como Aristides Barreiro (*O resto é silêncio*), ou, sobretudo, o segundo Rodrigo Cambará (*O retrato* e *O arquipélago*) — que acertam o passo com a sinuosa música política posterior a 1930.

De certa maneira, *O senhor embaixador* é uma extensão desse tipo na escala continental, e todos formam uma galeria curiosa de ativistas gonádicos, parecendo condensar nas funções do sexo certa vitalidade misteriosa que o transcende, para se confundir com a espécie de princípio vital, cuja representação simbólica é o retrato de Rodrigo Terra Cambará, feito num momento de inspiração pelo pintor Don Pepe.

Neste sentido, o próprio nome Terra e sua mais alta representante, Ana, seria outro elemento simbólico dessa energia perturbadora que o romancista procura exprimir através do ritmo histórico de seus caudilhos e políticos, de seus amorosos e guerrilheiros. À medida que a obra caminha, vai se acentuando nela uma sorte de exaltação fálica, que coroa a guerra e a violência, mas também a fecundidade e a criação. Uma espécie de ilusão etrusca, no sentido de D. H. Lawrence, aliás, evocado por um dos personagens d'*O arquipélago* para explicar como força vital genérica a virilidade tumultuosa do segundo Rodrigo.

Entende-se, por isso, que o romancista tenha usado a Morte como suprema sátira às formas corruptas de vida. Ela tem na sua obra uma presença frequente, à medida que a exacerbação da vida também cresce, através do sexo e da continuidade das gerações. A história da província se desenrola, em parte, como hecatombe; mas a morte que aparece no último romance vem coberta de riso, ironia e sarcasmo dilacerante, porque envolve as formas mais torpes e negativas da violência: as da tortura política.

N'*O retrato*, o pintor Don Pepe acha que a imagem que fixou de Rodrigo, pela altura de 1910, correspondia a um homem iluminado pela sede total da vida. Mas este homem mudou e deixou de equivaler à própria imagem. Portanto, traiu a verdadeira natureza que o retrato surpreendera. Então o espanhol sentencia: "Vou dizer-te um segredo, Cuca. O tempo é como um verme que nos está roendo despacito, porque é do lado de cá da sepultura que nosotros começamos a apodrecer. Não te iludas. Já estás metade podre, Cuca. Eu também".

Por vários ângulos (sobretudo na primeira parte) *Incidente em Antares* recapitula satiricamente alguns dos romances anteriores, sobretudo *O tempo e o vento*, numa espécie de paródia do romancista a si mesmo. E culmina com a visão dos vivos pelos mortos, de maneira a formar um cruzamento moral: os mortos se decompõem fisicamente e o seu mau cheiro sufoca a cidade; mas, do coreto da praça, desvendam uma realidade que faz os vivos parecerem mais decompostos do que eles, com um mau cheiro de consciência pior que o deles.

E aqui a violência perde qualquer conotação positiva, não é mais como a dos velhos caudilhos que jogavam a vida. É a brutalidade sistematizada, transformada em instrumento de uma classe que finge renegá-la, mas alicerça nela os seus privilégios. A tortura policial, cuja descrição cresta a ironia do livro e desfaz o riso a cada instante, atinge indiscriminadamente, pois sua força consiste na cegueira com que estabelece o terror. Os privilegiados não a praticariam, evidentemente, com as próprias mãos; mas não a dispensam e, pelo contrário, a encorajam. A denúncia moral dos mortos insepultos se torna denúncia política, nesse acontecimento fantástico de um 13 de dezembro, acrescentando uma dimensão profunda à fábula admiravelmente arquitetada por Erico Verissimo.

No mundo dos vivos estão os moralmente mortos; os que aceitam tudo para garantir os próprios interesses e, no romance, estão à espera de um definitivo golpe salvador que acabe com as greves e assegure as posições (o ano do incidente é 1963). Nas árvores, os jovens se solidarizam com os mortos, não com os vivos. E, na atmosfera mágica do insólito, o bisturi finíssimo do autor vai recortando em molde realista a figura da verdade, com a mesma coragem serena, o mesmo engajamento desencantado e firme, a mesma crença irônica e inabalável dos seus livros precedentes, que vieram marcando, de 1930 a 1970, o caminho do humano, nunca demasiado humano.

11. Mestre Alceu em estado nascente

O livro *Afonso Arinos*, editado em 1922, foi o primeiro de Alceu Amoroso Lima e interessa ainda hoje não apenas pela qualidade, mas pelo que revela do autor, naquela altura um jovem intelectual começando a fazer nome.

Muito bem escrito, com a fluidez clara que ele conservaria pela vida toda, é excepcional para o tempo e com certeza a melhor monografia de escritor até então publicada no Brasil. Sobretudo pelo travamento das ideias, que fazem dele, harmoniosamente, um estudo de personalidade, uma análise de corrente literária, uma vista sobre a literatura brasileira e um exercício de método.

No prefácio Alceu caracteriza a sua posição crítica como "expressionista", decerto a partir do conceito de "expressão" de Benedetto Croce, em cuja obra foi buscar a epígrafe e que privilegia como teórico. Mas é necessário prestar atenção na maneira pessoal com que é manipulado o famoso conceito.

Para Alceu, "expressionismo" define um modo de penetrar afetivamente na obra para apreender o seu "espírito", através do qual o crítico poderá chegar à "alma do autor", isto é, identificar-se o quanto possível a ele, a fim de verificar em que medida se exprimiu, ou expressou o seu modo de ser mais íntimo, nascedouro de tudo. Por isso, é requisito pôr em movimento a "alma do crítico", da qual depende a capacidade de penetração afetiva. Esta se realiza por meio de uma "operação capital", a leitura, desdobrada em duas etapas: uma leitura "de prazer" e, depois dela (depreendemos), uma leitura de investigação, "que comenta e anota". Deste modo Alceu faz a primeira tentativa teórica de superar, no Brasil, as modalidades críticas anteriores, que segundo ele partiam da inteligência reflexiva, não da afetividade, e por isso ficaram no acessório, ou seja, coisas como as "causas" ou "funções" da literatura, deixando escapar o essencial. A crítica afetiva, nascida da intuição, pode chegar numa segunda etapa a estes problemas, importantes, mas não principais. Para Alceu, esta "crítica expressionista" aproveita meio ecleticamente das outras o que for preciso, no momento adequado; mas supera todas elas.

Tal precaução metodológica é importante, porque o preconizado mergulho na "alma do autor", através do "espírito" da obra, tendo como estímulo o prazer da leitura e como guia a intuição, não deve resultar em arbítrio impressionista, e sim numa avaliação baseada no "estudo final e necessariamente objetivo da obra", inclusive através da manipulação dos aspectos propostos pelas outras modalidades críticas, de vez que, situados no devido lugar, eles podem servir como elementos de informação e interpretação. Para percorrer este caminho o crítico precisa ser artista, pois então alcançará a única modalidade realmente "moderna": uma crítica artística, cuja sugestão Alceu foi buscar numa das cartas mais bonitas de Flaubert a George Sand.

Subentende-se que este "artístico" se aproxima do psicológico, na medida em que é um jorro da "expressão", isto é, se confunde com o produto de um modo de ser transformado em manifestação literária. A forma aparece como o produto linguístico dos impulsos e intuições; uma forma, portanto, quase sem medida comum com a dos formalistas.

Consequência do "expressionismo" é que, embora acentue o caráter da literatura como arte, ele conduz na prática a uma concentração no sujeito, cuja "expressão" se procura definir. Para atingir a sua "alma", importa mais a intuição sobre esta do que a análise propriamente dita da obra, porque o objetivo real é uma identificação afetiva crítico-autor. Por isso, consideradas de modo estrito, as análises deste livro tendem a continuar o que se fazia antes, isto é, transcrever textos para ilustrar uma argumentação *em torno*, não uma descrição *por dentro* deles. Já aqui percebemos que, apesar do extremo bom gosto e da capacidade segura de avaliar, este grande crítico tinha interesse limitado pelo estudo da forma, vendo no texto sobretudo uma descarga de significados.

Encarada como de certo modo idêntica à "expressão", a forma se confunde com os movimentos da "alma", captados pela intuição do crítico. E o livro de Alceu parece escorregar para a crítica de fatores, que desqualificara em princípio, mas ressurge quando ele vai buscar a matéria que foi "expressa". Ora, como esta matéria é a vida, ele começa por descrever a sensibilidade de Arinos e depois a refere ao sertão onde se criou, para em seguida apresentar os textos como resultado desta formação.

Mas note-se que, ao fazer isto, transforma e supera a velha correlação determinista, porque recorre à psicanálise e define o apego do escritor ao sertão como manifestação de uma dupla *libido*, um de cujos aspectos, a "concupiscência da pequena pátria", é recalcado em benefício do outro, a "concupiscência do grande mundo", e se traduz como sublimação na obra sertaneja. Assim, biografia e influência do meio são vistas de maneira nova, pois o meio se torna algo *interior* e se traduz em forma, quebrando-se o mecanicismo da crítica precedente.

A partir daí passa a outro nível e insere os textos num conjunto maior: a literatura sertaneja, que estuda de modo realmente magistral, com excelente informação e uma grande acuidade para caracterizar as obras. Finalmente, enquadra as tendências regionalistas na literatura brasileira, analisando a sua função — e nessas macroanálises é inigualável. Afonso

Arinos surge então como um caso individual e, ao mesmo tempo, um momento do processo literário. Parece, pois, que a "expressão", estritamente pessoal por sua natureza, ganha sentido maior e pode ser também expressão de um país através da sua literatura.

Indo além da identificação afetiva, a investigação biográfica, mais o estudo da articulação da personalidade com o meio, e da obra com a literatura nacional, dão objetividade ao trabalho crítico e superam o eventual impressionismo, que não passa de uma das suas possíveis etapas. Ao longo do estudo Alceu mostra qualidades críticas notáveis, a despeito do tributo pago a certas posições negativas do tempo — como o excessivo recurso ao todo da literatura para chegar a um autor; laivos de patriotismo sentimental e a crença no caráter estritamente mimético do texto, além da complacência com traços anedóticos.

Sob este último aspecto, talvez sejam criticamente sem importância as referências ao convívio dele e da sua família com Afonso Arinos; mas elas servem, em compensação, para mostrar como via em profundidade a identificação do crítico com o autor estudado. Verdadeiro feito, de grande rendimento interpretativo, foi o mencionado recurso à psicanálise, através do conhecimento de Freud e de Jung. Graças a esta visão (moderníssima para o Brasil daquele tempo), ele não apenas comprovou, mas deu poder de convicção à ideia de que a expressão se nutre da relação do escritor com o meio formativo, e, como vimos, renovou o que fora um dos cavalos de batalha do positivismo crítico.

Também do maior interesse é o movimento de carretilha com que vai e vem de um autor ao conjunto da literatura brasileira, analisando o seu grau de representatividade sem transformá-lo em *produto* de um mecanismo externo, nem vê-lo como *exemplo*. Graças a esta análise em duas escalas, que percorre todo o livro, Alceu dá uma rara força expressiva à dialética do geral e do particular, nódulo segundo ele do nosso processo literário sob as espécies do cosmopolitismo e do regionalismo.

Este ponto de vista aparecerá nos seus escritos posteriores e já tinha sido comentado nos artigos semanais com que iniciou em 1919 a carreira de crítico (reunidos no volume *Primeiros estudos*). Em *Afonso Arinos* o sentimento das tensões é um elemento constante de força crítica, pela capacidade que ele demonstra de exprimi-las através de pares significativos. Alceu experimentou como poucos, no mais íntimo do ser, a tensão Europa-Brasil, de que Joaquim Nabuco lhe parecia o paradigma. E talvez tenha sido ela que o guiou para penetrar no "espírito" da obra e na "alma" de Afonso Arinos, pois este encarnava de maneira representativa o jogo dos dois polos, que noutro nível são vistos também como a oposição Cidade-Sertão.

Para Alceu esta era um dos motores da nossa literatura, e ele a estudou mais tarde por meio da análise contrastiva de escritores identificados a um polo em detrimento de outro, como Euclides da Cunha e Machado de Assis, cujas posições caracterizaria num estudo incorporado ao volume *Três ensaios sobre Machado de Assis* (1941). Ao contrário do nacionalismo ornamental e provinciano, dominante na época, ele não pregava a opção pelo polo regional, por achar que ambos eram aspectos constitutivos de uma realidade, segundo a qual podia ser mais fecunda ou mais oportuna a manifestação, ora do cosmopolitismo, ora do regionalismo. E ninguém situou melhor do que ele, até hoje, esta obsessão de que não conseguimos nos desprender no trabalho crítico.

O livro inaugural já mostrava, portanto, a força de mestre Alceu, que não cessaria de se construir e se reconstruir dali por diante, percorrendo as mais variadas contradições, até se tornar um dos maiores homens de pensamento e de militância intelectual, além de uma das mais completas organizações morais que o Brasil conheceu.

12. Fernando de Azevedo

A autora deste excelente estudo escolheu o caminho mais difícil: não simplificar a personalidade de Fernando de Azevedo.* É visível que ela o admira e que aprecia tanto a sua obra quanto a sua ação, mas isso não a leva a ignorar as dificuldades teóricas da sua posição, nem os elementos contraditórios que ela contém. O resultado é um livro compreensivo e inteligente, solidamente preparado e escrito com sóbria lucidez, do qual emerge o traçado de uma das figuras mais poderosas que o Brasil teve neste século. Maria Luiza Penna escolheu bons ângulos de visão e analisou a obra educacional de Fernando de Azevedo com muita capacidade interpretativa, produzindo o primeiro estudo sistemático sobre ele.

O impulso generoso que anima o humanismo de Fernando de Azevedo é assinalado desde o título do livro, alusivo ao ânimo transformador desse grande liberal que adotou a perspectiva socialista em virtude dos problemas suscitados pela sua luta:

> Não achou impossível, republicano e liberal, uma conciliação da justiça social com a liberdade, do socialismo com as ideias e instituições democráticas: nessa conciliação deverão concentrar-se todos os seus esforços. (p. XXIV)

Inicialmente, a autora mostra a natureza do idealismo pragmático de Fernando de Azevedo, que acreditava na força predominante das ideias como fator de mudança social, mas não separava a sua atuação das transformações simultâneas na esfera econômica. A propósito, cita com pertinência um conceito de Jorge Nagle, para quem a reforma dirigida por Fernando de Azevedo no então Distrito Federal, entre 1927 e 1930,

---

* Maria Luiza Penna, *Fernando de Azevedo: Educação e transformação*. São Paulo: Perspectiva, 1987. (Coleção Estudos, n. 101).

se distingue das que foram empreendidas noutros lugares, no decênio de 1920, pelo aspecto social. Para ele não havia reforma pedagógica pura, isto é, mudança nos métodos e atitudes educacionais, pois esta deveria pressupor uma visão nova das relações com a sociedade.

A preocupação com o social é um dos temas do estudo de Maria Luiza Penna, que a focaliza de vários lados e procura mostrar os seus aspectos por vezes contraditórios. É o que vemos, por exemplo, nas observações sobre a escola comunitária segundo Fernando de Azevedo, ou na análise do problema das elites, central no seu pensamento. Nessa intrincada dialética, Maria Luiza Penna vislumbra incoerências potenciais, inclusive quando, ao chegar às consequências práticas, aos modos de atuar, assinala o conflito entre a grande aspiração democrática e alguns traços autoritários do reformador.

No entanto, a sua própria análise mostra como não havia, nele, incompatibilidade entre a concepção de elite e a forte linha democrática. Como não previa uma educação revolucionária, mas sim a educação viável numa sociedade de classes e privilégios, o seu esforço era assegurar o recrutamento mais amplo possível das capacidades reais, a fim de que as elites se renovassem com base nelas, em vez de se perpetuarem pelo privilégio. Bastante impressionado pela "teoria da circulação das elites", de Vilfredo Pareto (muito em voga na sua geração), e pelas teorias do "peneiramento" (que estudou em seu livro *Sociologia educacional*), ele preconizava o máximo de mobilidade entre as camadas por meio de oportunidades educacionais efetivas, o que permitiria atender a um critério que por vezes chamava "biológico", termo que Maria Luiza Penna estranha com razão mas que, à luz dos contextos, equivale a "pessoal", "próprio de cada um". Assim, a educação democrática seria o advento da "carreira aberta ao talento", não a preservação das camadas de privilégio por meio de uma instrução tradicionalista.

Maria Luiza Penna menciona diversas vezes as dificuldades desta concepção. E embora reconheça o sopro de igualitarismo, o profundo desejo de justiça social que há na obra de Fernando de Azevedo, deixa claras algumas dúvidas quanto à solidez de conceitos que repousam demais sobre a razão, vista como alavanca mestra, na linha da tradição *ilustrada*. Ela sentiu bem que Fernando de Azevedo foi sobretudo um herdeiro desta tradição, tendo chegado ao socialismo pela coerência da luta, que lhe fez ver como as reformas educacionais são precárias sem reformas sociais concomitantes.

É preciso lembrar, como faz este livro com justeza, que ele não foi propriamente um educador, mas um pensador que encarou a educação à luz da política, afirmando que o necessário era uma política educacional, não apenas a implantação de novas técnicas pedagógicas (e é este o sentido da observação de Jorge Nagle). Isso o levou a pensar a educação em correlação estreita com a sociedade, segundo uma perspectiva tríplice.

Em primeiro lugar, procurou a base objetiva, estudando os fatos educacionais como fatos sociais, conforme Durkheim, em cuja obra foi iniciado nos anos 1920 por Júlio de Mesquita Filho e da qual se tornou o principal expoente no Brasil. Daí resultou como fruto maduro o livro que Maria Luiza Penna considera com razão o mais importante que escreveu, *Sociologia educacional*.

Em segundo lugar, escolheu os métodos adequados à instrução moderna, que levassem o imaturo a se integrar na escola como grupo e a participar ativamente no processo de ensino e aprendizagem. Foi o que encontrou nas teorias da chamada Escola Nova, que adotou com vários outros educadores e pensadores brasileiros do seu tempo, decorrendo uma posição a favor da escola pública laica, científica e adequada a cada meio, sob a égide de um pensamento geral unificador.

Em terceiro lugar, definiu uma política educacional efetiva, dinâmica e renovadora, a ser implantada em todos os níveis dentro das condições possíveis. Em fases sucessivas ele passou pelos três níveis, primário, secundário e técnico, universitário, em posições de liderança que assinalaram transformações profundas.

Ora, as referidas condições possíveis dependiam de beneplácito governamental, estavam na dependência da política geralmente interesseira e atrasada do Brasil, e o único recurso era penetrar pelas brechas ocasionais. A luta de Fernando de Azevedo foi dura, pertinaz, perigosa (pois rendeu inclusive atentados à sua vida), e no seu decurso ele desenvolveu um senso de mando e decisão sem os quais teria sido impossível mudar alguma coisa. Profundamente político na visão geral, ele nada tinha de partidário, por isso aceitou os vários tipos de regimes e governantes que dessem oportunidade para realizar os seus ideais. O autoritarismo, que Maria Luiza Penna focaliza como contrapeso da vocação democrática, podia ser, na verdade, instrumento para realizá-la. Tanto assim, que mais uma vez foi alijado sumariamente dos postos de mando, por governantes que pareciam perceber, de repente, a radicalidade potencial das suas posições.

Desenvolvendo um pouco certas premissas sugeridas por Maria Luiza Penna, eu diria que estas e outras contradições inegáveis de Fernando de Azevedo não eram apenas o sinal de sua personalidade poderosa e complexa, mas o reflexo da sociedade onde atuou. Ele foi o reformador "travado" (na boa expressão da autora), porque agia com ímpeto renovador num meio social que no fundo não queria renovar nada, mas apenas reajustar um pouco. O seu drama foi o de todo homem de mentalidade transformadora obrigado a atuar em conjuntura não revolucionária, pois as conjunturas revolucionárias são quase sempre as únicas que permitem mudar de fato a educação.

No entanto, foi notável o que conseguiu fazer, graças à flama que o animou até o fim da vida e Maria Luiza Penna sintetiza assim:

> A racionalidade é o caminho por excelência, porque verdadeiramente revolucionário, para a consecução de seus ideais sociais e humanistas. A defesa dessa racionalidade seria dever dos que querem modificar a realidade, não dos que querem manter uma ordem imutável nas coisas. (p. 97)

13. Aquele Gilberto

O Gilberto Freyre que desejo lembrar no momento de sua morte é o que vai de 1933, publicação de *Casa-grande & senzala*, até 1945, quando foi eleito, pela Esquerda Democrática, deputado à Assembleia Nacional Constituinte. Esse foi o Gilberto Freyre da nossa mocidade, cujo grande livro sacudiu uma geração inteira, provocando nela um deslumbramento como deve ter havido poucos na história mental do Brasil. Os velhos amigos ainda falavam dele como um homem despretensioso, cheio de humor, irreverente até a molecagem, misturando à linha aristocrática uma grande simpatia pelo povo, que o levava a combater as ditaduras e acreditar nas virtudes de mestiçagem como fator democrático, que deveria produzir nestes trópicos uma civilização ao mesmo tempo requintada e popular, herdeira da Europa e criadora de um nobre timbre próprio.

Esse Gilberto se empenhou com rara coragem na luta contra a ditadura, enfrentando sob os mais graves riscos o interventor de Pernambuco Agamenon Magalhães, que o mandou prender junto com seu pai, o professor Alfredo Freyre, moveu contra ele uma campanha de difamação e procurou tornar impossível a sua vida em Recife. Mas Gilberto resistiu, unido a tantos democratas daquele velho reduto sempre disposto a lutar pelas melhores causas. Resistiu à perseguição torpe do governo e à mobilização assanhada dos reacionários locais, um de cujos apoios eram padres da Companhia de Jesus, então muito retrógrados e tacanhos. E estava ao lado de Demócrito de Sousa Filho no comício em que este caiu morto por uma bala que talvez se destinasse ao grande sociólogo inconformado. Depois disso, no correr dos anos, mudou bastante. Mudou demais. Mas naquele momento foi um dos maiores exemplos de resistência e de consciência radical no Brasil.

De fato, para a minha geração, ele funcionou nos anos de 1930 e 1940 como um mestre de radicalidade. O que nos fascinava era a maneira extremamente liberta com que desmontou a concepção solene da história social, falando com saboroso desafogo de sexo, relações de família, alimentação, roupa. Era o discernimento iluminado com que sugeria a importância dos traços menores, dos fatos humildes: o cumprimento, a receita de doce, a festa de padroeiro, o bigode, o anúncio de jornal, a anedota. Era sobretudo a franqueza com que mostrou a presença do negro no cerne da nossa vida, chamando a atenção de todos para a necessidade de estudá-lo, revolver a sua contribuição cultural e social, marcar o seu papel na formação do Brasil. O I Congresso Afro-Brasileiro foi planejado e orientado por ele em Recife no ano de 1934, logo depois de *Casa-grande & senzala* ter revolucionado a visão do brasileiro sobre a sua própria realidade. Mais tarde se veria o quanto o livro tinha de extrapolação e arbítrio. Naquela hora, o sentimento foi de choque revelador.

Isso, porque rasgava um horizonte novo, obrigando todos a encarar de frente a herança africana, deslocando o eixo interpretativo da raça para a cultura, dosando com extraordinária inventividade o papel simultâneo da paisagem física, da casa, do regime alimentar, das relações domésticas, do sistema econômico, das formas de mando, do sadismo social. Antes dele tinham sido destacados alguns desses fatores, como a mestiçagem por Sílvio Romero desde os anos de 1870. Mas ninguém, como ele, tinha sabido fundir os pontos de vista numa *visão*, de tal modo sugestiva, que a perspectiva da classe dominante, na qual se situava, adquiria um poder interpretativo que funcionou como força renovadora. Ele foi naquele tempo um caso raro de pensador e sociólogo aristocrático abrindo não obstante horizontes de marcada radicalidade, apesar de implicações no sentido oposto que também já se percebiam e eram apontadas no tecido compósito do seu pensamento. O importante era que ele estava quebrando tabus e propondo um modo desabusado de ver as coisas.

Por isso, foi tido e tratado como radical, inspirou revisões, acabou de vez com a visão baseada na suposta hierarquia das raças, consagrou o respeito à arte do povo, à sua cozinha, ao seu dia a dia. E tudo por meio de uma escrita surpreendente, nova, de uma beleza como não se tinha visto antes nem se viu depois nos estudos sociais, tornando pálidos os estilos à sua volta. Escrita marcada pelos ritmos proustianos, abundante e necessária, sugerindo a complexidade do real no caprichoso arabesco da sua marcha. Escrita de *Casa-grande & senzala*, *Nordeste*, *Sobrados e mocambos*, os grandes livros que naquele tempo empolgaram os moços, formando um maciço que com o passar do tempo seria contestado, mas que dificilmente poderá ser rejeitado, porque, como diz Álvaro Lins, representou uma "descoberta do Brasil".

14. Um crítico fortuito (mas válido)

Não sou decerto literato — muito menos literato voluptuosamente acadêmico e voluptuoso da arte de construir convencionalmente bem as suas frases. Que me perdoem, porém, a insistência ingênua e afinal inócua em me considerar escritor, admitindo a distinção entre escritor e literato.

Nestas palavras serenamente irônicas Gilberto Freyre propõe uma autodefinição a que se tem apegado com pertinácia. Apesar do caráter especializado da sua obra de base, do ânimo de investigação com que a construiu, nota-se nela da primeira à última linha um quase pavor de parecer técnico no sentido acadêmico. Mais forte do que as convenções, do que a tentação de se encaixar numa corporação científica rotulada, age nele a pressão viva de um pluralismo que ataca vorazmente a realidade, disposto a esclarecê-la e mesmo transfigurá-la a qualquer preço, isto é, sem preconceitos metodológicos. Este impulso é o seu *demônio*, o *gênio* pessoal que o demarca entre os investigadores sociais e torna difícil aplicar-lhe um rótulo — grave inconveniente para os que se sentem inseguros ao perderem o fio rígido dos fichários. "Escritor" é realmente a designação adequada, porque na orgulhosa e mesmo cavilosa modéstia com que a reivindica ele fica menos comprometido com os especialismos e mais disponível para a sua liberdade.

Uma vez constatado que é difícil e desnecessário classificá-lo, dada a natureza da sua personalidade intelectual, dada a fecunda diversidade da sua vocação, compreendemos melhor a ambiguidade criadora presente na sua obra. Nela, quando saímos à busca do sociólogo deslizamos para o escritor, e, quando procuramos o escritor, damos com o sociólogo. Se procurarmos especificamente o crítico, acharemos quase sempre o estudioso que utiliza impuramente a literatura para os fins da sua manipulação sociológica; mas a impura utilização torna-se de súbito tratamento vivificante, que retorna sobre a literatura a fim de esclarecê-la, porque a sociologia de Gilberto Freyre, sendo estudo rigoroso, é também *visão*, e a este título a expressão literária se crava no seu cerne, como recurso de elucidação e pesquisa.

Não espanta, portanto, que nele os instantes de reflexão filosófica ou crítica sejam pontos de congraçamento dos dois veios da sua personalidade intelectual, separados para argumentar: o sociológico, isto é, o científico, e o literário, isto é, o artístico. E assim percebemos o sentido profundamente dialético da sua teima em considerar-se escritor.

Dado este entrosamento, é difícil delimitar na sua obra o que há de especificamente crítico, pois certos trabalhos ostensivamente literários são também contribuições ao pensamento sociológico, enquanto os de sociologia vêm permeados de arte literária e pensamento crítico, como é o caso das páginas admiráveis de *Sobrados e mocambos* sobre o nosso Romantismo. Mas em todos os da primeira categoria notam-se algumas constantes de ponto de vista e fatura, inclusive um senso equilibrado dos limites da sociologia na investigação literária, como se poderá ver pela seguinte transcrição:

> Com tais sugestões, não se pretende reduzir a crítica ou a história de uma literatura, ou dentro dessa literatura, a obra de um escritor, a ramo da sociologia ou da psicologia social. Gênio e obra literária de gênio pedem compreensão também literária; e não principalmente sociológica ou psicológica. Ainda há pouco, um crítico inglês, o professor David Daiches, reavivou em páginas lúcidas esse critério de interpretação da obra literária — o principalmente literário; mas sem desprezo pela sociologia ou pela psicologia que explique origens ou descubra raízes da obra ou do autor considerado.

> Daí falar no

> auxílio que à interpretação de uma literatura ou da obra ou da personalidade de um escritor de gênio ou simplesmente de talento criador ou renovador pode trazer a interpretação sociológica e psicológica da cultura e do meio dentro dos quais tenha se desenvolvido, nem sempre passivamente — às vezes até *à rebours* —,

o gênio desse escritor ou o espírito dessa literatura. Pois nem escritores nem literaturas se realizam no vácuo; ou num espaço sobrenaturalmente estético ou puramente literário que prescinda de todo da história como que natural — como dizia o mestre dos mestres franceses de crítica literária — desses escritores e dessas literaturas.

A longa citação, extraída do estudo sobre Alencar, é necessária para esclarecer o ponto de vista do autor e, ao mesmo tempo, fixar o melhor conceito a respeito da contribuição que as disciplinas humanas podem trazer ao estudo das letras.

A partir desta posição-chave, Gilberto Freyre se comporta com liberdade, dentro de certos rumos gerais que marcam também a sua obra de sociólogo e de historiador da cultura. É o caso do nacionalismo, que o liga aos românticos e o leva a preferir, nas obras, a busca do que contribui para a descoberta ou confirmação de aspectos especificamente brasileiros; do que conduz a uma visão literária do Brasil. Este traço não é tendência latente, mas clara tomada de posição, como se pode ver no citado estudo, quando mostra a ligação de Alencar com os renovadores do decênio de 1920, seus continuadores no Nordeste e no Sul. Daí uma procura incessante de *conteúdos*, para poder avaliar, segundo eles, a densidade humana e o significado social da obra. Para Gilberto Freyre, o significado estético deriva em parte deste lastro. Veja-se, por exemplo, no artigo sobre Manuel Bandeira, o comentário sobre a "Evocação do Recife", onde fala da sua "riqueza de substância", ajuntando: "Cada palavra é um corte fundo no passado do poeta, no passado da cidade, no passado de todo homem, fazendo vir desses três passados distintos, mas um só verdadeiro, um mundo de primeiras e grandes experiências de vida".

Dadas essas premissas, não espanta o seu interesse pelos valores de personalidade na obra, que o leva a ser frequentemente um crítico de autores, mais que de livros, pois vê naqueles um interesse superior a estes. "Ele vive principalmente pela sua personalidade", escreve de Euclides da Cunha, "que foi criadora e incisiva como poucas. Maior que *Os sertões*." A sua crítica oscila entre o estudo do autor, num extremo, e a função social da obra, no outro, havendo casos, como no belo ensaio sobre Whitman, onde tudo converge para esta, pondo de lado os aspectos mais puramente artísticos. A um vivo interesse pelo social através do literário, junta, pois, uma fina percepção do homem que criou a obra, tendendo ao *perfil*, técnica muito sua de estudar literatura.

Se passarmos ao modo de elaborar a matéria crítica, veremos que não difere essencialmente do que predomina no resto da sua obra, garantindo uma unidade básica que funde a diversidade dos pontos de vista. Refiro-me aos recursos de *aproximação*, ao jogo de toques e retoques, como se nada pudesse ser exposto como algo acabado e fixo, constituindo uma flutuação permanente de conceitos e imagens que sugere o inexplicável das coisas, dos homens, das ideias, depois que a inteligência e a sensibilidade chegaram ao limite da sua força. Esta atitude fecunda é responsável pelas repetições, delongas, recapitulações, que se cruzam por vezes intrincadamente no seu estilo e já têm provocado a estranheza de vários estudiosos, embora sejam organicamente próprias ao seu modo de escrever, isto é, à sua própria visão do mundo. Apesar de ser ele um temperamento eminentemente plástico, dir-se-ia que esse processo — caprichoso apenas na aparência e coerente na sua lógica profunda — lembra o da composição musical. Os seus toques e retoques são motivos que vão sendo propostos, desenvolvidos, retomados, combinados, variados, até se esgotarem as possibilidades expressivas do tema. Veja-se, no penetrante artigo sobre Augusto dos Anjos, o jogo de masoquismo, sadismo, cientificismo, ascetismo, dureza, doença — propostos, repetidos, retomados com sentidos novos, enriquecendo-se até comporem a atormentada figura do poeta num conjunto móvel e complexo.

Ao longo desse tratamento da matéria crítica, notamos, como no restante da sua obra, uma combinação permanente de análise e intuição; de intervenção ativa da inteligência e de abandono emocional — o que aumenta a sensação de mobilidade e de tateio harmônico da sua composição. E manifesta uma inquietude ligada com certeza ao referido pluralismo, que parece constituir um dos alicerces da sua personalidade intelectual, e de que soube extrair um dos métodos mais fecundos para analisar a sociedade e a cultura da sua terra.

Esse enfoque plural gera uma extrema riqueza de imagens, que exprimem por vários lados a realidade abordada: comparações reveladoras, como a que aproxima *Os sertões* do drama wagneriano; imagens visuais, gustativas, que dão carne ao conceito e o envolvem numa cascata exuberante de metáforas e digressões. Sirva de exemplo a página saborosa na qual mostra pelo processo negativo o ascetismo de Euclides da Cunha, arrolando o que de folgada e pitorescamente brasileiro não estava no seu modo de ser:

> Nem moças bonitas, nem danças, nem jantares alegres, nem almoços à baiana, com vatapá, caruru, efó, nem feijoadas à pernambucana, nem vinho, nem aguardente, nem cerveja, nem tutu de feijão à paulista ou à mineira, nem sobremesas finas segundo velhas receitas de iaiás de sobrados, nem churrascos, nem mangas de Itaparica, abacaxis de Goiana, açaí, sopa de tartaruga, nem modinhas ao violão, nem pescarias de Semana Santa, nem ceias de siri com pirão, nem galos de briga, nem canários do Império, nem caçadas de onça ou de anta nas matas das fazendas, nem banhos nas quedas-d'água dos rios de engenho — em nenhuma dessas alegrias caracteristicamente brasileiras Euclides da Cunha se fixou.

Por aí se vê a técnica de envolvente redemoinho visado no jogo das imagens que, aparentemente desligadas do assunto, acabaram por esclarecê-lo mais do que uma discussão abstrata.

As imagens são portanto essenciais ao seu processo analítico, que se nutre do apoio sensorial por elas proporcionado, como quando para sugerir a paixão de Euclides da Cunha pelas palavras, fala no efeito que tinham, "primeiro sobre os ouvidos, depois sobre os olhos pervertidos em ouvidos", do grande escritor. É a imagem que, ao lado da recapitulação temática, serve melhor ao seu desígnio, puxando o conceito para a expressividade das coisas vivas. Ela prolonga e de certo modo refaz o conceito, como se pode ver a propósito de Felipe de Oliveira, rio-grandense descendente de pernambucanos: "A turbulência, tão da maioria dos gaúchos, se disciplinara nele em alegre vivacidade esportiva. É que em suas mãos a sinistra faca de ponta de Pasmado se alongava em florete elegante".

Outras vezes, conceito e imagem se fundem sinteticamente: "[...] era um autêntico libertador dentre os que fizeram a 'Revolução de 30' não com valentia de boca mas com coragem de corpo inteiro". E não raro a imagem tem por função dar ao leitor a essência da análise ou da verificação crítica, sintetizando o trabalho prévio da investigação, como quando diz da "Evocação do Recife", de Manuel Bandeira: "O poema é compacto; tem alguma coisa de um bolo tradicional do Norte chamado 'Palácio encantado', bolo muito rico, bolo de casa-grande de engenho, com sete gostos profundos em cada fatia que se corta dele".

Lembremos ainda as grandes imagens diretoras, as imagens gerais que estruturam todo um estudo crítico, como, no que escreveu sobre Alencar, a contraposição entre ambiente aberto do campo e ambiente fechado de sala, encarnando os polos do brasileirismo e do urbanismo europeizante, mas também da tirania doméstica e da liberdade revoltosa, segundo os quais se ordena a sua obra. Essas imagens duais abundam em

Gilberto Freyre e servem para mostrar o seu movimento dialético e integrador, sempre deslizando entre a casa-grande & a senzala, o sobrado e o mocambo, a ordem e o progresso, a precisão racional e a fantasia, a análise técnica e as liberdades artísticas da intuição e do prazer estético.

15. Dialética apaixonada

Otto Maria Carpeaux poderia ter sido o que quisesse: cientista, professor, crítico de arte, de música ou de literatura, líder político, doutrinador. Por circunstâncias da vida teve de sair do seu país, a Áustria, acossado pelo nazismo, e no Brasil se tornou uma espécie de polígrafo, um herói civilizador, diria Roberto Schwarz (como Anatol Rosenfeld ou Roger Bastide). O seu instrumento principal foi o jornal, adaptado à variedade das vocações, e nele exerceu, além da função profissional de redator, a de escritor e de lutador político. A partir dele se abriu para os livros orgânicos que escreveu, feitos para formar e informar: *Pequena bibliografia crítica da literatura brasileira* (1949), *Uma nova história da música* (1958), *A literatura alemã* (1964) e a notável *História da literatura ocidental* (1959-1966), em oito volumes, sua obra máxima, cujo primeiro volume, reeditado agora, aborda as literaturas grega, romana e medieval até o século XIII.[*]

Além de ser um homem apaixonado, voluntarioso e combativo, Carpeaux era desses casos raros de capacidade universal, pois lia e aprendia muitas vezes mais do que os outros. Foi o que mostrou desde logo no Brasil, para onde veio em 1939. Graças a uma troca ocasional de cartas, o grande crítico Álvaro Lins o descobriu e o fixou no Rio, apoiando-o fraternalmente com todo o seu prestígio e a sua generosidade, ambos grandes. Assim, contribuiu mais do que ninguém para incorporar

---

[*] Otto Maria Carpeaux, *História da literatura ocidental*. 2. ed. rev. e atual. Rio de Janeiro: Alhambra, 1978, v. I.

à nossa vida intelectual um estudioso do mais alto nível, que ele apresentou ao público no artigo "Um novo companheiro", de 19 de abril de 1941, recolhido na segunda série do *Jornal de crítica* (1943).

Nele contava quem era Carpeaux e o caracterizava com traços certeiros, começando por prever que "a sua atuação, na nossa vida literária, vai constituir um acontecimento de excepcional significação". Dizia ainda que se tratava de, "ao mesmo tempo, um homem e um escritor; um homem moralmente muito forte, em harmonia com um escritor intelectualmente muito poderoso".

Adiante mencionava o universalismo de Carpeaux, ligado quem sabe à vocação supernacional de seu país e expresso pelo conhecimento de muitas línguas e literaturas, praticadas com ânimo comparativo e integrador. E dizia (no mesmo estilo de ressonâncias queirosianas):

> [O seu] estilo é muito pessoal, muito direto, muito denso. O conhecimento de tantas literaturas, fundamente assimiladas, imprimiu-lhe, ao mesmo tempo, um máximo de variedade e concentração. Notar-se-á que é um estilo vivo, preciso e ardente. Às vezes, enérgico e áspero. Nestas ocasiões, sobretudo, este estilo está confessando um temperamento de inconformista, de panfletário, de *debater*. O temperamento de um homem que, monologando ou dialogando, está sempre numa atitude de luta: ou a luta interior, consigo mesmo, ou a luta exterior, com os seus adversários.

Carpeaux adquiriu com rapidez muitos conhecimentos sobre o Brasil e passou a escrever diretamente em português. A partir de 1941 publicou no *Correio da Manhã* artigos que o puseram rapidamente na primeira plana e foram reunidos em parte nos livros *Cinzas do purgatório* (1942) e *Origens e fins* (1943). Os da minha geração lembram-se com certeza do impacto renovador causado por esses ensaios densos, que informavam sobre coisas desconhecidas ou pouco conhecidas, mostrando hábitos mentais e pontos de vista diferentes dos que reinavam aqui.

De fato, predominavam naquele tempo a influência e a visão francesas, que selecionavam e filtravam para nós o resto do mundo. Carpeaux salientou a importância da cultura espanhola e o sentimento do Barroco literário, coisas tão próximas da nossa cultura que era estranho não serem mais presentes e atuantes na vida intelectual. Carpeaux mostrou, além disso, a força quase desconhecida aqui dos italianos, dedicando ensaios ou fazendo referências a Vico, De Sanctis, Croce, Verga e procurando transmitir a aura peninsular. Revelou escritores e coisas do mundo eslavo, húngaro, escandinavo e foi o primeiro no Brasil a escrever sobre Kafka, além de avaliar com muito discernimento os ingleses e norte-americanos.

No campo do pensamento, não apenas comentou Nietzsche, mas revelou aspectos de Burckhardt, explicou quem era Lichtenberg, abordou os então quase desconhecidos Dilthey, Max Weber, Mannheim. Sobrevoando tudo, uma espécie de gosto infuso por Croce e a paixão por Hegel. E mais a novidade de um catolicismo progressista. Tudo isso, dentro da sua incrível vocação pedagógica no sentido mais completo: aquele que significa transformação por meio do conhecimento, tornado força de vida.

Tais elementos estão na base desta *História da literatura ocidental*, com a sua visão abrangente, múltipla e una, que permite mostrar a literatura, acima das fronteiras nacionais e linguísticas, como expressão (por assim dizer) da alma de um complexo de cultura. E que, portanto, nos obriga (como obrigavam os artigos dos anos de 1940) a despir o provincianismo empobrecedor, pai de antagonismos e segregações, para abrir caminho às grandes visadas universais, que, elas sim, possibilitam o contato construtivo entre os homens, através de uma cultura mental transformada em bem comum. Grande humanista, Carpeaux trabalha aqui neste rumo.

É curioso, mas não insólito, que a paixão humanística o tenha levado nos anos de 1960 a sair (ao menos em intenção) da literatura, onde tinha passado a vida. Evoluindo de um catolicismo empenhado nos problemas sociais, mas de conotação antes liberal, chegou a uma militância intelectual de cunho revolucionário socialista, que decantou o político que havia nele. Intervindo na vida pública do Brasil, lutando bravamente contra o imperialismo, defendendo as posições avançadas do operário e do estudante, tornou-se um ativista pela pena e esteve no centro dos esforços radicais dos anos de 1960. Processado, ameaçado de ter de sair do país, boicotado nos jornais, não cedeu e se pôs acima da adversidade. Foi quando assumiu pontos de vista extremamente políticos na apreciação da literatura, como é patente no artigo que escreveu para o famoso número de *Temps Modernes* sobre o Brasil, organizado por Celso Furtado. E é o que declara com a costumeira franqueza na nota introdutória a *Vinte e cinco anos de literatura* (1968), a propósito do conteúdo do livro:

> [...] só escolhi trabalhos que, por este ou aquele motivo, ainda hoje possam inspirar interesse ao círculo dos amigos da literatura. Mas já não me incluo nesse círculo. Considero encerrado o ciclo. Minha cabeça e meu coração estão noutra parte. O que me resta de capacidade de trabalho, pertence ao Brasil e à luta pela libertação do povo brasileiro.

É preciso lembrar essas coisas para compreender que a *História da literatura ocidental*, escrita em 1944-1945 e revista no momento da publicação de cada volume a partir de 1959, corresponde a um momento da história mental de Carpeaux.

Este livro é um esforço para apresentar no conjunto a literatura europeia e mais as que o autor considera com razão os seus galhos, isto é, as do Novo Mundo. Ele parte de uma distinção, também justa, entre as "chamadas grandes literaturas: grega, romana, italiana, espanhola, francesa, inglesa, russa, alemã" e as que, sendo mais modestas, são valiosas e compõem com as outras o panorama literário do Ocidente no que ele tem de significativo: as escandinavas e

> mais três tão tradicionais quanto aquelas: a portuguesa, a holandesa e a polonesa; depois, (as) literaturas provençal e catalã, importantíssimas na Idade Média, e hoje novamente representadas por grandes valores; depois, (os) ramos americanos de algumas literaturas europeias: a norte-americana, a hispano-americana e a brasileira.

Finalmente, a tcheca, a húngara e alguns nomes centrais da romena, da finlandesa e da galega (p. 34).

A sua visão universal permite transpor as limitações eventuais do nacionalismo crítico, cuja função histórica é importante em certos momentos, mas não deve servir para obliterar a dimensão verdadeira do fenômeno literário, que por sua natureza é tanto transnacional quanto nacional. Carpeaux demonstra noutros lugares como a literatura do Brasil ganha em ser vista de uma perspectiva dupla, como esta sua, capaz de aumentar o discernimento e quebrar a rotina. Lembremos as esclarecedoras subdivisões críticas da *Pequena bibliografia* e a leitura renovadora que fez de Augusto dos Anjos.

O intuito desta *História* não é justapor as literaturas, mas apresentar o todo orgânico formado por elas. Daí algumas decisões metodológicas importantes, como abolir as divisões por nacionalidade, ignorar as distinções entre gêneros, articular os nomes realmente significativos. Isso porque o critério é apresentar os autores e as obras de maneira inseparável dos grandes movimentos criadores, marcados por traços comuns e manifestando-se nos diversos lugares em dada parcela do tempo. Uma das originalidades do livro é, portanto, privilegiar o tempo sobre o lugar; não sob a forma de referência cronológica, mas como grande unidade espaçotemporal dinâmica, definida pela integração das manifestações literárias e do contexto histórico-social.

A literatura é, pois, estudada nas páginas seguintes como expressão estilística do Espírito objetivo, autônomo, e ao mesmo tempo como reflexo das situações sociais. (Daí) um método estilístico-sociológico, (o qual) tem de provar, pela sua aplicação à literatura, a capacidade de explicar as relações entre os fatos literários, substituindo-se a enumeração biobibliográfica dos fatos pela interpretação histórica. (pp. 35-36)

Este "Espírito objetivo", encarnado nas diversas criações sociais e culturais, mostra imediatamente a raiz hegeliana atuando em Carpeaux através de mediações, entre as quais a de Dilthey, a de Croce, a da sociologia do conhecimento mas sobretudo a de um agudo empenho histórico. Em suma, um idealismo dialético fecundo, porque a tônica recai no segundo termo. A composição manifesta um movimento incessante entre os opostos, considerados não alternativas ou opções, mas condições bem-vindas de uma investigação que encara a verdade como busca da verdade.

Quanto a esta disposição mental, acho útil citar uma carta que Carpeaux me escreveu em 24 de maio de 1944, quando começava a redigir a sua grande obra. No comentário de uma distinção que estava elaborando entre "Realismo" e "Naturalismo", com vistas a discutir o impasse do romance contemporâneo, observa o seguinte:

A distinção entre a realidade vivida e a realidade autônoma da arte torna-se mais urgente do que antes. Sei, ou acredito, que o seu ponto de vista sobre tudo isso será bastante diferente do meu. Mas é justamente isso que me leva a perguntar-lhe a sua opinião. Sou um espírito "dialógico", e o diálogo só é fértil quando entre posições dialeticamente opostas. A dialética é a minha obsessão, esforço-me em pensar sempre dialeticamente, e atribuo a isso muitos dos equívocos aos quais hoje me vejo exposto.

No caso da história literária, pensar assim importava em abranger, num amplo movimento interpretativo unificador, tanto a autonomia da obra (concebida como manifestação concreta do Espírito objetivo) quanto a sua dependência em relação à sociedade no tempo e no espaço (concebida como matéria-prima da observação e da imaginação). Nos termos da carta citada, trata-se de considerar simultaneamente a *realidade autônoma* e a *realidade vivida*. Deste modo, fica assegurado o respeito ao mundo próprio da literatura, sem desconhecimento da sua inserção no mundo.

Para manter a integridade da visão dialética, Carpeaux rejeita a ordenação das obras e autores em séries cronologicamente paralelas, segundo a concatenação interna de cada gênero (separadamente, poetas, romancistas, contistas, dramaturgos etc.). Mais ainda: rejeita, como vimos, a própria separação entre países e línguas, o que fica mais evidente nos volumes ulteriores, que lidam com a multiplicidade das literaturas nacionais; mas já neste faz coisas como abordar Plauto e Terêncio no quadro da literatura grega (pp. 69-71). O que lhe importa é mostrar os grandes conjuntos orgânicos que exprimem o ritmo criador das épocas, vistas na totalidade da sua cultura, da qual a literatura se destaca. Daí a importância do tempo, não em seu aspecto mecânico e limitante, que é a cronologia, mas como princípio de organização do material estudado. Tudo isso ele mostra por meio de uma extrema mobilidade entre o todo e a parte, graças ao senso das mediações, que podem ser também os diversos estados da sociedade e do pensamento nas diversas épocas. (Sobre o seu eficiente método integrativo, ler na "Introdução" as páginas 33-36).

O resultado é o interesse constante do seu leitor, que vê desenrolar-se o movimento dos conjuntos e sente ao mesmo tempo a presença viva dos autores e das obras, registrados em sínteses de grande segurança, originalidade e penetração. Tanto mais quanto Carpeaux mostra possuir um requisito essencial em livros desse tipo: a larga informação, não apenas literária, mas sobre filosofia, arte, história política e social.

Como exemplo da sua originalidade na análise dos movimentos literários, lembro a maneira pela qual incorpora a poesia litúrgica da alta Idade Média ao que chama a "herança" formadora da literatura do Ocidente (parte I, cap. III). Quanto à caracterização dos escritores, que sabe fazer em escorços prodigiosos, veja-se como considera Lucrécio e Catulo os maiores poetas romanos, não Virgílio e Horácio, cujo perfil ideológico era mais conveniente e por isso os situou na primeira plana da reputação (p. 86). Veja-se ainda a extrema valorização que lhe merece Prudêncio, "o maior poeta da antiga Igreja Romana. Já foi comparado a Horácio, mas é mais sério, e a Píndaro, mas é mais humano" (p. 113). Ousadia intelectual e julgamento firme não faltam a esse grande crítico que descarta as meias-palavras.

Certas vezes o toque pessoal aparece na maneira diferente de ordenar os autores, como quando prefere estudar os três grandes trágicos gregos não na ordem cronológica tradicional, que corresponderia também a uma secularização progressiva das suas obras, ou seja: Ésquilo, Sófocles, Eurípides; mas na ordem que poderia ser qualificada de ontológica, baseada em análises mais sutis das características de cada um: Ésquilo, Eurípides, Sófocles. Outras vezes, a caracterização se liga a uma referência metafórica reveladora, como nesta síntese elaborada a partir da dinâmica dos opostos, ou, se quiserem, sobre uma estrutura paradoxal:

> É significativo: no pórtico da literatura romana estão dois autores, nenhum dos quais era escritor profissional. Um arquiteto e um general: Vitrúvio e César. Do ponto de vista literário, não são "grandes escritores"; mais exato seria dizer que não pertenciam à literatura. São os representantes mais típicos da "construção", em oposição à qual nasceu a literatura romana.
>
> Caius Julius Caesar não é escritor profissional, já se disse. Só escreve para explicar os seus fins políticos. Só dá fatos, a realidade nua. Os *Commentarii de Bello Gallico* estão cheios de vozes de comando: aos soldados, aos povos subjugados, aos politiqueiros vencidos, à língua. No fim dos relatórios, a Gália e a Itália estão organizadas. O seu contemporâneo Vitruvius Pollio dá vozes de comando às colunas; é criador daquela arquitetura oficial que até hoje forma os centros das nossas capitais [...]. Em César e Vitrúvio Roma está construída. (p. 78)

Trechos assim mostram a força de Carpeaux neste livro admiravelmente realizado, sem concessões (ao ponto de não dar a tradução das citações em latim, ou em alemão, francês e italiano medieval), mas que atinge os seus fins com uma competência e um poder de sugestão realmente notáveis. A sua leitura é indispensável por ser uma das melhores introduções possíveis ao mundo da literatura, como fica mais evidente à medida que o leitor vai conhecendo os volumes sucessivos.

16. O gosto pela independência

Anatol Rosenfeld impressionava, entre outras coisas, pela determinação tranquila de só fazer, na vida intelectual, o que não afetasse em nada a sua tremenda independência. Às vezes, por caminhos inesperados. Assim é que realizava palestras para grupos de *senhoras da sociedade* que, penso eu, deviam estar, na maior parte, inteiramente por fora da sua atmosfera mental. Imagino também que, apesar da presença dele, a coisa tivesse um vago ar de futilidade, que quem sabe o divertia. No entanto, recusava os convites para ensinar em faculdades oficiais. Talvez porque as palestras semimundanas não atrapalhassem o seu desejo de ficar disponível e aberto, enquanto as faculdades trazem uma carga de envolvimento institucional que amarra o indivíduo mais do que este percebe. Nós, que passamos a vida nelas, não sentimos bem o peso da coluna de ar que comprime de encontro ao chão; mas quem sabe, do lado de fora, Anatol percebesse melhor e se esquivasse…

Por outro lado, numa exceção aparente que confirma a regra da sua vida, a certa altura aceitou uma função docente na Escola de Arte Dramática. Naquele tempo a escola era um ambiente livre e desvinculado, que Alfredo Mesquita imaginou e realizou com muito rigor, mas nenhum convencionalismo. Dela se poderia dizer que, enquanto esteve sob a orientação do seu criador, possuía as vantagens, mas não os males, das instituições universitárias. Foi o que Anatol deve ter sentido, porque nela se integrou com rara eficácia e dedicação.

Animados pelo que parecia mudança de critério, alguns voltaram então a lhe oferecer uma cadeira de literatura aqui, outra de filosofia ali; mas ele, polida e inflexivelmente, agradecia e recusava. A sua escolha estava feita e era mantida.

Penso que gostava das tarefas que lhe permitissem ser útil sem quebra da liberdade de movimento, como no caso de certas formas de diálogo, real ou virtual, que permitem desdobrar as ideias e plantá-las no mundo. Assim foi que aceitou a seção de letras alemãs no "Suplemento Literário" d'*O Estado de S. Paulo*, desde o seu início em 1956; e este foi o veículo que revelou ao país o grande intelectual até então só conhecido pelos amigos e os frequentadores de seus cursos privados. Décio de Almeida Prado diz com razão que o fato de haver lançado e apoiado sempre Anatol Rosenfeld, na qualidade de diretor do "Suplemento", é um dos seus motivos de orgulho.

Como se deu a sua entrada para letras alemãs? Quando estávamos planejando o "Suplemento", foram feitas consultas a diversas pessoas qualificadas, para nos ajudarem na escolha do corpo de colaboradores; e Egon Schaden sugeriu o nome de Anatol. Por quê?

Porque na casa de Schaden funcionava uma espécie de discreta tertúlia, formada por amigos que se reuniam aos sábados para discutir filosofia, literatura, cultura. Além do anfitrião, lembro apenas os nomes de Anatol Rosenfeld e Erich Arnold von Buggenhagen, atual professor emérito do Instituto de Biociências, Letras e Ciências Exatas de São José do Rio Preto (Unesp). Schaden e eu tínhamos o hábito, que durou longos anos, de almoçar na cidade às quartas-feiras; nessas ocasiões, ele não apenas me inoculava o seu gosto pelos livros de Joseph Conrad, mas comentava as reuniões, salientando o valor dos companheiros, inclusive Anatol. E eu me interessava muito pelo relato dessas conversas sobre Kant ou Thomas Mann.

Às vezes Anatol ia ver Schaden na faculdade; assim nos conhecemos e tivemos alguma troca de ideias. Quando Schaden, depois de pesar uns tantos nomes, afiançou que ninguém melhor do que ele poderia se encarregar da seção de literatura alemã, a sugestão caiu em terreno favorável e foi aceita por Décio de Almeida Prado e por mim. Deste modo, o quase desconhecido redator de notas em alemão do *Deutsche Nachrichten* (ou seria *Deutsche Zeitung*?) entrou no circuito da vida intelectual brasileira e nele ficou para sempre numa posição de alto relevo.

No fim da sua vida, em 1973, tivemos convívio intenso no conselho de redação da revista *Argumento*, ideada e editada por Fernando Gasparian, como uma espécie de outro nível da luta pertinaz que vinha mantendo no jornal *Opinião*. Tratava-se, ante as difíceis condições do momento, de forçar quanto possível uma atitude de oposição ligada ao esforço de aprofundamento analítico. Anatol entrou para o grupo quando o primeiro número estava sendo preparado, e dali por diante, apesar do sofrimento físico crescente, foi até sua morte, na altura do terceiro número, um participante assíduo das nossas reuniões semanais, como Fernando Henrique Cardoso ou Paulo Emílio Sales Gomes, além, é claro, de Fernando Gasparian e a equipe que realizava a publicação: Maria Hermínia Tavares de Almeida, Pedro Paulo Poppovic, Elifas Andreato.

O terceiro foi o último número a circular, pois o quarto ficou retido por ordem da Censura Federal, certamente alarmada com o êxito da revista, cuja tiragem inicial de 25 mil subiu imediatamente a 45 mil exemplares. Anatol já não estava vivo para participar da nossa luta pela sobrevivência, sob o comando do grande diretor responsável, Barbosa Lima Sobrinho. Recorremos, procuramos figurões, fomos a Brasília ouvir mentiras, apertamos o governo Médici através da Justiça — mas nada impediu o nosso esmagamento final, por meio de uma aplicação do AI-5.

Argumento foi, portanto, a última tarefa de que Anatol partilhou, consagrando-se a ela com o ardor e a esperança de quem vê uma oportunidade para exercer a inteligência crítica na luta contra as irracionalidades e as brutalidades deste mundo.

17. Roger Bastide e a literatura brasileira

No Brasil, Roger Bastide se interessou a fundo pela nossa arte e a nossa literatura, tornando-se um crítico militante e um estudioso que pesou de maneira notável na interpretação de fatos, ideias e obras. É preciso, portanto, começar lembrando a sua condição de colaborador constante dos jornais — registrando livros novos, comentando exposições, debatendo teorias e, inclusive, estabelecendo com homens do porte de Mário de Andrade e Sérgio Milliet polêmicas amistosas e construtivas, num exemplo de compostura e amor pela verdade que não é frequente no gênero. Durante a Segunda Guerra Mundial, aumentou esta participação, dizendo aos alunos e amigos que era a sua maneira de trabalhar pela presença e atuação da cultura francesa, mostrando-a empenhada nos problemas da brasileira.

Os referidos artigos, e também os estudos mais sistemáticos, eram de intuito predominantemente literário, mas quase sempre entrava neles a visão sociológica como alicerce teórico ou componente interpretativa, tornando Roger Bastide um dos poucos a usar com segurança e felicidade essa combinação difícil. O seu critério dominante, sempre ressaltado nas conversas, era emitir juízos de realidade, não de valor, afastando o problema de avaliar méritos para ficar nas verificações objetivas. De um lado, isso gerava certa boa vontade universal, principalmente com referência à produção do momento; mas, de outro, assegurava à crítica a função de análise da cultura.

Os seus artigos são numerosos e tiveram influência no meio intelectual daqueles anos. Muitos foram reunidos em livro, mas na maioria estão dispersos pelos periódicos onde apareceram. Inclusive o estudo magistral sobre Machado de Assis, de que se falará adiante.

Além da produção escrita, foi grande a sua influência através do contato direto com amigos e alunos. Eu, pessoalmente, lhe devo muito e às vezes me surpreendo, relendo a anos de distância algum escrito dele, ao verificar até que ponto certas ideias que julgava minhas são na verdade não apenas devidas à sua influência, mas já expressamente formuladas por ele. Se for permitida uma informação de cunho pessoal, contarei que a sua opinião foi decisiva para eu optar entre a sociologia e a literatura como atividade universitária. Consultei-o a propósito nos primeiros anos do decênio de 1950 e ele disse francamente que me achava mais qualificado para a segunda.

Mas muita gente melhor recebeu também a sua influência intelectual, inclusive Mário de Andrade, cujas ideias sobre a gênese da literatura popular foram certamente redefinidas graças a ele.

Para dar uma ideia da sua atividade crítica em relação à nossa literatura, tratarei de quatro tipos de estudos que realizou e podem ser denominados do seguinte modo: incorporação dos temas do negro à poesia brasileira; presença das componentes africanas no processo criador dos escritores brasileiros; aculturação da literatura europeia no Brasil; dissociação entre o pitoresco e a ideia de *autenticidade* da literatura brasileira.

A sua posição a respeito do primeiro tópico está exposta de maneira sistemática no estudo "Incorporação da poesia africana à poesia brasileira" (*Poetas do Brasil*. Curitiba: Guaíra, 1944, pp. 7-38).

Essencialmente, o intuito é pesquisar nos textos os assuntos relativos ao negro, a partir da verificação de que eles são versados por poetas brancos (diríamos, com maior precisão, por poetas considerados brancos segundo os nossos padrões e se comportando como tais). Para isto, procede a uma análise diferencial, mostrando como os referidos assuntos vão penetrando cada vez mais profundamente. Com efeito, sendo a princípio mera ocorrência temática, eles passam a suscitar a participação afetiva do poeta, em seguida provocam o aparecimento da consciência do drama social para, finalmente, se tornarem verdadeira incorporação no nível da forma. E nós percebemos que o seu critério central e extremamente sutil é estudar este processo como interiorização progressiva dos traços sociais na estrutura da obra, em função das etapas da evolução histórica.

Na parte analítica, mostra que inicialmente, na literatura do período colonial, o negro aparecia como elemento estranho, de fora, e o mestiço, embora considerado integrante da sociedade, como algo inferior. E, ainda assim, apenas em gêneros também reputados menos nobres, sobretudo a sátira. São exceções, no fim do século XVIII, o poemeto épico *Quitúbia*, de Basílio da Gama, celebrando um chefe angolano fiel aos portugueses, e a referência a Henrique Dias na epopeia de Durão, *Caramuru*.

O século XIX e o Romantismo modificaram este estado de coisas, com a presença temática do negro em gêneros que então adquiriram a primeira plana, como a poesia lírica. A princípio, aparecendo como elemento pitoresco ou objeto de simpatia e compreensão, o que representa para Roger Bastide uma etapa menos significativa do que a seguinte, manifestada de modo superior na obra de Castro Alves. Ela se caracteriza pela consciência do drama social do negro, indicando passagem nítida da simpatia à revolta em face da escravidão.

Nessa incorporação que se vinha processando, a abolição possibilitou um incremento, que é nítido nos poetas contemporâneos. A este propósito, Bastide aponta a reduplicação dos temas, mostrando como o do navio negreiro, tratado de maneira grandiloquente por Castro Alves, reaparece em Cassiano Ricardo despojado de retórica, reduzido ao essencial, como experiência do poeta e não como assunto a ser desenvolvido. No mesmo sentido analisa o tratamento, por Jorge de Lima, do tema castro-alvino dos Palmares. Em tais casos, verifica-se a entrada do espírito da poesia dos africanos na técnica poética; e o que era social se torna a própria essência do fazer: incorporação dos ritmos de marcha, de tambor, de canto, em substituição, ou ao lado dos ritmos eruditos.

A "Introdução" d'*A poesia afro-brasileira* (São Paulo: Martins, 1943, pp. 7-15) é uma exposição sistemática sobre a presença das componentes africanas no processo criador dos escritores brasileiros, tema que, aliás, se difunde por todo o livro, cujo material é formado pela obra dos poetas considerados mestiços e negros, ao contrário do anteriormente citado, que estuda, como vimos, os poetas considerados brancos.

O intuito é verificar de que maneira a origem racial e a condição social decorrente interferem na elaboração das obras. Partindo das referências meramente temáticas para chegar às impregnações mais sutis da forma, Bastide trabalha numa gama extensa, procurando captar esta passagem difícil. Mas as dificuldades não o intimidam, e ele põe em jogo a sutileza e a penetração costumeiras, para aferir o papel dos elementos inconscientes e o condicionamento da forma pelas origens do escritor.

O seu ponto de partida é a convicção de que a origem racial dá lugar à formação de certos traços profundos da personalidade literária, que escapam à consciência mas interferem decisivamente na criação. Entretanto, a sua pesquisa não se orienta pela psicanálise, pois não se trata de libido nem das fixações infantis recalcadas, embora elas possam ser levadas em conta. Interessa-lhe a atuação de elementos sociais e psíquicos condicionados pela raça e comprováveis pelo conhecimento da biografia ostensiva e da sociedade.

A hipótese de trabalho é que a aparência *ocidental* de um texto não deve enganar quanto às impregnações profundas, pois ela pode recobrir, e quase sempre recobre, a atuação de fixações devidas à origem racial e à condição social derivada, sendo preciso levá-las em conta para entender o escritor.

Com este roteiro teórico, estuda diversos autores, maiores e menores; mas a realização mais cabal são os "Quatro estudos sobre Cruz e Sousa", ainda hoje os mais importantes a respeito do poeta e verdadeiros clássicos da nossa crítica. Eles se baseiam em análises e interpretações refinadas sobre a cor, a luz, os cabelos na imagética e no temário, mostrando como manifestavam componentes pessoais de fundo africano. Através da leitura em profundidade, o racial, o social e o estético são apresentados pelo crítico na coesão de uma fatura poética peculiar e permitem a reavaliação do poeta, que ele, com exagero generoso mas injustificável, associa a Mallarmé e a Stefan George para formar uma espécie de tríade simbolista.

O problema da aculturação da literatura europeia no Brasil foi tratado de maneira menos desenvolvida que os anteriores, mas aparece em diversos escritos. Assim, é referido de passagem nos capítulos I, II e III d'*A poesia afro-brasileira* e enforma parte do curso mimeografado do Instituto de Altos Estudos da América Latina: *Études de littérature brésilienne* (1955). A formulação sistemática se encontra no artigo "Sociologie et littérature comparée", publicado em *Cahiers Internationaux de Sociologie*, v. XVII, 1955, pp. 93-100, reproduzido sob o título "L'Acculturation littéraire", com o título anterior como subtítulo, no livro *Le Prochain et le lointain* (Paris: Cujas, 1970, pp. 201-209).

Nele, propõe uma revisão conceitual das chamadas influências de uma literatura sobre outra, à luz dos pontos de vista da sociologia e da antropologia, mostrando que nunca se verifica o fato puro e simples da cópia, porque os traços são sempre redefinidos. A propósito, efetua uma revalorização de Gabriel Tarde, indicando a importância da sua teoria da imitação para o estudo de problemas deste tipo. Daí, parte para uma crítica da antropologia cultural à luz da sociologia, assinalando que o fenômeno da difusão não é apenas cultural, mas também social, devendo-se levar em conta a natureza dos contextos para uma compreensão adequada.

Estribado neste critério, faz algumas observações importantes sobre a nossa literatura, lembrando, por exemplo, que é errado encarar o movimento arcádico como "imitação servil", ou transposição artificial da moda europeia. Com efeito, histórica e sociologicamente, ele assume — através da adoção de formas cultas e requintadas, elaboradas noutro contexto — a função de afirmar a capacidade do intelectual da colônia e, por extensão, a de toda a colônia. Tanto assim, observa Bastide, que esses escritores supostamente artificiais e desligados da realidade, devido a uma imitação aparentemente mecânica, são, na verdade, os mesmos que se envolvem no projeto político da Inconfidência.

Igualmente fecunda é a sua visão do indianismo romântico enquanto recurso ideológico da classe média em formação, na qual se encaixou o mestiço, e que teve por isso necessidade de elaborar uma noção compensatória, descartando a mestiçagem com o negro (elemento servil do momento) por meio da valorização da mestiçagem com o índio, que a podia substituir como disfarce. Deste modo, apesar da origem francesa, o indianismo, visto do ângulo da sua função social, foi redefinido e se tornou algo *necessário* na sociedade brasileira.

Muito brilhante é o estudo, feito do mesmo ângulo, sobre o uso por Castro Alves da antítese como recurso de composição, não mera figura poética. É certo que ele a tomou de Victor Hugo, mas no Brasil ela assumiu outra dimensão, pois a sociedade local se caracterizava por certas grandes antíteses sociais, cuja existência lhe deu nova funcionalidade: Independência × Escravidão; Senhor branco × Escravo negro. Daí a possibilidade de um funcionamento peculiar, de significado diverso e sociologicamente muito mais relevante, que afasta a ideia de *imitação mecânica*.

Outro caso é o do Barroco, igualmente redefinido e transformado em via de expressão do mulato, e que Bastide focaliza em termos que coincidem essencialmente com a famosa análise de Mário de Andrade, no estudo sobre o Aleijadinho.

O estudo da dissociação entre o pitoresco e a ideia de "autenticidade" da literatura brasileira constitui mais um caso de afinidade com Mário de Andrade, talvez configurando certa interinfluência dos dois autores, como se vê no ensaio que talvez seja a maior contribuição de Roger Bastide aos estudos de literatura brasileira: "Machado de Assis, paisagista", *Revista do Brasil*, 3ª fase, n. 29, nov. 1940, pp. 3-14.

É um artigo capital, que nos influenciou decisivamente e marcou uma reorientação na maneira de conceber certos aspectos fundamentais da nossa literatura. Influência tanto maior quanto a ideia central do artigo era uma dessas convicções que Roger Bastide sabia cultivar com paciência obstinada e suave firmeza, repetindo-a frequentemente nas aulas, nas conversas, nos debates, e que pode ser expressa do seguinte modo: ao contrário do que se diz, o cunho de "autenticidade" da literatura brasileira não depende da descrição ostensiva de traços característicos do país. O descritivismo, a presença indiscreta da paisagem e dos tipos exóticos podem constituir, ao contrário, visão externa, ponto de vista de estrangeiro, e não compreensão profunda e autêntica.

Estudando Machado de Assis, Bastide elabora uma espécie de paradoxo metódico, ou estratégico, provando que nele a paisagem está presente com grande força, ao contrário do que sempre se afirmou; só que está na filigrana, tão intimamente entrosada com a caracterização e a condução do enredo, que não fere a atenção do leitor. Interiorizada, incorporada à estrutura narrativa, ela é muito mais "necessária" do que nos escritores paisagistas, indiscretos no abuso das "pinturas", prejudicando a narração pela descrição. Assim, seria possível dizer, como ele nos dizia em aulas e conversas, que Machado de Assis podia até ser considerado "mais brasileiro" do que, por exemplo, Alencar ou Euclides da Cunha, porque nele a paisagem do Brasil se torna algo essencial à economia profunda da obra, insinua-se no gesto do personagem, na fisionomia, no sentimento, na ação, como uma espécie de presença virtual.

Este artigo decisivo convergiu com a longa argumentação desenvolvida mais ou menos no mesmo sentido por Mário de Andrade desde o decênio de 1920. E, de certo modo, disse a palavra final, na medida em que demonstrou por meio de um caso aparentemente indemonstrável — como é o do comedido, introvertido Machado de Assis.

Os exemplos indicados dão uma ideia da grande contribuição de Roger Bastide para os estudos sobre a literatura brasileira. Ao mesmo tempo, sugerem algumas das suas posições no campo da sociologia da arte e da literatura, sistematizadas no livro *Arte e sociedade* (São Paulo: Martins, 1945), que contém a matéria dos seus cursos de 1939 e 1940.

Trata-se de um tratamento objetivo dos fatos artísticos, que leva em conta o condicionamento social e a atuação da arte sobre a sociedade, mas evita a rigidez dos determinismos. Isto porque se mostra igualmente atento à "vida das formas", à sua dinâmica própria, e quebra a ideia de causalidade unilateral. Esta flexibilidade e abertura do pensamento de Bastide lhe permitiram a posição compreensiva com que analisou os fatos da literatura brasileira, indicando o seu inter-relacionamento com a sociedade e a cultura e procurando mostrar a tradução estética dos fatores "externos".

18. Machado de Assis de outro modo

O ensaio de Roger Bastide sobre Machado de Assis[*] tem sido ignorado pelos estudiosos, embora seja não apenas de alta qualidade, mas singularmente precursor, se levarmos em conta os hábitos críticos do momento em que foi publicado e,

---

[*] Roger Bastide, "Machado de Assis, paisagista", *Revista do Brasil*, 3ª fase, v. III, n. 29, nov. 1940.

sobretudo, se pensarmos que o seu autor era sociólogo, e naquele tempo a sociologia podia ser uma presença tirânica e algo deformadora nos estudos literários.

Se não me engano, este é o primeiro ensaio que trata a obra de Machado de Assis de modo realmente contemporâneo, pois não se refere à biografia, nem à psicologia, nem à correção da língua, mas à própria natureza do discurso, propondo explicitamente o conceito de latência e encarando a realidade exterior como matéria de construção literária. De fato, Bastide mostra como o texto comporta uma carga de mundo que atua graças à organização efetuada pela composição literária, não à simples referência temática ou conceitual.

Este ensaio, somado a outros do mesmo autor, bem como ao seu ensino e ao seu convívio, teve muita influência em mim, coisa que custei a perceber. Quando o reli há tempos, depois de muitos anos, senti que foi uma das fontes de várias ideias que estão na base da minha concepção de literatura brasileira. Os pontos de vista de Bastide se incrustaram de tal modo na minha mente, que perdi a noção do quanto lhe devo.

Para sentir a importância do artigo, é preciso lembrar que naquele tempo, faz meio século, o problema do nacionalismo ainda era central em nossa crítica, sob os mais variados aspectos. Para o estudioso, era importante, por exemplo, averiguar quando começou exatamente a literatura brasileira; até que ponto era diferente das outras; quais os elementos que permitiam considerá-la realmente nacional e outras questões que perderam o sentido. Um dos cavalos de batalha ainda era a presença ou ausência de *cor local*, dos costumes, das regiões consideradas mais características. O nacionalismo romântico sobrevivia, portanto, e segundo a opinião geral Euclides da Cunha era *mais brasileiro* do que Machado de Assis. Foi contra esta tradição gasta e já duvidosa que Roger Bastide se manifestou, e costumava dizer que, pelo contrário, a haver opção, Machado seria o mais brasileiro dos dois, porque na sua obra o Brasil estava presente no miolo, não na aparência. Este ponto de vista anima o artigo que vou comentar, cujo pressuposto é refutar a alegação, verdadeiro lugar-comum da crítica tradicional, de que Machado de Assis não se interessou pela paisagem nem soube descrevê-la. Diz Bastide:

> Entretanto, reputo Machado de Assis um dos maiores paisagistas brasileiros, um dos que deram à arte da paisagem na literatura um impulso semelhante ao que se efetuou paralelamente na pintura, e que qualificarei, se me for permitido usar uma expressão "mallarmeana" de presença, mas presença quase alucinante, de uma ausência.

"Presença na ausência" é de fato o critério requintado de que lança mão para mostrar como a paisagem brasileira está embutida no discurso machadiano, não como enquadramento mostrado pela descrição, mas como elemento essencial da fatura, relativo, seja à natureza dos personagens, seja à ordenação da narrativa.

De início, Bastide mostra que Machado de Assis era capaz de descrever convencionalmente a paisagem, à maneira de qualquer outro, como se vê na sua poesia, sobretudo as *Americanas*. Mas que tomou posição deliberadamente contrária à visão exótica do Brasil, encarando o paisagismo dos românticos como perspectiva de fora para dentro, à maneira dos estrangeiros, que se interessam sobretudo pelo pitoresco. Esta posição de grande maturidade destoava do nativismo de seu tempo e é um dos motivos pelos quais tratou a natureza de maneira peculiar. O "que procurou realizar nos seus romances" foi

> não permitir descrições para divertimento, verdadeiros enfeites postiços no livro; é preciso que a natureza seja uma personagem

que represente o seu papel, que a paisagem tenha significação e finalidade próprias, que sirva para facilitar a compreensão dos homens ou auxiliar o desenrolar da ação, e não seja um mero quadro rígido.

Bastide cita um artigo de Machado sobre Coelho Neto, onde escreve que em certo livro deste o "que lhe agrada [...] é que a natureza está em toda a parte". Bastide trata este juízo como se fosse um mote e faz a glosa, recorrendo a um critério que se chamaria hoje de intersemiótico.

Com efeito, toma a Elie Faure uma importante observação sobre a evolução da paisagem na pintura, onde ela foi primeiro fundo de quadro e depois ganhou autonomia. Nessa altura deu-se o que Faure chama "transposição", conceito querido de Bastide, que o empregava com frequência nos seus cursos de sociologia da arte. Ela "consiste em revestir os indivíduos das cores e nuanças da natureza que os cerca, em pôr o colorido das geleiras, as cintilações do mar, o castanho ou o ocre da terra natal sobre a pele e as roupas dos personagens". Segundo o mesmo Faure,

para o pintor espanhol, a laranja do cesto do vendedor se reproduz no alaranjado dos crepúsculos de Castela, a neve da *sierra* nos vestidos das infantas. Para o pintor holandês, o irisado do arenque no balcão da peixaria de Amsterdam se encontra nos andrajos dos mendigos ou nas fontes de um rabino dos bairros pobres.

E Bastide comenta: "A natureza pode, pois, parecer ausente de uma tela, estando na realidade estranhamente presente, no homem vestido de água, de céu, de terra". E completa a seguir, citando o crítico Roger Clément:

Para que a fusão seja perfeita e a presença (da natureza) realmente absoluta é necessário que no retrato a paisagem se faça sentir como que virtualmente presente na própria arquitetura da face, na qualidade da luz — a grande unificadora, o meio universal —, na escolha das cores, na sua transparência, na espessura da tinta.

Segundo Eugênio d'Ors (prossegue Bastide), foi o que fez Cézanne, cujos modelos

trocam com a natureza ambiente "tantos sinais, tantas mensagens, tantas influências, realizam com ela tantos mútuos compromissos", que, "como as naturezas-mortas, esses retratos são, no fundo, paisagens". Pois bem, eu quereria demonstrar que foi um processo do mesmo gênero que Machado de Assis imprimiu à literatura; a natureza, nele, não é ausente, mas ele soube suprimir o intervalo que a separava das personagens, misturando-a com estas, fazendo-a colar-se-lhes à carne e à sensibilidade, integrando-a na massa com que constrói os heróis de seus romances.

Bastide mostra então como Machado de Assis foi lentamente elaborando a "transposição" e a "fusão", num processo de amadurecimento que já está claro numa frase de *Iaiá Garcia*: "A alma cobiçava um banho azul e ouro, e a tarde esperava-a trajada de suas púrpuras mais belas" — pela qual se vê que "a mulher não se separa da paisagem, mas aproveita-a, une-se a ela e a traz em si".

Eis um trecho expressivo do ponto de vista de Bastide:

O que caracteriza a natureza carioca são a vegetação sensual, as voluptuosas noites quentes de verão, e sobretudo a presença do mar. Ora, esses três elementos são transpostos para se tornarem carne, sangue e vida, para integrar a arquitetura da face, para correr nas veias e bater docemente no pulso, sob a delicadeza de uma pele feminina. As laranjeiras perfumadas das chácaras, os recantos de sombra úmida sob as árvores, a vida vegetal dos trópicos, que talvez não descreva, inscrevem-se no andar dessas mulheres-vegetais, dessas mulheres-paisagens. As noites do Rio se tornam cabeleiras, cabelos soltos, perfumados, mornos, voluptuosos, "cortados da capa da última noite".

E logo a seguir:

[...] os olhos das heroínas de Machado de Assis, olhos verdes, olhos de ressaca, olhos de escuma com reflexos irisados, são feitos da própria cor do oceano que banha as praias do Brasil, guardando em suas vagas o encanto de Iemanjá, o apelo dos abismos, a carícia e a traição. Não se deve buscar alhures a descrição da natureza brasileira; temo-la pintada por transposição, transparente através dessas mulheres vegetais e marítimas, que deixam no leitor um gosto de sal, de jardim adormecido ou de noite tépida.

Noutros momentos do ensaio, mostra a "presença ausente" da paisagem no nível da narrativa. No conto "O enfermeiro", por exemplo, no qual registra que

sem nenhum pitoresco, sem digressões nem alusões ao meio, toda a oposição entre o litoral e o sertão mineiro se descobre na simples mudança dos gestos, na loucura sombria que sobe, numa espécie de surda angústia que terminará em crime.

E lembra também o conto "Só",

ritmado pela chuva interminável, a chuva dos trópicos, empapando o jardim da chácara, mas que também se infiltra pelas janelas, pelas paredes úmidas, pelos forros, pela carne, gotejando no coração, caindo sem tréguas no cérebro, até transformar a alma do herói numa interminável chuva tropical.

Roger Bastide vai mais longe, e encara os romances da fase madura como permeados de natureza implícita, natureza não descrita, mas atuante sob a forma de presença virtual ou de metáfora reveladora, tanto na psicologia dos personagens quanto no processo narrativo. Sob este aspecto, o que mais o impressiona é a força do mar, misturado à vegetação e funcionando ambos como elementos da composição. Diz, por exemplo:

E o mar banha *Dom Casmurro* nas suas ondas salgadas, verdes e turvas; ondas que vêm morrer em cada linha, deixando sobre cada palavra flocos de espuma, canções noturnas. Não está somente nos olhos de Capitu […] mas liga ainda, com a sua branca orla, suas linhas sinuosas, todas as partes do romance. Como o caminho das eglantinas do *Côté de chez Swann* de Marcel Proust, o pedaço de praia entre a Glória e o Flamengo une com a sua areia úmida, sua geografia oceânica e sentimental, a casa de Casmurro e a de Escobar; todos os acontecimentos do drama se situam em dois planos estreitamente misturados, doçura da luz na água e nos espíritos, tempestades nos corações e nas águas; constantemente o olhar do leitor é dirigido para as ondas furiosas ou acariciantes. A ligação é tão completa que o ciúme do herói só se precisa pouco a pouco, depois de se desviar, de hesitar entre o mar e o amigo; é o mar que se encarregará da vingança, vingança ainda ignorada, palpitando ainda nas profundezas aquáticas do inconsciente, o "mar perverso", o "mar desencadeado", o que só restitui os cadáveres; são os olhos oceânicos que virão buscar o afogado, arrastá-lo, levá-lo para o palácio das lembranças como se fora o mágico palácio das sereias: "Momento houve em que os olhos de Capitu fitaram o defunto, quase os da viúva, sem o pranto nem palavras desta, mas grandes e abertos, como a vaga do mar lá fora, como se quisessem tragar também o nadador da manhã"; todo o estilo de Machado de Assis torna-se marítimo; "[...] os nossos temporais eram agora contínuos e terríveis. Antes de descoberta aquela má terra da verdade, tivemos outros de pouca dura; não tardava que o céu se fizesse azul, o sol claro e o mar chão, onde abrimos novamente as velas que nos levavam às ilhas e costas mais belas do universo, até que outro pé de vento desbaratava tudo, e nós, postos à capa, esperávamos outra bonança, que não era tardia nem dúbia, antes total, próxima e firme.

Releva-me estas metáforas; cheiram ao mar e à maré que deram morte ao meu amigo e comborço Escobar. Cheiram também aos olhos de ressaca de Capitu. Assim, posto sempre fosse homem de terra, conto aquela parte de minha vida, como um marujo contaria o seu naufrágio".

Bastide menciona ainda a "confusão de líquido e plantas" no *Dom Casmurro*, superpondo as pessoas e a paisagem em fusões que ele aproxima do que faria depois a técnica cinematográfica.

Estes exemplos bastam para mostrar de que maneira superou a visão óbvia, isto é, considerar como sentimento da natureza e sua exploração literária a descrição explícita da paisagem. Procurou mostrar que em Machado de Assis a paisagem do Brasil está presente de maneira mais poderosa, porque não é enquadramento descrito, mas substância implícita da linguagem e da composição, inclusive como suporte das metáforas. Em vez de procurar o *tema* foi descobrir o modo de elaborar o discurso, cuja latência mostrou de maneira moderna e forte para o estado da crítica nos anos de 1940.

19. Acerca de André Gide

Em 1972 Roger Bastide reuniu num pequeno volume* alguns ensaios inéditos e outros que tinha publicado em várias datas sobre André Gide, formando com eles um todo coerente, útil para conhecer o seu método crítico cheio de sutileza, múltiplo nas abordagens e marcado pelo senso dinâmico do texto.

O seu propósito é apresentar as linhas básicas de uma obra caleidoscópica e fugidia, que ele chama de "Labirinto sem fio de Ariadne". O pressuposto é que obra e personalidade se integram num conjunto indissolúvel, o que o leva a se desinteressar da obra de Gide como texto para vê-la como experiência criadora, expressão de uma personalidade extremamente complexa, embora possuindo constantes, linhas principais que ele procura descobrir. Isso porque, se há certa imobilidade na estrutura, há variação permanente na sua sucessão, sendo preciso focalizar as duas coisas. Com esta finalidade procura determinar qual é a estrutura básica e, simultaneamente, vê-la como expressão das variações de uma personalidade múltipla.

Quem conhece a obra de Gide pode avaliar a dificuldade e a ambição deste propósito, pois trata-se de autor que procurou dar a impressão de busca sem fim, instabilidade e revisão permanentes das posições, o que se pode ver no ritmo contraditório de sua vida: desinteresse pela política e, mais tarde, denúncia vigorosa do colonialismo francês; prática de uma estética do desligamento e, ao mesmo tempo, obsessão pelos problemas morais; adesão ao comunismo e, a seguir, rejeição por meio de uma denúncia rumorosa etc.

Como em nossos dias a crítica literária sofreu o impacto da linguística, desenvolvendo por isso grande sensibilidade em relação aos valores ambíguos da palavra, com base na

---

* Roger Bastide, *Anatomie d'André Gide*. Paris: Presses Universitaires de France, 1972.

arbitrariedade do signo, é preciso ter em mente que Bastide não procura determinar em Gide as manifestações de ambiguidade devidas a este aspecto. As "duas leituras possíveis" de que fala a seu respeito fundam-se na personalidade do escritor, levando o crítico a proceder por meio de análises temáticas sempre referidas a ela. Por isso, rejeita a crítica descritiva (tão em moda graças aos estruturalistas, quando publicou o seu livro), pois para ele descrever uma obra seria apresentar a sua "matéria bruta" e isto levaria ao caos, porque o significado ficaria de fora. Por outro lado, descrever o autor implicaria desligá-lo do ato criador, como sendo algo anterior a ele, o que equivaleria a falar de um vazio, isto é, justamente aquilo que é preenchido pelo ato criador. De modo que a crítica descritiva faria que tanto a matéria quanto o autor acabassem escapando ao crítico. Então, o que deve fazer este? Segundo Bastide, ficar entre uma coisa e outra, a fim de apreender a matéria estruturada pelo espírito. Por outras palavras, o que interessa não é a estrutura da matéria, nem a estrutura do espírito, mas o processo dinâmico por meio do qual o espírito cria a sua matéria. Deste modo é possível chegar a sentir a beleza da matéria e a originalidade do criador.

O propósito de Bastide é, portanto, descobrir a lei estrutural que rege a formação da obra pela ação do espírito criador sobre a matéria criada. A descoberta disso só pode ser feita através da dinâmica da obra, sendo preciso descobrir nela quais são os que Bastide chama "esquemas", por meio dos quais se dá a ação organizadora do espírito criador. Na obra de Gide ele descobre quatro desses esquemas: "alternância", "desdobramento", "multiplicação", "simbolismo", cujo estudo permite chegar à compreensão do que significa a obra criada e estruturada por meio deles.

Embora estes *esquemas* se apliquem à obra de Gide, é claro que para Bastide o procedimento corresponde a uma possibilidade metodológica geral: para cada caso particular, isto é, para cada obra e cada escritor, é preciso procurar quais são os *esquemas* adequados e qual é o conjunto que formam. No caso, estes se aplicam a um autor extremamente móvel, variado e contraditório, sendo o intuito de Bastide mostrar que, no fundo, ele tem alguns traços básicos, permitindo entrever a sua unidade profunda na diversidade das manifestações.

Como se vê, esta posição é muito diferente da que o estruturalismo pôs em voga quando a maioria dos artigos que compõem este livro já estava publicada, embora não os últimos. De fato, o estruturalismo tende a assimilar a estrutura a um modelo intemporal e imutável que, sempre o mesmo, engendra (por assim dizer) obras diferentes. Bastide propõe um conceito mais dinâmico, pois para ele a estrutura, longe de ser a unidade profunda e algo estática, é na verdade mutável e sucessiva nas diferentes obras, variando no tempo e não tendo a rigidez dos modelos. Ele diz que na obra de Gide a realidade (o que está escondido) é a "unidade múltipla"; a aparência são as "mudanças". Por conseguinte, não se deve avaliar Gide como um experimentador inconstante, mas como alguém que possui uma unidade básica, embora manifestada de maneiras variadas. Assim, o método se ajusta à natureza da obra e da personalidade em estudo.

Por isso, Bastide prefere ver na obra de Gide não uma expressão do labirinto, isto é, da estrutura complexa na qual o espírito se perde, mas uma partitura musical, onde cada nota só significa em relação às vizinhas, e cuja natureza consiste na variação, ao fim das quais a unidade fica patente e o espírito se encontra. Diz ele que na obra de Gide o expresso é inconstante, mas o oculto é constante, sendo a variedade uma busca incessante de si mesmo, isto é, da unidade na multiplicidade. A identidade é estrutural, porque abrange todas as transformações parciais que não podem ser rejeitadas, pois fazem parte do roteiro, da busca, sendo expressões contingentes da unidade essencial.

Em consequência, Bastide estuda a obra de Gide através de temas, dos quais escolhe alguns. Cada tema possui a sua individualidade, mas ao mesmo tempo se integra na partitura geral que é a obra. Neste livro ele estuda os seguintes: o "furto", a "montanha", o "olho furado", o "ato gratuito", o "filho de pai incógnito", a "propriedade".

Eles aparecem de maneiras diferentes e contraditórias ao longo da obra de Gide, segundo os "esquemas" já mencionados ("alternância", "desdobramento", "multiplicação", "simbolismo"), que regem a maneira segundo a qual se manifestam os "temas". Vejamos, portanto, rapidamente como funcionam os esquemas diretores.

A "alternância" desenrola no tempo a contradição dos "temas", que se sucedem, opondo-se, segundo uma dialética onde aparecem, não como simples contrários, mas como contradições entre as quais não há conciliação possível. Por isso, há que alterná-las, mostrar uma depois da outra, transformando o simultâneo em sucessivo. Esta seria a primeira lei estrutural da criação de Gide, tendo por consequência uma harmonia sem síntese, porque a única unidade é a do movimento. Assim, a sua obra revela uma posição "naturalista" em face da natureza: amor pelas formas vegetais, curiosidade pela vida dos animais, contemplação exaltada da paisagem, como a que aparece desde *Les Nourritures terrestres*. Mas ao mesmo tempo este "naturalismo" é uma busca do sentido espiritual da vida; e Bastide diz que as "*nourritures* terrestres" podem ser, no fundo, "*nourritures* celestes". Mais ainda: a visão "naturalista" privilegia o olhar e portanto o olho. Mas em obras seguintes aparecerá o *tema* da cegueira, que nega a contemplação natural. O personagem gidiano Édipo se cega, e há outros cegos na sua obra, como Alissa em *La Symphonie pastorale*, sem falar nos cegos morais. Ao longo dos seus livros alternam-se a visão (natural) e a cegueira (espiritual).

Os esquemas de *desdobramento* e *multiplicidade* explicam de que modo os *temas* se opõem e vão gerando formas de oposição, desdobrando-se no seu contrário e se multiplicando em manifestações sucessivas. É por isso que Roger Bastide escolhe na obra de Gide os mencionados *temas* e os acompanha de livro a livro, como se isolasse uma célula germinal e fosse seguindo as suas divisões. Em cada livro aparece um elemento diferente, que modifica o *tema* e que a análise vai definindo.

Usados repetidamente, os *temas* se tornam *símbolos*, por isso devem ser tratados primeiro de maneira descritiva, ao longo do seu desdobramento; depois, como conjuntos de imagens que manifestam incansavelmente a mesma verdade. O *símbolo* se caracteriza por esconder o que revela e revelar o que esconde.

Como vemos, a estrutura é um processo de transformações que nunca se estabilizam em "sistema". Este seria a unidade básica da obra e da personalidade do autor, mas Bastide diz que não pretende chegar até ele. No entanto, no fim do seu estudo vemos que aponta claramente para o que seria o "sistema" de Gide: passar por todas as formas do "haver", a fim de conseguir "ser". A sua obra e a sua personalidade são inseparáveis, porque a sua vida foi uma procura constante do "ser", uma tentativa de se compreender a si mesmo a fim de alcançar a autenticidade possível, banindo a hipocrisia nos textos e nos atos.

20. À roda do quarto e da vida

Todos lembram a nota "Ao leitor" na abertura das *Memórias póstumas de Brás Cubas*:

> Trata-se, na verdade, de uma obra difusa, na qual eu, Brás Cubas, se adotei a forma livre de um Sterne ou de um Xavier de Maistre, não sei se lhe meti algumas rabugens de pessimismo. Pode ser.

No "Prólogo da terceira edição", comentando a observação de Antônio Joaquim de Macedo Soares, que o livro lembrava as *Viagens na minha terra*, de Garrett, Machado conclui, depois de citar as palavras acima, atribuídas ao seu personagem: "Toda essa gente viajou: Xavier de Maistre à roda do quarto, Garrett na terra dele, Sterne na terra dos outros. De Brás Cubas se pode talvez dizer que viajou à roda da vida".

Sterne é ilustre na literatura mundial; Garrett é ilustre nas de língua portuguesa; Xavier de Maistre é obscuro mesmo na francesa. Nada mais natural, portanto, que a gente só pense no primeiro quando encontra os capítulos pontilhados do *Brás Cubas* (55 e 139), os seus capítulos relâmpagos (como 102, 107, 132 ou 136), o garrancho de Virgília no capítulo 142. No entanto, Xavier de Maistre, que adotou muitas esquisitices de Sterne mas foi quem usou os pontilhados, pode ter influenciado Machado de Assis tanto ou mais do que ele, a julgar por alguns indícios que veremos adiante. E talvez até haja servido de mediador entre ambos, graças à presença dominadora da literatura francesa no Brasil.

Quando Machado fala em "maneira livre", está pensando em algo praticado por De Maistre: a narrativa caprichosa, digressiva, que vai e vem, sai da estrada para tomar atalhos, cultiva o a propósito, apaga a linha reta, suprime conexões. Ela é facilitada pelo capítulo curto, aparentemente arbitrário, que desmancha a continuidade e permite saltar de uma coisa a outra. Em vez de coordenar a variedade por meio de divisões extensas, o autor prefere ressaltar a autonomia das partes em unidades breves, que ao facilitarem o modo *difuso* enriquecem o efeito do todo com o encanto insinuante da informação suspensa, própria do fragmento.

Nos romances de Machado de Assis este modo corresponde ao ingresso na segunda etapa. Os quatro primeiros que publicou são feitos de capítulos relativamente longos, engatados segundo a lógica normal do tempo. Os cinco últimos são feitos de capítulos breves, frequentemente ligados de maneira aleatória devido ao cunho de aparte, intercalação ou desvio. A hipótese, repito, é que a passagem de um modo ao outro poderia ter sido ajudada pela leitura da *Viagem à roda do meu quarto* (1794), de Xavier de Maistre, composto deste modo, cuja marca é visível no *Brás Cubas*. Dela poderia ter passado para este muito da técnica *livre*, regendo uma obra *difusa*; poderiam ter passado algumas situações ficcionais, quem sabe até certos aspectos da ironia e certo refinamento meio precioso na sua naturalidade, que Machado assimilou por lhe ser afim, mas enxaguou nos seus vitríolos. Quanto à matéria, é evidente, por exemplo, que o capítulo 154, "Os navios do Pireu", repete uma anedota mencionada no capítulo 37 da *Viagem*, que Xavier de Maistre teria extraído de Fontenelle segundo leio na nota de uma edição do seu texto feita na Itália. Mas para o meu palpite o mais importante é a questão dos atos involuntários, que em Xavier de Maistre são um apoio central da narrativa e aparecem episodicamente no *Brás Cubas*, mas de um jeito a não deixar dúvida quanto à transposição.

Seria o caso de lembrar que a *Viagem à roda de meu quarto* é um momento significativo no processo de tomada de consciência, pela literatura, da personalidade dividida, tema de importância notória no Romantismo, que chegaria a ter força avassaladora no nosso tempo. Aliás, não é este o único traço precursor na obra de Xavier de Maistre, mas aqui só ele me interessa.

O conde Xavier de Maistre (irmão mais moço e afilhado do famoso pensador reacionário Joseph de Maistre) nasceu em 1763 na Saboia, região de língua francesa que pertencia então ao Reino da Sardenha, de cujas Forças Armadas foi oficial. Mais tarde emigrou para a Rússia, onde casou, chegou a general, viveu a maior parte da vida e morreu em 1852, velhíssimo.

Por causa de uma transgressão disciplinar quando era tenente, foi preso durante dias numa fortaleza do Piemonte e descreveu com engenho e graça a viagem imaginária em torno do seu quarto-prisão. Este e outros escritos dele tiveram certo êxito na França, a cuja literatura pertence apesar de estrangeiro que só conheceu Paris já entrado em anos. Por ocasião desta visita Sainte-Beuve escreveu sobre ele um artigo elogioso, que figura na edição Garnier da sua obra completa, em um volume.

A Viagem (obviamente influenciada pelo *Tristram Shandy* e a *Viagem sentimental*, de Sterne) descreve como se fossem etapas os seus movimentos no quarto, o levantar e o deitar, as refeições, os quadros e objetos, os pequenos incidentes, a sua cadela Rosina e o seu criado Joanetti, tudo recheado de digressões e reflexões das quais se destaca o interesse pelos atos involuntários, inclusive os que mais tarde seriam chamados falhos.

Esses atos pressupõem desacerto entre os níveis da vida psíquica, como se dentro de nós houvesse mais de um ser e eles pudessem eventualmente entrar em discordância e até conflito. Xavier de Maistre explica a divisão por meio de uma *lei filosófica* que alega humoristicamente ter descoberto, a saber: dentro do homem convivem de modo nem sempre pacífico "a alma" e "o animal" (*la bête*), também chamado "o outro". A "alma" é a razão e a consciência, nos sentidos psicológico e moral; o "animal" são os instintos, mas também a espontaneidade dos sentimentos e dos atos. Ao longo de casos e incidentes divertidos, vai sugerindo que as relações entre ambos são complicadas e finge estar sempre solidário com a "alma", mas em muitos casos é evidente a sua complacência maior com as manifestações do "animal".

Trecho curioso é o que relata uma polução noturna, típica estripulia do "outro", severamente encarada pela "alma", mas não obstante analisada com tolerante simpatia. Mais tarde, já instalado na respeitabilidade, Xavier de Maistre reprovou esta ousadia literária e manifestou o desejo de que se suprimisse o respectivo capítulo em edições futuras — sendo ouvido nos nossos dias pelo pudico organizador da mencionada edição italiana.

A "alma" e o "outro" podem assim atuar como se fossem independentes, mantendo relação caprichosa ilustrada por acidentes e distrações que vão parecendo tão significativos e próprios do ser quanto os atos conscientes. É como se Xavier de Maistre estivesse inaugurando mais de um século antes de Freud algo parecido ao que este chamaria "psicopatologia da vida cotidiana", baseada na análise dos lapsos.

Exemplo: o narrador conta que, saindo de casa para ir ao Palácio Real, em Turim, mergulhou numa meditação sobre a pintura e quando deu por si estava chegando à casa de uma beldade (com quem estaria sonhando muitas páginas adiante quando aconteceu a poluição). Eis o trecho final do capítulo:

> Enquanto minha alma fazia estas reflexões, o outro ia indo por sua conta, e Deus sabe onde ia! — Em lugar de ir à corte, conforme as ordens recebidas, desviou-se de tal maneira para a esquerda, que no momento em que minha alma o alcançou ele estava na porta de Madame de Hautcastel, a meia milha do palácio real.
>
> Pense o leitor no que teria acontecido se ele entrasse sozinho na casa de uma senhora tão formosa.

O narrador insinua o tipo de comportamento solto que o "outro" teria para com Madame de Hautcastel sem o controle da razão, mas o que o leitor brasileiro pensa é que já leu alguma coisa parecida, no capítulo 66, "As pernas", das *Memórias póstumas de Brás Cubas*, onde o "defunto autor" conta de que maneira, pensando na amante, elas o levaram sem que percebesse ao hotel onde costumava fazer refeições:

Sim, pernas amigas, vós deixastes à minha cabeça o trabalho de pensar em Virgília, e dissestes uma à outra: — Ele precisa comer, são horas de jantar, vamos levá-lo ao Pharoux; dividamos a consciência dele, uma parte fique lá com a dama, tomemos nós a outra, para que ele vá direito, não abalroe as gentes e as carroças, tire o chapéu aos conhecidos, e finalmente chegue são e salvo ao hotel.

Aqui, ao contrário do texto citado há pouco, o automatismo faz o certo, não o errado, mas o mecanismo é o mesmo, assim como as implicações e a tonalidade do humor.

Parece claro, portanto, que houve impregnações de Xavier de Maistre na virada narrativa de Machado de Assis, como este sugere na citada nota ao leitor. Talento de envergadura infinitamente superior, ele percebeu que na modesta e encantadora *Viagem* a teoria do *outro* era um recurso ameno para ilustrar sem pedantismo a complexidade e as contradições do comportamento e da mente. Na sua obra o automatismo, aqui e noutros lugares, se engrena com um tratamento muito mais rico e expressivo das divisões do ser, mas nem por isso é menor a dívida em relação ao oficial escritor que hoje poucos consideram e alguns chegam a desprezar, como André Gide em certo trecho do *Diário*, onde (como se estivesse pensando com acrimônia em Machado de Assis) escreve que nada o irritava mais do que certo espírito convencional "gênero Sterne e Xavier de Maistre"...

21. As transfusões de Rimbaud

No meu tempo de moço, quatro poetas franceses formavam uma espécie de constelação privilegiada, que servia de referência para conceber a poesia: Baudelaire, Mallarmé, Verlaine e Rimbaud. O interesse por outros não tinha a mesma intensidade nem (sobretudo) funcionava tanto como bússola. Baudelaire era caso à parte, planando numa altura matriz. O gosto pelos três mais recentes variava, sendo Verlaine lido com maior frequência, pois é acessível e se entronca na tradição média. Por isso, teve desde logo bons tradutores e era sabido de cor por muita gente, inclusive porque estava nas antologias escolares. O Mallarmé apreciado era o menos hermético. Pouca gente enfrentava o *Coup de dés*, que, aliás, era de difícil acesso, porque não vinha incluído nas edições correntes.

Quanto a Rimbaud, menos conhecido e menos apreciado que os outros dois, toda a gente conhecia no mínimo o soneto das vogais, *Le Bateau ivre* e *Une Saison en enfer*. A certa altura os rapazes católicos o valorizaram como poeta das transcendências misteriosas, a golpes de exegese bastante deformadora. É que a irmã Isabel mais o cunhado Paterne Berrichon tinham incluído na sua biografia uns toques religiosos, explorados ao máximo por gente como Paul Claudel. Vidente, mago, telegrafista do inefável, ele foi encaixado a martelo no catolicismo estético dos anos de 1930, quando, dizia bem André Gide, Deus tinha entrado na moda.

Hoje em dia não sei como andam as coisas. Creio que no Brasil Mallarmé é bastante cotado, inclusive graças à mediação dos seus admiradores de vanguarda, enquanto Rimbaud e sobretudo Verlaine saíram de cena. Pelo jeito, a famosa *tríade simbolista*, que tanto condicionou a poesia contemporânea, na França e fora dela, se absorveu no astro solitário de Mallarmé.

As vanguardas europeias do começo do século prezavam muito Rimbaud. No Brasil, o grande manifesto que justificava os sucedâneos locais, *A escrava que não é Isaura*, de Mário de Andrade, começa pelo que ele chama de parábola: durante séculos a poesia foi recoberta por uma sucessão de disfarces e enfeites que a obliteraram completamente, até que de repente alguém os arrancasse e lhe restituísse a pureza e a autenticidade.

Este alguém foi Rimbaud. Do seu lado, na busca de raízes justificativas, os surrealistas o incluíram no seu elenco privilegiado, identificando nele, com certa razão, um discurso feito de associações que pareciam emanar do inconsciente.

Além disso, a sua vida e a de Verlaine sempre despertaram a atividade dos biógrafos, devido ao contingente de escândalo, irregularidade e aventura, ao contrário da de Mallarmé, pacata e apagada, sem elementos que estimulassem a curiosidade. Sorte de Mallarmé, porque assim a atenção se concentrou cada vez mais na sua obra, enquanto as dos outros têm sido frequentemente descartadas em benefício da bisbilhotice. Rimbaud colegial de gênio, Rimbaud ferido a tiro por Verlaine, Rimbaud malandro irrecuperável, Rimbaud mau-caráter, Rimbaud vagabundando pelo mundo, Rimbaud traficante na Abissínia — eis o que interessa à maioria.

Mas muito acima disso está a sua obra difícil, feita para despistar leitores e desanimar intérpretes, que geralmente são obrigados a ficar nas aproximações e hipóteses vagas, propondo leituras que logo se desfazem, porque a relação da textura vocabular com as mensagens é tão brilhantemente arbitrária, e ao mesmo tempo tão necessária, que o leitor percebe sem perceber e, a não ser nos poemas mais claros, nunca tem certeza. Mas, no meu tempo de moço, era justamente isto que fascinava, como iniciação a um tipo novo de poesia, que alterava os hábitos e propunha modalidades insólitas de percepção. Neste artigo, tenciono falar apenas de um aspecto dessas nossas reações, procurando indicar a tensão que a obra de Rimbaud estabelece entre mostrar e esconder o mundo visível. Mundo que é tão atuante na linha e na entrelinha desse familiar das estradas, amigo do relento, cavaleiro da lua e dos descampados.

Rimbaud soube sugerir de maneira muito pessoal que a poesia é capaz de elaborar um tipo próprio de comunicado, não regido pela necessidade de transmitir mensagens explícitas. Para a sensibilidade pós-simbolista, quando um poema apresenta o comunicado em estado de pureza, isto é, quando o confunde com a mensagem explícita, parece que o efeito poético diminui. Neste caso, o poema pode alcançar um teor expositivo ou demonstrativo que tem o seu encanto, mas perde o toque imponderável dos textos que parecem liberar sentido próprio, feito não apenas de informação, mas de um halo nascido de ritmos, sonoridades, palavras usadas fora do nexo habitual. Esse significado por assim dizer autônomo aparece em Rimbaud como fluidez encantada, que embala a percepção e sustenta o discurso acima da necessidade de captar logicamente o sentido. Penso em textos como "L'Esprit" (segunda parte de *"Comédie de la soif"*), cujo começo é assim:

Éternelles Ondines,
Divisez l'eau fine;
Vénus, soeur de l'azur,
Emeus le flot pur,

Juifs errants de Norwège,
Dites-moi la neige;
Anciens exilés chers,
Dites-moi la mer.

Neste poema em cinco partes curtas, o poeta fala da sede que o assalta e das bebidas que lhe propõem. Há, portanto, um tema, que repousa sobre a interação entre o sentido próprio e o sentido figurado do vocábulo *sede*. Mas, além dele, há o tecido de palavras, imagens, alusões, que geram o significado paralelo a que me referi e de certo modo independe do tema, situando-se além dele. Nestas estrofes há ondinas, Vênus (nascida das ondas), judeus errantes numa arbitrária

Noruega (singularizada pelo W transposto das línguas no Norte) que se justifica pela neve, vagos seres exilados que podem exprimir a magia do mar que os levou e segrega. E há verbos insólitos: o movimento das ondinas *divide* as águas; o surgimento de Vênus *comove* as ondas, talvez em dois sentidos: agitar e causar emoção. Acima de tudo, há a translação da água, que é mar e também neve; e, como técnica, a enumeração com força vocativa, figurando a circulação nos espaços do mundo.

Nestas estrofes o tema está ausente, substituído por uma realidade feita de seres fantásticos ou remotos, que o projetam e envolvem, deslocando a atenção do leitor. Mas há mais: a realidade natural está presente, tanto quanto a outra, e entre elas ocorre a oscilação, o vaivém entre esferas, a que me referi. De fato, o leitor percebe a água, a neve, o mar, mas transferidos da sua natureza, na medida em que estão ligados a ondinas, deusas, personagens lendários. A força do mundo visível e a força do mundo imaginário se combinam para formar uma realidade ambígua acima do tema, trazido de volta pelas estrofes seguintes (e finais):

> *Moi — Non, plus ces boissons pures,*
> *Ces fleurs d'eau pour verres;*
> *Légendes ni figures*
> *Ne me désaltèrent;*
>
> *Chansonnier, ta filleule*
> *C'est ma soif si folle*
> *Hydre intime et sans gueules*
> *Qui mine et désole.*

Mas Rimbaud vai mais longe e pode criar um espaço no qual a natureza do mundo cede lugar a uma natureza feita de elementos factícios. Nesses espaços novos o mundo natural continua a existir, mas fundido num quadro artificial, que transporta a sensibilidade para um plano diferente de realidade. A eficiência de tais poemas é devida ao fato de conservarem a referência ao mundo (que é sempre um ímã para a nossa percepção), mas promovendo a invenção de outro mundo, que de certo modo o suplanta e satisfaz o nosso desejo de ir além do real. Num poema em prosa das *Illuminations*, chamado "Fleurs", é perfeito o encontro do universo factício (cuja lei é a ordenação arbitrária de componentes convencionais) com o universo natural, porque a comparação que gera as imagens é feita como se o termo metafórico tivesse uma vida independente do termo metaforizado. Ou, por outra, como se a imagem se tornasse objeto convencional do mundo novo:

> De um pequeno degrau dourado — entre cordões de seda, os cinzentos véus de gaze, os veludos verdes e os discos de cristal que enegrecem como bronze ao sol —, vejo a digital abrir-se sobre um tapete de filigranas de prata, de olhos e de cabeleiras.
>
> Moedas de ouro amarelo espalhadas sobre a ágata, pilastras de mogno sustentando uma cúpula de esmeraldas, buquês de cetim branco e de finas varas de rubis rodeiam a rosa d'água.
>
> Como um deus de enormes olhos azuis e formas de neve, o mar e o céu atraem aos terraços de mármore a multidão das rosas fortes e jovens.[*]

Aqui, os tecidos, metais, joias se dispõem em torno de elementos da natureza vegetal, que são apenas três, mas funcionam de maneira decisiva, porque amarram cada segmento do poema e permitem a transfusão dos dois mundos, o natural e

---

[*] Tradução de Ledo Ivo, com pequena modificação, data venia.

o factício. São eles: a flor digital, a rosa d'água, as rosas. O mar e o céu, estes foram metamorfoseados em deus, enquanto os olhos e as cabeleiras são realidades extraídas do contexto, desempenhando papel ornamental de joia ou fibra. Reciprocamente, a flor brota de um tapete.

A *lei* deste texto é a inversão de funções, o que constitui um paradoxo a seu modo, pois *normal* é o conjunto dos elementos artificiais, que constroem um nexo próprio; *anormal* é a aparição espaçada e estratégica dos elementos da paisagem. No mundo dos tecidos, joias, metais, a flor e a água são desvios que criam o impacto poético. Em que mundo estamos, no fim das contas? Estamos no mundo complexo e ambíguo, ao mesmo tempo real e inventado, onde Rimbaud institui o seu discurso, que é simultaneamente referência e não referência. Nele, sentimos o real como presença poderosa, mas subvertido pelo fulgor dos elementos artificiais. Um sentido desliza para outro e o leitor fica suspenso entre a impressão de que entende e não entende, capta e não capta, recebendo não obstante uma mensagem válida, mesmo quando salpicada de ininteligível do ponto de vista lógico.

Nestes casos, podemos notar a força de Rimbaud, cuja sedução formal vai de par com uma virulência que subverte a ordem do mundo, mesmo quando parece apenas recriá-lo. Isso não ocorre apenas nos textos mais óbvios sob este aspecto, cheios de sátira e sarcasmo, de inconformismo e desespero, mas também noutros de aparente gratuidade, que, no entanto, sugerem um mundo de pernas para o ar devido à revisão poética, geradora de várias percepções possíveis. Em "Fleurs", a água e as flores parecem da mesma essência que a ágata, o tecido, o ouro, o mogno, o rubi, cuja eventual natureza metafórica foi atenuada por uma transfusão que os faz funcionar como termos próprios, não figurados. Mas não tenho certeza se é mesmo assim.

22. Realidade e realismo (via Marcel Proust)

A busca da verdade na literatura (verdade convencional da ficção) se norteia frequentemente pelo esforço de construir uma visão coerente e verossímil, que seja bastante geral para ir além da particularidade e bastante concreta para não se descarnar em abstração. Por isso, é decisiva a maneira pela qual são tratados os elementos particulares, os pormenores que integram uma descrição ou uma narrativa, seja da vida interior, seja do quadro onde vivemos.

Ora, este tipo de enfoque tem uma das suas modalidades principais no Realismo, que para alguns é o único e para outros um dos muitos caminhos possíveis. Se considerarmos Realismo as modalidades modernas, que se definiram no século XIX e vieram até nós, veremos que elas tendem a uma fidelidade documentária que privilegia a representação objetiva do momento presente da narrativa. No entanto, mesmo dentro do Realismo, os textos de maior alcance procuram algo mais geral, que pode ser a razão oculta sob a aparência dos fatos narrados ou das coisas descritas, e pode ser a *lei* destes fatos na sequência do tempo. Isso leva a uma conclusão paradoxal: que talvez a realidade se encontre mais em elementos que transcendem a aparência dos fatos e coisas descritas do que neles mesmos. E o Realismo, estritamente concebido como representação mimética do mundo, pode não ser o melhor condutor da realidade.

O Realismo se baseia nalguns pressupostos, inclusive o tratamento privilegiado dos pormenores, pelo seu acúmulo ou pela sua contextualização adequada. O que pretendo é discutir alguma coisa a respeito, começando por lembrar que a visão realista pressupõe (1) a multiplicação do pormenor, (2) a sua especificação progressiva e (3) o registro de suas alterações no tempo.

O uso do pormenor tem uma função referencial e uma função estrutural. A primeira consiste em reforçar a aparência de realidade (verossimilhança) e, portanto, dar credibilidade à existência do objeto ficcional — como quando se descreve a verruga no nariz de um personagem ou as coisas que desfilam na sua mente. A segunda resulta do arranjo e qualificação dos elementos particulares que, no texto, garantem a formação do seu sentido específico e a adequação recíproca das partes (coerência). No Realismo ambas estão correlacionadas de maneira indissolúvel, pois a eficiência de uma depende da eficiência da outra.

Portanto, a especificação do pormenor é um dos fatores que institui o discurso ficcional, estabelecendo nexos sucessivos que vão ancorando a particularidade dos elementos na generalidade do significado, como se pode ver pela decomposição de um texto de Proust a partir da primeira palavra, vazia de sentido ficcional:

O sol
O sol/ iluminava
O sol/ iluminava/ até meia altura
O sol/ iluminava/ até meia altura/ um renque de árvores
O sol/ iluminava/ até meia altura/ um renque de árvores/ que margeava a estrada de ferro.[*]

Mas a visão realista só se completa graças ao registro das alterações trazidas ao pormenor pelo tempo, que pode ir de algumas horas até um século — e ao introduzir a duração introduz a história no cerne da representação da realidade. As coisas, os seres, as relações existem na medida em que duram; por isso, muito da sua especificação realista consiste em mostrar o efeito do tempo sobre os detalhes, mesmo porque

---

[*] Marcel Proust, *Em busca do tempo perdido*, v. VII, *O tempo redescoberto*. Trad. de Lúcia Miguel Pereira. Rio de Janeiro; Porto Alegre; São Paulo: Globo, 1956, p. 112.

a suprema especificação pode ser essa marca temporal. Como diz Auerbach:

> A imitação da realidade é a imitação da experiência sensorial da vida na terra, uma de cujas características principais é sem dúvida possuir uma história, mudar, desenvolver-se; seja qual for a liberdade que se der à arte da *imitatio*, o artista não tem o direito, na sua obra, de privar a realidade dessa característica, que pertence à sua própria essência.*

O Realismo se liga, portanto, à presença do pormenor, sua especificação e mudança. Quando os três formam uma combinação adequada, não importa que o registro seja do interior ou do exterior do homem; que o autor seja idealista ou materialista. O resultado é uma visão construída que pode não ser realista no sentido das correntes literárias, mas é real no sentido mais alto, como acontece na obra de Proust, que negava qualquer sentido realista à chuva de pormenores formada pelo seu grande livro. Ele tinha uma teoria não realista da realidade, que acabava numa espécie de transrealismo, literariamente mais convincente do que o Realismo referencial, por permitir o curso livre da fantasia e, sobretudo, o uso transfigurador do pormenor, como se ele *criasse* uma realidade além da que experimentamos. Através dos seus textos verifica-se que o enfoque literário do mundo interior ou exterior ganha sentido quando a especificação do detalhe se integra numa generalização que o transfigura. O detalhe funciona então como tecla que, ao lado das outras, permite modular a linha expressiva da representação ficcional.

---

* Erich Auerbach, *Mimesis: A representação da realidade na literatura ocidental*. Trad. de George Bernard Sperber. São Paulo: Perspectiva, 1971, p. 163. (Fiz algumas modificações na tradução deste trecho.)

Aliás, a obra de Proust delineia uma teoria que pressupõe nesta o tratamento simultâneo da estrutura e do processo, ou, nos termos da presente discussão, do pormenor integrado em configurações expressivas, e sua alteração no tempo como *lei* do significado. Resulta um paradoxo aparente, pois ele descreve a mudança incessante de seres, relações e coisas no fluxo temporal, mas encontra o significado nas permanências que essa mudança revela — o que vem definido no citado volume final de *Em busca do tempo perdido*, carregado de teoria da arte e da literatura.

Logo no começo o narrador conta que, estando de visita ao castelo de uns amigos, leu por acaso um trecho inédito do famoso *Diário* dos irmãos Goncourt, que *transcreve*. Na verdade é um pastiche admirável, uma ficção de segundo grau dentro da ficção, onde Edmond de Goncourt fala, como se fossem pessoas vivas, de certos personagens de Proust: o casal Verdurin e os frequentadores da sua casa.

O pastiche é surpreendente enquanto reprodução das peculiaridades de estilo e da concepção de vida e arte de Edmond de Goncourt. Mas a sua finalidade é estabelecer de modo irônico a opinião negativa de Proust sobre o Realismo como *escola*, a propósito de sua modalidade extrema, o Naturalismo. Para tanto usa um método de grande eficiência: mostrar os personagens, que conhecemos desde o começo da obra através da maneira proustiana, segundo a maneira própria de Goncourt, como visão alternativa que podemos comparar com a outra. A comparação revela uma discordância fundamental, que o narrador ressalta com falsa modéstia cheia de subentendidos irônicos, mostrando-se estrategicamente mortificado por não ter sabido ver aquilo que o famoso naturalista vira.

A diferença entre ambos é que Goncourt (no pastiche, mas também na obra real) só enxerga detalhes exteriores, que lhe bastam como fundamento da interpretação e como imagem do mundo. Ou seja: o seu olhar para na superfície. Já o narrador enxerga, num nível além dos detalhes externos, uma "semiprofundidade" (como diz) caracterizada pela unificação, não a soma dos pormenores. Nesse nível os detalhes deixam de ser parciais e isolados para exprimirem uma totalidade, *una* e coerente, que serve de base verdadeira da interpretação. Ironicamente, o narrador lamenta que, ao contrário de Goncourt, veja coisas que não prestam para a "observação" (a perspectiva documentária realista). Mas logo abaixo a sua falsa modéstia se desfaz, quando fica evidente que isto ocorre porque vai mais fundo, em busca do que se poderia chamar uma *visão*.

O nó da diferença está em que o Goncourt do pastiche via em todos os pormenores um momento determinado do Salão Verdurin, enquanto o narrador deseja procurar a sua identidade fundamental nos diferentes lugares e momentos em que funcionou. Nesse nível é que os detalhes desaparecem como registro documentário para formarem o alicerce de uma visão unificadora, obtida por meio do descarte do acessório, que ele compara ao trabalho do geômetra em busca do "substrato linear". A fim de obtê-lo, vai "despojando os corpos das qualidades sensíveis".

> [...] o que me causava um prazer específico, era a descoberta dos pontos comuns a vários seres. Só ao vislumbrá-los, meu espírito — até então sonolento, mesmo sob a aparente vivacidade das palavras cuja animação, na conversa, mascarava para outrem um completo torpor espiritual — lançava-se de súbito à caça, mas o que nesses momentos perseguia — por exemplo a identidade em diversos lugares e épocas diversas do Salão Verdurin — situava-se a certa profundidade, para além da aparência, em zona um pouco mais recuada.[*]

[*] *O tempo redescoberto*, op. cit., p. 16.

Esta posição explica por que Marcel Proust, considerado colecionador de minúcias, negava ser um artista do detalhe e dizia o seguinte em carta a seu amigo Louis de Robert:

> Você fala da minha arte minuciosa do detalhe, do imperceptível etc. O que realizo, ignoro, mas sei o que desejo realizar; ora, eu omito (salvo nas partes de que não gosto) todos os detalhes, todos os fatos, não me prendo senão ao que me parece (conforme um sentido análogo ao dos pombos-correios; um dia que estiver me sentindo menos mal eu explico isto melhor) revelar alguma lei geral. Ora, como isto nunca nos é revelado pela inteligência, como devemos pescá-lo de algum modo nas profundezas do nosso inconsciente, é com efeito imperceptível, porque é distante, difícil de perceber, mas de modo algum é um detalhe minucioso. Um pico entre as nuvens pode, no entanto, embora pequenino, ser mais alto que uma fábrica próxima. Por exemplo, você pode achar imperceptível esse sabor de chá que a princípio não identifico e no qual encontro de novo os jardins de Combray. Mas não é de modo algum um detalhe minuciosamente observado, é uma teoria inteira da memória e do conhecimento.[*]

Vemos então que o pastiche de Goncourt serve para mostrar como a laboriosa descrição realista constrói uma imagem colorida e animada, mas no fundo não passa de um acúmulo de pormenores que valem pouco enquanto possibilidade de compreensão efetiva. Ela estende aos seres a mesma mirada externa com que se dirige aos objetos, apresentando-os como unidades autônomas de significado único, que produzem uma simples aparência de sentido. Comparando as impressões de Goucourt com o que já sabemos sobre os personagens, vemos

---

[*] Louis de Robert, *Comment Débuta Marcel Proust. Nouvelle édition revue et augmentée.* Paris: Gallimard, 1969, pp. 60-61.

que tudo é errado, lamentavelmente errado, por se basear no efeito imediato que eles causam, em função de critérios tão mascaradores quanto a predisposição favorável do escritor devido à lisonja que lhe dirigem etc. O olhar de tal escritor para na superfície e não discrimina em perspectiva, nem correlaciona as impressões com referência a um princípio integrador. Daí cada pessoa ou objeto adquirir um valor por assim dizer absoluto, que se esgota na descrição ou no juízo. Ao contrário, a arte do narrador (Proust) pretende descrever de muitas maneiras, recomeçar de vários ângulos, ver o objeto ou a pessoa de vários modos, em vários níveis, lugares e momentos, só aceitando a impressão como índice ou sinal. É uma visão dinâmica e poliédrica, contrapondo-se a outra, estática e plana.

Noutros trechos do livro citado fica bem claro, teórica e praticamente, que a visão reveladora da realidade tende a uma síntese baseada na analogia entre os detalhes, desvendando o seu significado unitário. O detalhe em si não interessa. Interessa como estímulo para procurar a sua afinidade com outros, por meio da analogia. Daí a importância da metáfora, mais que da descrição, porque ela mostra as analogias e vincula uma variedade de pormenores. A ligação destes em nível fundo configura o significado real — rede oculta inacessível à topografia realista *positiva*, como é a de Goncourt. Daí a mencionada "certa profundidade".

Mas a ligação entre objetos, lugares e pessoas não ocorre apenas num momento; ela se desdobra no tempo. Por isso, o narrador não está interessado na minuciosa descrição realista do Salão Verdurin como ele é no dia em que o visitou (à maneira do pseudo-Goncourt). E sim na dos seus vários momentos, em diversas épocas, a fim de ir, além da superfície, até o nível revelador, onde o particular se recompõe na fisionomia geral de um modelo. Surge então o paradoxo: ver as coisas no tempo é vê-las de modos diversos, em várias etapas; portanto, é atingir um maior grau de generalidade, que define a permanência (relativa) da estrutura sob o processo que a constitui. De tal forma que o caso singular ganha certa generalidade acima do tempo que o gerou e do qual emerge. Estrutura e processo, estático e dinâmico se unem na síntese de uma visão integrativa.

Há, portanto, vinculações ocultas que ligam os pormenores e compõem uma espécie de modelo permanente no meio da fuga do tempo. Elas seriam a base do projeto de Proust, ao provarem que é possível a luta da arte contra a dissolução operada por ele. O escritor procura recuperar a poeira das recordações porque a memória, permitindo remontar ao passado, mostra, meio contraditoriamente, que o que passa só ganha significado ao desvendar o que permanece; e este permite refluir sobre o pormenor transitório, o particular relativo, para compreendê-lo. As vinculações fazem aparecer o desenho do modelo, como os números ligados pela ponta do lápis vão delineando uma figura nos livros infantis.

Assim, o narrador encontra o barão de Charlus, já velho, e o confunde primeiro com um ator, depois com um pintor que eram homossexuais como ele. Compreende então que a "revolução do seu vício" o havia transformado ao ponto de atenuar as características individuais para deixar emergir o modelo geral do invertido. O barão, o pintor, o ator são manifestações de um padrão, e descrever isoladamente cada um em si deve levar a descobrir a realidade profunda.

O sr. de Charlus afastara-se tanto quanto possível de si mesmo, ou melhor, mascarara-se tão completamente com o que não só a ele, mas a muitos invertidos pertencia, que à primeira vista, andando assim atrás de zuavos em pleno bulevar, parecera-me outro que não o sr. de Charlus, que não um grande senhor, que não um homem de imaginação e de espírito, outro cuja semelhança com o barão se cifrasse àquele ar comum a todos, que agora, ao menos para quem não se detinha em examiná-lo, inteiramente o recobria.*

Pelo mesmo motivo o sobrinho do barão, Saint-Loup, que era completamente diverso, começa a apresentar analogias espirituais com ele ao se tornar também um invertido; e começa a parecer "um sucessor", "numa outra geração, num outro ramo" (op. cit., pp. 45-46). De modo a podermos concluir que (paradoxalmente) quando o personagem é visto à luz da sua categoria os traços da sua singularidade realçam melhor, porque são referidos a uma *lei* que a rege.

Assim, é na relação dinâmica entre o tempo e o modelo que os detalhes adquirem o verdadeiro sentido. Mostrando o vínculo entre eles, a especificação, ao articular o discurso, tece a rede dos significados, que está subjacente como o geral sob o particular e pode ou não ser atingida pelo olhar do escritor, conforme ele pare na superfície (Goncourt) ou alcance a profundidade (narrador). Em tudo isso se destaca a dimensão temporal, deixando ver a permanência do gênero sob a mudança das coisas, dos atos, das pessoas; e mostrando também que a narrativa ficcional é capaz de focalizar simultaneamente a estrutura e o processo.

23. Os brasileiros e a nossa América

É curioso pensar de que maneira os dois grandes blocos linguísticos da América Latina têm pensado um no outro e têm visto um ao outro. Encarada com objetividade a situação é de acentuada assimetria, porque o bloco luso, isto é, o Brasil, se preocupa mais com o bloco hispano do que o contrário.

Os motivos são muitos, a começar pela importância diferente das duas metrópoles colonizadoras. A Espanha foi

---

* *O tempo redescoberto*, op. cit., p. 48.

potência europeia decisiva em certo momento, e sua cultura pesou na civilização do Ocidente. Portugal foi sempre um pequeno estado marginal, voltado para o mar e o vasto mundo, sem presença ponderável nos centros da civilização comum, sem nenhum Filipe II para assombrar a Europa, sem nenhum Cervantes para mudar os rumos da literatura. Enquanto a Espanha, com o *Quixote* e a picaresca, abria caminho para o romance, isto é, um gênero inovador que serviria para exprimir o moderno, Portugal produzia *Os Lusíadas*, de Luís de Camões, num gênero, a epopeia, destinado a perder atuação rapidamente. Em consequência de tudo isso e outras coisas que não cabe discutir agora, o espanhol tende a supervalorizar a sua cultura e a impor a sua língua, enquanto o português aprende docilmente as dos outros. Pensemos em nós, herdeiros deles: ainda hoje, se for, por exemplo, à Bolívia, um brasileiro se esforçará por falar *portunhol*, enquanto um boliviano no Brasil falará tranquilamente o seu bom castelhano.

Língua de cultura, o espanhol se tornou neste século indispensável aos brasileiros, que conheceram boa parte da produção intelectual de que necessitavam através da mediação de editoras da Espanha, Argentina, México, Chile, que nos traziam os textos dos filósofos, economistas, sociólogos, escritores. O ensino superior do Brasil dos anos de 1940 a 1960 teria sido praticamente impossível sem essas traduções, de maneira que o espanhol existe para nós como língua auxiliar, enquanto o português pouco serve neste sentido aos que vivem no bloco hispânico. Por isso, no Brasil há ensino de espanhol nas escolas secundárias e há cadeiras de literatura hispano-americanas em universidades, nada havendo de semelhante em relação à nossa língua na América de fala espanhola.

Portanto, assimetria em todos os níveis, apesar da boa vontade de muitos e da ação de alguns — tudo agravado pelo fato de cada um dos nossos países ainda viver mais voltado para a

Europa ou os Estados Unidos do que para o seu vizinho. Pensando nestas coisas é que devemos considerar a presença da América Latina na literatura e no pensamento do Brasil. Aqui, não darei mais do que uns poucos exemplos.

Um certo sentimento da América espanhola ocorreu cedo na literatura brasileira, talvez em parte por influência francesa. Penso na grande voga da tragédia *Alzira*, de Voltaire, de assunto peruano, ou mesmo d'*Os incas*, de Marmontel, que punham em circulação nas metrópoles culturais os temas da América e os preparavam através deste prestígio para refluir sobre nós. Poema dos mais importantes do século XVIII brasileiro foi *O Uraguai* (1769), de Basílio da Gama, que descreve uma situação de sentido continental: o choque de culturas entre o colonizador e o indígena, com visível simpatia por este apesar da celebração ostensiva daquele, a propósito de uma expedição militar luso-espanhola para destroçar as missões jesuíticas. O mesmo Basílio da Gama escreveu um soneto de exaltação da rebeldia nativista de Tupac Amaru, mostrando assim o sentimento da América como consciência precoce da cultura esmagada. No mesmo sentido deve ter sido escrita a perdida tragédia *Atahualpa*, já na geração seguinte, por José da Natividade Saldanha, que foi secretário de Bolívar e morreu em Caracas no ano de 1832.

Com a Independência em 1822 e o Romantismo logo a seguir, tomou corpo o que se pode chamar de *projeto americano* na literatura, com o enorme e convencional poema épico *Colombo* (1866), de Araújo Porto-Alegre, e *O guesa errante* (1866), de Joaquim de Sousa Andrade (Sousândrade). Ambos, mas sobretudo este, estão cheios de sentimento continental, que aparece também em poemas menos extensos de Castro Alves e Fagundes Varela. Em contrapartida, lembremos que um dos principais teóricos do nacionalismo literário no Brasil, no decênio de 1840, foi Santiago Nunes Ribeiro, chileno que veio menino para o Rio de Janeiro e aqui teve grande influência intelectual, infelizmente cortada pela morte precoce.

O período que nos interessa vai do fim do Império ao amadurecimento da República, entre 1880 e 1920, digamos. Foi nele que se desenvolveu a reflexão mais sistemática sobre a América Latina, em escritos devidos a homens de elevado porte mental, como Joaquim Nabuco, Sílvio Romero, Eduardo Prado, Oliveira Lima e um menos ilustre mas sem dúvida mais lúcido neste terreno, Manoel Bomfim.

Os historiadores informam que a Guerra da Tríplice Aliança contra o Paraguai contribuiu para difundir no Brasil as ideias republicanas, sobretudo a partir do exemplo argentino, tendo contribuído também para aumentar o interesse dos brasileiros pelos vizinhos do Sul — uruguaios, argentinos, paraguaios, além dos chilenos mais distantes. A Proclamação da República em 1889 abriu uma era de forte influência norte-americana, e com isso estimulou a reflexão sobre a posição brasileira em face de todo o continente. A tradição que vinha da Independência era que o regime monárquico se justificava perante a opinião liberal brasileira porque assegurava a unidade, impedindo o fracionamento e a turbulência que marcaram o destino da América espanhola. Esta era vista como cadinho de agitadores e caudilhos, cujo caso extremo e sempre temido seria a ex-colônia francesa do Haiti, exemplo de sublevação dos escravos que deveria ser evitado a todo custo numa economia escravista como a brasileira.

A propósito ganha interesse o livro de Joaquim Nabuco, *Balmaceda* (1895), que estuda as vicissitudes deste estadista chileno, com desconfiança pelos aspectos populares da sua obra e visível simpatia pela ordem aristocrática, que garantiria uma estabilidade equivalente à do regime monárquico no Brasil. A democracia das elites seria deste modo uma solução republicana para a América Latina, ideia que contraria em parte o decidido cunho democrático e popular que o mesmo Joaquim Nabuco assumira nos anos de 1870 e 1880, quando foi um dos líderes da campanha antiescravista, culminada pela Abolição em 1888.

Monarquista como Nabuco, Eduardo Prado (*A ilusão americana*, 1893) via nas repúblicas da América espanhola sobretudo a anarquia disfarçada em liberdade, sob a ação dissolvente do imperialismo norte-americano. Para ele, a vantagem estaria... no imperialismo inglês, que era monárquico e europeu!... Eduardo Prado tinha graves preconceitos em relação à América Latina. Segundo ele o Brasil fora exceção enquanto durou a monarquia unificadora, mas estava destinado também à fragmentação e ao caos, inclusive porque também ele era povoado por mestiços inferiores ("luso-indo-negroides"). Com visível aversão pelos países do subcontinente, descreve como coisa inevitável os conflitos entre eles e adere à linha oficial da nossa historiografia, ao acreditar no papel civilizador do Brasil no Prata, contra caudilhos que considera "monstros", como Rosas e López. Conclusão: o Brasil deveria orientar-se no rumo da Europa, pois com os países da América Latina não tinha afinidades nem interesses comuns.

A violenta oposição de Eduardo Prado aos Estados Unidos, que, além de opressores, davam o mau exemplo da república = desordem e da federação = atomização, era uma divergência em relação à ideologia da República brasileira, fascinada pela grande potência do Norte e disposta a ser parceira da sua política imperialista, como de fato foi, apesar de afirmações em contrário. Era o tempo do pan-americanismo, aceito em princípio como a melhor fórmula de convivência e progresso pelos governos e muitos intelectuais da estatura de Rui Barbosa, Joaquim Nabuco e Rio Branco. É certo que na prática um estadista como este procurava temperar a dependência estimulando o crescimento da solidariedade latino-americana e fomentando o conhecimento recíproco.

Decididamente crítico da política oficial foi Oliveira Lima, cujo livro *Pan-americanismo* (1907) define o caráter imperialista e os perigos da Doutrina de Monroe, opondo-lhe a posição mais livre da Argentina com a Doutrina Drago. Diz ele:

> A doutrina de Monroe sempre foi, desde o seu primitivo estádio, uma doutrina egoísta, que visava reservar a América, econômica e diplomaticamente, para apanágio da sua posição preponderante, em vez de continuar a depender das suas velhas metrópoles, não mais exclusivistas do que a nova.*

Dos intelectuais do começo do século, Oliveira Lima foi provavelmente o que mais se interessou pela análise diferencial das Américas, a saxônica e a latina, e o que melhor aprofundou o problema do relacionamento entre os nossos diversos países, graças ao conhecimento que tinha deles. Com bastante clarividência, apesar da posição conservadora de inclinação monarquista, lembrou que o predomínio dos Estados Unidos poderia ser enfrentado não por meio de declarações e tratados, mas pelo progresso efetivo do subcontinente: "Os verdadeiros obstáculos a opor à conquista americana são os da nossa própria valia e do nosso próprio progresso".**

Posição parecida foi a de José Veríssimo, cujo interesse pela literatura da América espanhola era quase único em seu tempo. Desde o decênio de 1890 ele publicou artigos sobre escritores

---

* Oliveira Lima, *Pan-americanismo: Monroe. Bolívar. Roosevelt*. Rio de Janeiro; Paris: Garnier, 1907, p. 39.   ** "A conferência pan-americana de Buenos Aires", artigo de 1911, em Oliveira Lima, *Obra seleta*. Org. de Barbosa Li Sobrinho. Rio de Janeiro: INL, 1971, p. 510.

como Rodó, Carlos Reyles, Rufino Blanco Fombona, Manuel Ugarte, além de discutir o tema do pan-americanismo e o das relações entre o Brasil e os países de fala espanhola, cuja vida intelectual procurou conhecer bem. Bastante pessimista, encarava todo o subcontinente como um universo de miséria, ignorância e violência, incapaz de formular as suas aspirações. Este papel cabia, portanto, à pequena elite instruída e civilizada, que poderia formar uma espécie de comunidade esclarecida acima das fronteiras.[*]

Do movimento político do pan-americanismo resultou de qualquer modo maior aproximação cultural entre os países latino-americanos. Talvez se possa atribuir ao espírito que o animava coisas como Rubén Darío e Santos Chocano traduzindo poetas brasileiros, enquanto o argentino García Mérou publicava o livro *El Brasil intelectual* (1900).

A política de aproximação entre os países do subcontinente se manifestou no Brasil através de um empreendimento importante: a *Revista Americana*, que durou de 1909 a 1919. Feita visivelmente por inspiração de Rio Branco, ministro das Relações Exteriores de 1902 a 1912, dirigida na fase melhor pelo jovem diplomata Araújo Jorge, seu objetivo era promover maior conhecimento recíproco das nações latino-americanas, diminuindo inclusive a obsessiva fixação com a Europa. Embora os Estados Unidos estivessem tacitamente incluídos no projeto, a matéria é sempre latino-americana, publicada em português e espanhol. A coleção da revista deixa ver que as relações culturais se estabeleceram sobretudo com quatro países: Argentina, Uruguai, Chile e Peru; mas havia colaborações de outros, como a do dominicano Max Henriquez

---

[*] Ver José Veríssimo, *Cultura, literatura e política na América Latina*. Sel. e apres. de João Alexandre Barbosa. São Paulo: Brasiliense, 1986. Esta importante coletânea reúne a produção de Veríssimo no assunto.

Ureña, e até versos de uma poetisa de Honduras. O subtítulo indicava o âmbito visado: *Ciências. Artes. Letras. Política. Filosofia. História.* A impressão é que os alvos eram o pan-americanismo e a Doutrina de Monroe, geralmente defendidos, interpretados e explicados.

A análise das colaborações mostra quatro linhas, começando pela produção própria de cada país e exprimindo a sua cultura através da poesia, narrativa e ensaio. Por exemplo: poemas de Vicente de Carvalho, Herrera y Reissig, Maria Eugenia Vaz Ferreira, Santos Chocano; narrativas de Alberto Nin Frías ou Eduardo Acevedo Díaz; estudos de José Ingenieros, Francisco García Calderón, Sílvio Romero, Farias Brito.

Uma segunda linha era a que punha em jogo dois ou mais países no mesmo escrito, destacando-se sempre o tema geral do pan-americanismo. É o caso de dois estudos muito adversos ao Brasil da autoria de argentinos, um sobre o federalismo no subcontinente e outro sobre a Guerra da Tríplice Aliança (este, de Ramón Cárcano).

Mais raros são artigos preocupados com a prática efetiva da integração continental. E há uma quarta linha, a dos escritos manifestando interesse pela cultura europeia, com impregnação profunda dos seus valores, como um longo estudo de Ernesto Quesada sobre Goethe e poemas em francês do brasileiro Pethion de Villar (pseudônimo de Egas Moniz de Aragão) ou do argentino José María Cantilo.

No conjunto foi um esforço notável de aproximação continental, a começar pelo bilinguismo e sem esquecer a equanimidade com que eram publicados artigos severos em relação ao Brasil. A colaboração brasileira foi naturalmente mais abundante; a hispano-americana, embora abrangendo muitos autores secundários, chama a atenção pela presença de vários eminentes, ou que seriam eminentes, como, além dos já citados, José Enrique Rodó, Ventura García Calderón, Francisco Romero.

O amparo oficial permitia distribuição generosa. Um anúncio de janeiro de 1912 (ano III, n. 1) mostra o desejo de realmente penetrar na opinião:

> A maior publicação mensal em todo o Continente. Publicação mensal. Distribuição gratuita em todos os estabelecimentos de ensino europeus e americanos, cafés, hotéis, restaurantes, barbearias, gabinetes de leitura, transatlânticos ingleses, franceses, alemães, italianos etc. Colaboração de todos os homens de letras e políticos mais notáveis da América.

(A gente pensa: teria sido mesmo assim na prática?)

Colaborador eminente da *Revista Americana*, falecido no próprio ano de sua fundação, foi Euclides da Cunha, que, no entanto, manifestou em vários momentos da sua obra uma posição pouco receptiva quanto às relações com a América espanhola. Tendo vivido pessoalmente os problemas de fronteira na Amazônia, experimentou a apreensão de uma guerra que lhe parecia iminente com o Peru, e viu os nossos contatos com os vizinhos à luz de um pessimismo sem remédio. Para ele o Brasil, graças à monarquia, fora mais ordeiro e normal, quisera assegurar a civilização no subcontinente, mas via-se por isso mesmo arriscado a entrar em conflitos sérios com ele. Melhor então isolar-se, segundo escreve na altura de 1903: "A República nos tirou do remanso isolador do Império para a perigosa solidariedade sul-americana", que mais adiante qualifica de

> belíssimo ideal absolutamente irrealizável, com o efeito único de nos prender às desordens tradicionais de dois ou três povos irremediavelmente perdidos, pelo se incompatibilizarem às

exigências severas do verdadeiro progresso [...]. Sigamos — no nosso antigo e esplêndido isolamento — para o futuro [...].*

Como se vê, o grande escritor era cético ante a tendência de seu tempo, de reforçar os vínculos entre os países do subcontinente, por cima das discórdias constantes e dos riscos de fazer o jogo do imperialismo norte-americano. Ele acreditava na tradição historiográfica que legitimava a política exterior do Império, vendo no Brasil um fator daquilo que Batista Pereira chamaria mais tarde luta da civilização contra a barbárie. (Sarmiento não imaginaria que a sua famosa distinção, feita para descrever as condições internas da Argentina, serviria no futuro para situar esta no lado mau da dicotomia...)

Isto nos leva aos teóricos nacionalistas mais exaltados, que celebravam a alegada missão civilizadora do Brasil, pondo ordem nas fronteiras meridionais contra a turbulência dos caudilhos — modo de ver que predominou até pouco. É preciso não esquecer que o período do pan-americanismo foi marcado por conflitos e tensões entre países do subcontinente, além das revoluções internas. No Brasil, a política de Rio Branco conseguiu legalizar as fronteiras e assim liquidar de vez os problemas atinentes. Mas isso não passou sem graves tensões com a Bolívia, o Peru e sobretudo a Argentina, suscitando um estado de animosidade recíproca que influiu nas posições intelectuais, como vimos em Euclides da Cunha, e é mais agressivo em autores chauvinistas, tanto aqui quanto lá. E é preciso não esquecer que o Brasil sempre foi alvo de desconfiança e mesmo animosidade por parte dos vizinhos, que o suspeitavam de intuitos imperialistas e, depois, também de subserviência aos desígnios norte-americanos, em detrimento dos interesses da comunidade ideal dos países latino-americanos.

---

* "Solidariedade sul-americana", em *Contrastes e confrontos* [1907]. Intr. de Olímpio de Sousa Andrade etc. São Paulo: Cultrix, 1975, pp. 107 e 110.

Um exemplo de desconfiança e até aversão do lado brasileiro se encontra na obra de Elísio de Carvalho, curioso nacionalista que começou anarquista e terminou perto do que seria o fascismo, nos anos de 1920. Muito interessado na América Latina, escreveu estudos sobre Rubén Darío e Rufino Blanco Fombona, mas por outro lado via por toda a parte animosidade e perfídia contra o Brasil, desenvolvendo como reação uma atitude de orgulhoso nacionalismo, militarista e mesmo belicista, como se vê em ensaios do seu livro *Bastiões da nacionalidade* (1922), onde estuda a literatura antibrasileira do Uruguai e da Argentina. Caso extremo foi o de Gustavo Barroso, que se tornaria nos anos de 1930 um dos líderes mais agressivos do fascismo brasileiro. Desde os anos de 1920 publicou em diversos volumes narrativas patrióticas sobre as guerras do Sul entre 1816 e 1870, apresentando-as como ações beneméritas de um Brasil mais civilizado e altruísta que os seus vizinhos. A tese foi sistematizada na monografia *O Brasil em face do Prata* (1930).

Pensemos agora naqueles que enfrentaram o problema do *americanismo* sem paixão nacionalista, de um ângulo que procura superar a visão unilateral das elites e das versões convencionais. Foi o caso raro de Manoel Bomfim, que publicou em 1905 *A América Latina*, livro duro para com os preconceitos do tempo, que ficou esquecido e nunca teve o merecido apreço. Vale a pena lembrar a sua origem remota.

Em 1897 o diretor da Instrução Pública do Distrito Federal, Medeiros e Albuquerque, instituiu o curso de História da América nas escolas de formação de professores, abrindo concurso para escolher o melhor compêndio a ser especialmente escrito com este fim. Apresentou-se um único concorrente, o jovem historiador Rocha Pombo, cuja obra foi aceita em 1899 com base em parecer de Manoel Bomfim. Este parecer é o gérmen do seu livro futuro e já marca divergência com pontos de vista tradicionais (alguns dos quais aceitos por Rocha Pombo), inclusive ao discordar da apresentação negativa de Rosas, Francia e López, o que no Brasil daquele tempo era uma prova da mais extrema liberdade de espírito.

Os adversários de Manoel Bomfim diziam que a sua informação na matéria se limitava ao que lera em Rocha Pombo. Não será toda a verdade, mas é parte dela, como se verifica inclusive pela repetição dos mesmos erros do compêndio em *A América Latina*. Mas o fato é que Bomfim tinha uma imaginação histórico-social que faltava a Rocha Pombo e lhe permitiu construir com informação limitada e mesmo insuficiente uma visão profunda e renovadora.

O seu intuito é expor o atraso da América Latina e averiguar quais teriam sido as causas. Uma das mais alegadas no tempo se prendia à teoria da desigualdade biológica das raças, aceita como verdade científica pelos evolucionistas. A América Latina seria o que era (um continente atrasado, turbulento, desorganizado) porque era povoado por índios, negros e mestiços incapazes de alcançar o nível da raça branca superior dos colonizadores. Bomfim afasta esta hipótese, chegando a afirmar que a mestiçagem não significa inferioridade e pode ser inclusive fator de superioridade. Para ele, os "males de origem", como os chama, são devidos às características sociais dos países colonizadores, que se refletiram no processo de colonização. Este foi marcado pelo "parasitismo", conceito-chave em seu pensamento, que transpôs da biologia. O parasitismo se realiza por meio do trabalho escravo, que gera formas desumanas de convivência e incapacita a sociedade para os regimes que possam assegurar progresso e liberdade. Daí o caos permanente da América Latina.

Segundo ele o parasita degrada o explorado, que chega a defendê-lo e a morrer por ele, sob a forma de apaniguado ou soldado, nas lutas internas e nas guerras, em vez de rebelar-se e tentar abolir o estado de iniquidade social. Mas, vivendo à custa da exploração completa do parasitado, o parasita acaba incapaz de sobreviver sem ele, degrada-se ele próprio e cai, dando lugar a novos elementos dirigentes. Deste modo se mantém a continuidade da estrutura na mudança dos agentes e nunca se criam as condições para o trabalho realmente livre, que permite o bem-estar e o equilíbrio social.

Como as elites tendem a se perpetuar pela persistência da estrutura, as sociedades latino-americanas são essencialmente conservadoras, e o seu esforço principal consiste em assegurar o predomínio das elites através da mudança aparente dos regimes. Este ponto de vista de Manoel Bomfim fica bem claro no que se poderia chamar a sua "teoria da independência": no começo do século XIX a separação das colônias latino-americanas em relação às metrópoles foi na verdade o recurso usado pelas elites a fim de perpetuar a sua dominação, mantendo intactas as instituições fundamentais, sobretudo o trabalho servil, mesmo quando se aboliu formalmente a escravidão. Por isto, a lei fatal do desenvolvimento latino-americano foi o conservantismo.

No estudo do conservantismo Bomfim chega a posições originais para o tempo (o livro foi escrito em 1903), desmistificando as posições da historiografia dominante. Ele mostra que o conservantismo na América Latina foi tanto mais forte, quanto inconsciente, por ser visceral. Arraigado na alma e na afetividade de cada um, ele atua a despeito das convicções aparentes. Estas podem ser liberais e até radicais, exprimindo-se por meio de leis e discursos avançados, que na verdade servem para mascarar o essencial, isto é, o mecanismo de permanência das oligarquias baseadas na espoliação econômica das massas trabalhadoras, mediante uma capacidade excepcional de acomodação e transigência, do tipo *mudar para continuar*.

Talvez esta ideia seja a mais importante do livro e uma das mais fecundas para o estudo das sociedades latino-americanas, sobretudo quando o autor a ilustra por meio de uma curiosa tipologia política. Segundo ele, na América Latina não vingam os tipos extremos, que desejam a transformação real ou a conservação absoluta. O que há é uma gradação imperceptível entre os dois extremos, manifestada nos seguintes tipos, que ele analisa a propósito dos movimentos de independência no começo do século XIX: os *radicais*, que desejavam alterar essencialmente o sistema colonial; os *adiantados*, que reconheciam esta necessidade, mas queriam esperar o momento propício, pois eram "intransigentes mas cordatos"; os *liberais*, que desejavam a liberdade, mas, como isto é vago, se acomodavam em diversas modalidades de compromisso; os *moderados*, que eram pacíficos, cautelosos ou neutros, conforme a necessidade; os *conservadores*, que se situavam entre os moderados e os reacionários dissimulados; os *reacionários*, isto é, os irredutíveis, que desejavam manter tal e qual o estado de coisas.

Por isso, houve sempre na América Latina o que ele chama "deturpação da revolução", com a vitória dos conservadores sobre os radicais, gerando toda a sorte de obstáculos ao progresso. O conservantismo, fruto direto do parasitismo, é assim a causa principal, o grande "mal de origem". Numa fórmula excelente, diz que na América Latina os verdadeiros conservadores são os moderados, que encontram as acomodações necessárias. Nos dias em que o livro foi escrito e publicado, eles acolhiam com retórica enganadora o imperialismo norte-americano, contra o qual Manoel Bomfim tem páginas duras, desmascarando o pan-americanismo e a Doutrina de Monroe. É natural que o seu nome não figurasse entre os colaboradores da *Revista Americana*...

Uma das coisas boas de seu livro é a firme consciência continental. Ele fala não só como brasileiro, mas como latino-americano, animado por uma solidariedade fraterna e procurando exprimir a posição do subcontinente espoliado e atrasado.

Mais tarde modificaria esta posição no livro *O Brasil na América* (1929), onde mantém a análise radical da independência, mas atenua a avaliação da mestiçagem, ao minimizar a presença do africano na constituição racial do Brasil, exagerando a do índio. Atenua também o sentimento continental, devido a uma espécie de patriotismo que o leva a situar o Brasil acima dos outros países, porque nele a fusão das raças teria sido mais profunda e igualizadora; e sobretudo porque tinha conseguido uma unidade inexistente na dispersão da América hispânica. Este problema da unidade excepcional da América portuguesa levou Manoel Bomfim a substituir a análise objetiva pelo orgulho nacional. Mas, se pensarmos no livro de 1903, veremos que nenhum outro foi tão lúcido e tão *latino-americano* quanto ele no estudo dos nossos problemas comuns.

A América Latina remava contra a corrente pan-americanista, muito forte naquela época. Como era pouco fundamentado, mal escrito e sobretudo mal composto, não teve a capacidade de se impor como discurso divergente. E, como contrariava a ideologia aceita pela maioria dos intelectuais, suscitou uma reação cuja violência contribuiu para jogá-lo na sombra, pois ela foi devida a ninguém menos que Sílvio Romero, que era um dos críticos e pensadores mais ilustres do Brasil.

Irritado, Sílvio Romero escreveu uma série de artigos acerbos, reunidos em volume no ano de 1906: *A América Latina (Análise do livro de igual título do dr. Manoel Bomfim)*. É uma obra prolixa e exibicionista, negando qualquer valor ao adversário, hipertrofiando questões secundárias para fazer parada de erudição e, no fundo, nada propondo de mais convincente, na obsessão de contestar os conceitos de Manoel Bomfim e sublinhar, além da evidente pouca informação deste, a dependência exagerada em relação ao historiador português Oliveira Martins. No entanto, é curioso que hoje o livro mais erudito de Sílvio Romero nada signifique, enquanto o mal composto, pouco fundamentado mas genialmente inspirado de Manoel Bomfim esteja cada vez mais vivo.

24. O olhar crítico de Ángel Rama

Quando conheci Ángel Rama em Montevidéu, no ano de 1960, ele me declarou a sua convicção de que o intelectual latino-americano deveria assumir como tarefas prioritárias o conhecimento, o contato, o intercâmbio em relação aos países da América Latina, e manifestou a disposição de começar este trabalho na medida das suas possibilidades, seja viajando, seja se carteando e estabelecendo relações pessoais. Foi o que passou a fazer de maneira sistemática, coroando as suas atividades quando, exilado na Venezuela, ideou e dirigiu a Biblioteca Ayacucho, patrocinada pelo governo daquele país, que se tornou uma das mais notáveis empresas de conhecimento e fraternidade continental através da literatura e do pensamento. Inclusive porque foi a primeira vez que o Brasil apareceu num projeto deste tipo na proporção adequada.

Pelo Brasil ele tinha um interesse pouco frequente entre intelectuais latino-americanos de fala espanhola e chegou a conhecer realmente bem a nossa cultura e em especial a nossa literatura, com a capacidade quase incrível de leitura e a rapidez de percepção que caracterizavam a sua inteligência luminosa. Em 1973 deu um curso breve e memorável na Universidade de São Paulo, além de participar conosco dos trabalhos da revista *Argumento*, que a ditadura militar cortou no quarto número e nós tencionávamos transformar numa publicação de cunho e âmbito latino-americano. Em 1980 e 1983 esteve na Universidade Estadual de Campinas em atividades de integração latino-americana — e em cada uma dessas viagens comprava mais livros, abria novos campos de interesse e demonstrava conhecimento crescente e profundo a respeito do Brasil.

Estas indicações servem para mostrar como estava bem situado para a reflexão teórica sobre as literaturas da América Latina e como pôde contribuir neste campo com trabalhos de grande importância. Inclusive porque sabia elaborar com igual maestria as análises particulares e as visões sintéticas, ou "panoramas", como as qualificava. Isso o imunizou contra o perigo das generalizações esquematizadoras e impediu que o interesse pelos conjuntos matasse o essencial do trabalho crítico, ou seja, o desvendamento dos textos.

A reflexão teórica a que aludi tem problemas peculiares, que se impõem ao estudioso latino-americano. Antes de mais nada, o conceito de literatura nacional, que os europeus adotaram em virtude da sedimentação histórica de que resultaram as nacionalidades e países da Europa, mas que tem aspectos diferentes na América Latina, com suas nações formadas há relativamente pouco tempo, segundo causas por vezes ocasionais. Outro problema nosso é o da relação com as literaturas dos países centrais, que pode levar alguns críticos a afirmar uma especificidade absoluta que não existe, porque, como bem via Rama, somos parte da mesma civilização. E há muitas outras questões — como a produção em línguas indígenas, importante em alguns dos nossos países, ou saber se os gêneros considerados literários são os mesmos aqui e lá.

A posição de Rama em face de problemas deste tipo se manifestou em estudos de grande força sugestiva e, poderíamos dizer, cada vez mais corretos e precisos, pois ele costumava rever os próprios escritos, elaborava versões diferentes e ampliava tanto a capacidade de penetração quanto o ânimo integrador. A morte o surpreendeu numa fase de amadurecimento e progresso que ia levá-lo a novos trabalhos e conclusões da mais alta importância. Por isso, costumo dizer que foi dos raros homens insubstituíveis, porque sem eles as coisas não se farão mais tão bem como se fariam com eles.

O meu intuito é expor a sua posição em face de alguns dos muitos problemas que podemos considerar especialmente relevantes para o estudo das literaturas latino-americanas, requerendo tratamento próprio. São os seguintes: (1) a posição do escritor e o imperativo da atitude política; (2) a situação das literaturas nacionais ante uma eventual literatura integrada do subcontinente; e (3) a relação entre as sugestões literárias dos países centrais e as condições próprias dos nossos países na dialética do processo cultural. Como amostra, usarei apenas alguns dos seus escritos. O livro *La generación crítica*, de 1972, que engloba e refunde escritos dos anos de 1950 e 1960; o artigo "Diez problemas para el novelista latinoamericano", de 1964; o artigo longo "Medio siglo de la narrativa latinoamericana (1922-1972)", de 1973.

Um traço saliente das literaturas latino-americanas é o cunho militante do escritor, levado com frequência a participar da vida política e dos movimentos sociais, em boa parte porque as condições do meio o empurram neste sentido. Isto produz duas consequências. A primeira é que a atividade intelectual se torna em si mesma, pelo simples fato de existir, um ato de participação, por vezes quase de militância, na medida em que é uma afirmação de cultura em meios pouco desenvolvidos culturalmente; de modo que a produção intelectual, em particular a literária, se torna (numa perspectiva "ilustrada" que vem de longe) contribuição para construir a nação, dando-lhe um timbre de grandeza. A segunda consequência é que o intelectual tende com frequência a se politizar no sentido estrito, mais do que nos países cuja sociedade e cuja cultura estão sedimentadas de longa data, como na Europa, ou nos países que transpuseram com maior fidelidade os padrões metropolitanos, como os Estados Unidos.

Nesta ordem de ideias é importante a contribuição de Rama no livro *La generación crítica*, onde estuda a situação do

Uruguai nos anos de 1940 a 1960, como caso extremo de participação dos intelectuais, em particular dos escritores, no processo da vida social em transformação, de maneira a configurar o que ele chama de "função intelectual". No Uruguai, explica Rama, em vez de movimentos espontâneos e emocionais, como em tantos países da América Latina, houve uma "planificação intelectual" manifestada pela intensa sindicalização, que atingiu não apenas trabalhadores, mas estudantes, escritores, profissionais liberais. Ela levou a um verdadeiro poder paralelo ao governo e, em seguida, à formação de vanguardas revolucionárias recrutadas entre intelectuais, como os tupamaros.

A base deste estado de coisas foi a pequena burguesia, cujas condições de bem-estar econômico e formação cultural foram favorecidas pelo regime do presidente Batlle y Ordóñez, sobretudo depois de 1911. Constituiu-se então uma estrutura política democrática e civilista que deu a impressão de ter realizado um sistema liberal e igualitário estável. Os problemas (prossegue Rama) surgiram depois de 1930, quando tais setores médios exigiram a igualitarização econômica prevista pelo batllismo, mas em seu próprio benefício. Sentiu-se então que o proletariado estava excluído dessa "revolução da classe média", cujos setores esclarecidos se uniram aos operários. Quando chegou a crise dos anos de 1950 esta tendência gerou movimentos sob a liderança da pequena burguesia, bem formada devido à excelente instrução secundária. Daí o caráter dirigente da referida "função intelectual" exercida por esta camada, que chegou inclusive a traçar os métodos de tomada eventual do poder.

Sempre conforme a exposição de Rama, a participação dos intelectuais pequeno-burgueses se deu de dois "modos", diferentes e nem sempre harmonizados: "imaginação criadora" e "consciência crítica". A "imaginação criadora" se consagra a perceber as rachaduras do sistema dominante e a propor a imagem do sistema futuro. Diferente da imaginação romântica, centrada no eu, ela se volta para a sociedade, valendo-se dos conhecimentos, mas também da ficção e da poesia.

Do seu lado, a "consciência crítica" desenvolve uma atitude de oposição e propõe os termos da luta. Ela determina a "função crítica", que numa primeira etapa visa a regular os processos criativos de uma sociedade que ela mantém sob vigilância e procura orientar. Mas quando os organismos dirigentes a repelem, querendo que seja espectadora sem intervir, ela passa, numa segunda etapa, à atitude militante, gerando interpretações e fundamentações ideológicas para orientar o confronto. Neste caso, a consciência crítica dos intelectuais se torna uma arma extremamente destruidora. Foi o que aconteceu no Uruguai a partir de 1939, mais ou menos, com a que Rama denomina "geração crítica", também chamada lá "geração de *Marcha*", nome do semanário (notabilíssimo semanário, digo eu) que foi o órgão de todos esses intelectuais (1939-1969). Atuaram nele escritores como Carlos Quijano e Juan Carlos Onetti, praticando uma crítica corrosiva, exigente, além da mudança que imprimiram ao romance, sob o impacto da urbanização e dos problemas individuais. A crítica literária era exercida por homens de orientação muito diversa, mas dotados da capacidade de fazer análise desmistificadora, como Ángel Rama, Emir Rodríguez Monegal, Mário Benedetti.

O elemento comum a esta *geração crítica* foi a consciência do fracasso inevitável do regime liberal, devido ao enfraquecimento de suas bases econômicas, injustas e mascaradoras. Daí o terem denunciado e atacado, depois de terem percebido aos poucos a sua verdadeira natureza. Por isso, começaram por uma crítica chamada "construtiva", mas depois formularam propostas renovadoras, que levariam ao fim do regime liberal, cujos "coveiros", segundo Rama, foram os intelectuais.

Um traço importante de *La generación crítica* é que ele não estuda este processo por meio da análise das ideias, mas pelas manifestações da "imaginação criadora" e da "consciência crítica" no ensaio, na crítica literária, no teatro, na narrativa, na poesia, que foram infiltrados por esse espírito. Diz Rama:

> Quando uma cultura se incorpora ao espírito crítico, não deixa nenhum resquício das manifestações intelectuais sem contágio deste empenho: um poema erótico, um quadro de cavalete, um romance sentimental dão resposta ao mesmo impulso que estimulou um estudo histórico, um artigo de fundo, um diagnóstico sociológico.

Esta consciência crítica do intelectual, que o leva a *participar*, surge da insatisfação com o estado de coisas e não se prende necessariamente a nenhum estilo (realista, por exemplo), ou a uma filosofia (o marxismo, por exemplo). Mais forte nela do que um alvo preciso é o sentimento constante da desilusão e o desejo de transformar. Daí poder manifestar-se através de alienação aparente, como na obra de Onetti, onde sentimos o protesto por meio do isolamento. Esta consciência se manifesta na literatura de duas maneiras: (1) demolição do mundo literário precedente e (2) desenvolvimento de fermentos críticos que este mundo continha. Segundo Rama, naquela altura a primeira maneira predominou no Uruguai e a segunda na Argentina.

Um traço interessante que ele destaca é o seguinte: esta geração foi acusada de "estrangeirismo", de traição ao ideal latino-americano, porque efetuou uma substituição radical de influências, passando a assimilar intensamente os livros europeus e norte-americanos modernos. Mas, paradoxalmente, deu-se o contrário: o universalismo levou a um contato muito maior com este ideal, porque tais escritores se fixaram no mundo cultural latino-americano para mostrar que possuíam a seu modo o timbre nacional que lhes era contestado. Assim, transformaram a cultura latino-americana numa fecunda mediação entre a dimensão nacional e a dimensão universal, em lugar da posição retórica e sentimental do passado.

São valiosas as ideias de Rama sobre o problema das literaturas nacionais do subcontinente. Por exemplo, as que manifesta no artigo "Diez problemas para el novelista latinoamericano", publicado na revista *Casa de las Américas*, de Havana, n. 26, out.-nov. 1964.

O pressuposto é perfeito e manifesta a melhor posição ante esse problema, sobretudo levando em conta o nativismo por vezes deformador que faz boa parte da crítica latino-americana escrever como se a nossa criação literária fosse puramente autóctone. Para Rama, visto que a América Latina faz parte do "fenômeno civilizatório ocidental", aquilo que consideramos próprio da sua literatura é na verdade comum à literatura do Ocidente, embora com marcas diferenciais próprias. Isso não impede que o funcionamento da literatura tenha entre nós características que devem ser ressaltadas. Por exemplo: o romancista aqui não teve, até bem pouco, uma carreira, tanto assim que os seus livros eram produtos isolados, sem sequência, salvo raras exceções.* Isso se deve à ausência de profissionalização, devida por sua vez à falta de relações com o público, o que seria requisito para a existência da carreira. Segundo ele, o romancista latino-americano escreve para os setores médios e altos da classe média, da qual geralmente se origina; não para os seus segmentos inferiores nem para o operariado. Daí, no panorama latino-americano, uma ausência de romance do

---

* Um brasileiro poderia observar que o raciocínio de Rama não se aplica ao Brasil, pois aqui sempre houve *carreiras* contínuas, nutridas por produção regular, como foram as de Macedo, Alencar, Machado de Assis, Aluísio Azevedo, apesar de não serem eles propriamente profissionais.

"áureo meio". De fato, ou o romancista se dirige a um setor refinado e restrito, como Jorge Luis Borges, ou tenta captar o gosto regionalista, fazendo para este fim obras esquemáticas e rústicas, como Jorge Icaza.

Para explicar este estado de coisas, Rama adota o conceito de "sistema literário", de cuja constituição dependem as literaturas propriamente ditas, denominadas por ele "literaturas nacionais". Na sua opinião elas inexistem na América Latina, com exceção do Brasil e, parcialmente, do México e de Buenos Aires (não a Argentina em geral). Para ele, os sistemas literários são totalidades coerentes, "nitidamente diferenciáveis, com estrutura interna própria, constelação temática, sucessão estilística, operações intelectuais peculiares e historicamente reconhecíveis".

As literaturas latino-americanas são divisões puramente históricas da atividade literária segundo cada nação, mas a realidade é transnacional e se prende a certas regiões que foram despedaçadas pela "balcanização" a que ele chama "comarcas". "Comarca" é um segmento do subcontinente onde há homogeneidade de "elementos étnicos, natureza, formas espontâneas de sociabilidade, tradições da cultura popular, que convergem em formas parecidas de criação literária". Exemplos: o Caribe; a área pampiana, englobando trechos de Argentina, Uruguai, Brasil; a área correspondente ao antigo Tihuantisuyo dos incas, transbordando as fronteiras do Peru, do Equador e da Bolívia. Dentro de tais "comarcas", a literatura desempenhou um papel de aproximação entre países, sobretudo a mais embebida de cultura popular.

No entanto, há um elemento que transcende todas as comarcas e pode servir de critério para delimitar um universo literário: a língua. Levando-a em conta, Rama define o mundo hispano-americano como um corpo separado, do qual fica fora o Brasil. Por isso, existem lado a lado dois grandes sistemas literários separados pela língua e quiçá por elementos constitutivos de vária natureza.

Posteriormente Rama atenuou esta dicotomia América hispânica/Brasil, chegando a uma visão unificadora em outros estudos, como o admirável "Medio siglo de narrativa latinoamericana (1922-1972)", escrito em 1972 e publicado no ano seguinte em italiano. Em espanhol apareceu apenas em 1982, com retoques feitos em 1975.

Neste ensaio ele joga com dois níveis que se interpenetram, o hispano-americano e (mais amplo) o latino-americano. Parece-lhe que a partir de 1910 mais ou menos a América Latina desenvolveu o seu sistema literário próprio, em dimensão continental, formando o que chama "um único sistema literário comum", do qual o Brasil é parte integrante e não mais corpo paralelo, como na concepção anterior. Mas este sistema único é bastante diferenciado, de maneira a constituir uma estrutura dual. Como é frequente nos escritos de Rama, este ensaio é riquíssimo, fervilhante de ideias, cheio de pontos de vista originais e reveladores, dos quais destacarei apenas os tópicos ligados à dialética da vanguarda e do regionalismo, que ele desenvolve de maneira magistral e, ao que penso, decisiva para esclarecer o terceiro tema teórico a que me referi: a relação entre as influências dos países centrais e as necessidades expressivas próprias da América Latina. Ele o aborda com uma originalidade e uma penetração absolutamente singulares, que parecem dar a palavra final sobre um tema comprometido pelos rios de tinta rala que tem feito correr em considerações quase sempre inócuas.

Segundo ele, os dois focos principais da vanguarda na América Latina foram São Paulo e Buenos Aires, e em ambos verifica a ocorrência de algo que é comum a todo o subcontinente: a existência do que chama "dois modos". O primeiro deles é a pura formulação vanguardista, representando ruptura radical com o passado e referência a uma realidade virtual que se projeta no futuro. Este modo se vincula diretamente às vanguardas europeias, que serviram de estímulo e, mais do que isso, de modelo, representando uma direção "universalista". No entanto, este "modo" não foi alienador, como tinham sido as tendências decadentistas na passagem do século XIX para o século XX: "O que (as vanguardas latino-americanas) recuperaram em Paris foi a originalidade da América Latina, a sua especificidade, o seu timbre, a sua realidade única".

O segundo "modo" foi a penetração na realidade local, que tende ao realismo, suscita o regionalismo e portanto a continuidade com o passado, pois o regionalismo pressupõe a valorização das tradições e certo sentimento conservador de nostalgia, que resiste às inovações do mundo contemporâneo. Mas, como as tendências renovadoras se exprimiram por vezes nos termos do regionalismo, houve na América Latina uma "dupla vanguarda", gerando certa duplicidade difícil de solucionar. Ela produziu no escritor de vanguarda um dilaceramento do qual os brasileiros escaparam melhor, devido ao cunho fortemente nacional de sua literatura, o que não ocorria noutras partes do subcontinente. Neste sentido, Rama considera *Macunaíma*, de Mário de Andrade, "a articulação mais feliz do sistema literário brasileiro".

Mas a partir daí assinala uma consequência que pode ser considerada o traço mais original e fecundo das nossas literaturas no período atual, e que se produziu como desdobramento da "dupla vanguarda": a penetração do espírito e das técnicas renovadoras no universo do regionalismo, condicionando a obra singular de autores como José Maria Arguedas, Juan Rulfo, Gabriel García Márquez, João Guimarães Rosa. Elas pressupõem a fusão dos dois "modos" conflitantes, superando-os mediante uma síntese inesperada (que talvez, podemos inferir, seja o motivo principal do impacto da nossa narrativa no tempo do famoso boom). Isto foi sem dúvida uma criação própria do nosso universo literário, e ao defini-lo tão lucidamente Rama deu formulação madura e superior a pontos de vista que tinham sido percebidos por outros críticos de maneira parcial e incompleta, e nunca haviam sido expostos com originalidade, força integradora e capacidade explicativa tão fortes.

25. Em (e por) Cuba

Estive em Cuba durante 25 dias de janeiro a fevereiro de 1979, como membro de uma das comissões julgadoras do prêmio anual Casa de las Américas. São prêmios de romance, conto, poesia, ensaio, literatura infantil, testemunho — para autores latino-americanos ou residentes em país da América Latina. A partir de 1979 incluíram-se novos prêmios de poesia e ficção para escritores antilhanos de língua francesa e inglesa. A partir de 1980 haverá para os brasileiros um prêmio em língua portuguesa nos diversos gêneros. Um dos significados mais importantes desse prêmio é o fato de promover anualmente o encontro de intelectuais de todos os países da América Latina, sem ser sob a égide de algum país imperialista.

Fiz parte da comissão do prêmio de ensaio com mais quatro companheiros: um argentino, um cubano, um porto-riquenho e uma russa. Indicamos três obras, das quais uma deveria ser escolhida; mas acabaram sendo as três, porque havia vagas devidas a prêmios não atribuídos. Os autores premiados foram um porto-riquenho de orientação marxista; um guatemalteco meio goldmanniano, com algum Bakhtin e certo estruturalismo; uma mexicana que seguia a tradição das monografias de cunho positivo, sem qualquer referência ideológica intencional.

A estadia foi fascinante, mas trabalhosa, porque havia muita matéria para ler em poucos dias. Por isso, não foi possível aproveitar todas as oportunidades oferecidas pelos anfitriões: visitas a instituições educacionais, assistenciais, culturais; exposições, espetáculos, concertos, conferências, projeções de filmes; visitas a fazendas e cooperativas etc. Não foi possível sobretudo andar à vontade pelo interior, conviver mais intimamente com o povo, penetrar pelo cotidiano adentro com a curiosidade natural de quem visita pela primeira vez um país socialista e quer ver como funciona. O que valeu foi a leitura prévia dos livros recentes de brasileiros como Fernando Morais, Jorge Escosteguy e Ignácio de Loyola. (Só na volta li o de Antonio Callado.) Os dois primeiros tinham ido lá para observar e escrever, em tempo integral; mas Ignácio de Loyola, não sei como pôde funcionar ativamente numa comissão de prêmio e ainda por cima ver e anotar tanta coisa para o seu livro. Os três tornaram possível uma preparação relativa para a visita.

Ajudou também muito César Vieira, que estava na comissão para obras teatrais e, já tendo antes visitado Cuba com o seu grupo de teatro, conhecia bem as coisas. Além disso me vali de conversas e andanças com brasileiros residentes lá, alguns fazia muito tempo; de colegas das comissões que tinham experiência do país; dos próprios cubanos, sempre prontos a informar, discutir, ouvir.

Não foram, portanto, 25 dias despreparados. Além disso, em circunstância como esta ocorre uma espécie de experiência condensada, por causa da capacidade de ver e assimilar mais do que em períodos normais. A convivência ganha um toque de intensidade, a observação se aguça, os poros da mente ficam mais abertos e a curiosidade calça botas de sete léguas na percepção. Por isso, tenho certa confiança nas minhas impressões.

Sendo programadas pelos hospedeiros, as nossas experiências se concentraram nos aspectos positivos do país. Quanto aos outros, que sempre há, seria pedir demais que os cubanos chamassem a atenção sobre eles. Em todo o caso, os aspectos positivos são surpreendentes nos setores que pude ver: vida cultural, escola, organização assistencial e agrícola, artes. Nada vi da indústria nem dos mecanismos do governo. Mas, nas brechas dos programas e tanto quanto permite a dificuldade dos transportes urbanos, andei pelas ruas, fui a restaurantes, vi alguma coisa dos Comitês de Defesa da Revolução, tive certos contatos com a zona residencial atulhada do centro de Havana. E muitas conversas de rua, fáceis entre gente tão amável e comunicativa. Estive mesmo quase participando de uma discussão de jardim, sobre se 1 trilhão é mil vezes ou cem vezes mais do que 1 bilhão, sendo que o defensor da primeira hipótese explicava com o seu ar de aposentado que no mundo *"hay millonarios, hay billonarios, pero no hay trillonarios"*. Todos mais velhos do que eu, alegres, talvez um pouco bebidos, de charuto na boca, tomando a fresca da tarde à sombra da estátua velha de Martí.

O cubano que encontramos na rua e nas reuniões parece em geral alegre, desanuviado, altivo e sem sombra de cafajestismo. Nunca se tem a impressão de povo acabrunhado ou constrangido, que chama a atenção do visitante em certos países. É como se a igualdade social, abolindo as classes privilegiadas, suprimisse também o impulso de as macaquear, a vontade deprimente de parecer com elas; e assim instaura um modo de ser ao mesmo tempo natural e confiante. No caso de Cuba isto é devido também ao fato de todos terem adquirido uma espécie de orgulho confortador por causa das vitórias sobre *el enemigo* (e que inimigo, ali a uns poucos quilômetros, com a maior força do mundo). E por causa da superação das fases mais duras na luta pela construção do país socialista.

Quando estávamos voltando para Havana, depois de quase uma semana perto de Cienfuegos, fomos até a baía dos Porcos ver o local e o museu relativo à fracassada invasão de expatriados, custeada e orientada pelos Estados Unidos no tempo de Kennedy. Foi quando Jesus Díaz, excelente contista e cineasta, se pôs a relatar as manobras de forças convergindo para enfrentar o desembarque, algumas por aquele caminho, outras pela redondeza. Ele, que era então muito jovem, comandava um pelotão. Quando estava dizendo isto, levantou-se e veio vindo o encarregado do ônibus (que fica perto do motorista) e confraternizou, dando também as suas informações. Era mais velho que Jesus, tinha um tipo popular decidido e também comandara um pelotão de outra unidade, no mesmo combate decisivo.

Entre aqueles homens expansivos, formados na atmosfera heroica e exaltante da luta pelos melhores ideais, que condicionou uma geração de cubanos, podia-se ter a ideia nítida do que são Forças Armadas construídas nesse nível humano e ideológico; o quanto elas dão de realidade à metáfora geralmente vazia do "povo em armas"; e como tudo isso deve ter contribuído para a serenidade firme que se observa nas pessoas.

(No Hotel Passacaballo, perto de Cienfuegos, eu já tinha feito camaradagem com o encarregado do ônibus, apreciando as suas ideias desabusadas sobre a violência eventualmente necessária na implantação do socialismo, na hora certa e na dose certa, dizia ele. E citava o exemplo de Allende como da tolerância excessiva que acaba dando vitória ao inimigo e, assim, provocando violência maior, porque o terror branco é o que sabemos.)

Outro fator para o modo de ser que estou comentando é com certeza a tranquilidade em relação às necessidades básicas — que a Revolução Cubana de fato resolveu. É impressionante como amigos e inimigos do regime concordam neste ponto fundamental: que em vinte anos os problemas cruciais foram solucionados e o povo cubano tem o que precisa, de maneira satisfatória, em matéria de alimentação, saúde, instrução, previdência; de modo menos satisfatório, mas suficiente, em alojamento. A revolução acabou com a miséria e os extremos da desigualdade, dando a todos oportunidades mais ou menos equivalentes. Falta resolver em bom nível a questão da moradia, cuja solução é sempre difícil e mais vagarosa nos países que instauram a igualdade econômica, mostrando como a privação e a desigualdade neste setor são incríveis nas sociedades de classes. Ao contrário de antes, agora todos os cubanos têm onde morar com decência, mas o espaço habitacional ainda é parco e há desconforto. Pelo que depreendi, no ritmo atual de construções Cuba poderá levar ainda muitos anos para dar moradias realmente boas a todos. Também o transporte urbano deixa a desejar, havendo poucos ônibus, e táxis mais do que vasqueiros. Mas, repito, todos sabem que o essencial está resolvido.

O trabalhador que volta para a sua casa modesta, depois de muito tempo na fila e um trajeto em veículo apinhado, tem apenas que enfrentar o mau humor e o cansaço desta dificuldade. As grandes causas materiais de desespero não existem mais para ele, porque não lhe falta o essencial: alojamento, comida, roupa, assistência médica, instrução para os filhos, dinheiro. Supondo que more como um operário brasileiro e que, como este, se esfalfe nos longos percursos, tem sobre ele um feixe decisivo de vantagens, que permitem paz de espírito e alívio das tensões corrosivas.

Nas velhas casas subdivididas do centro de Havana, no fim da tarde, os trabalhadores estão sentados na sua cadeira, banho tomado, conversando com o vizinho, enquanto vão chegando da escola os filhos bem nutridos, bem uniformizados, com todo o material necessário, com as oportunidades de qualquer menino cubano, seja filho de camponês ou oficial, de operário ou ministro, de motorista ou escritor. A impressão do estrangeiro passeando é que de fato está num outro sistema; que o socialismo está se construindo e com ele um timbre diferente de humanidade.

Se esse estrangeiro resolver caminhar por uma estrada ou descampado; se quiser andar longamente pelas ruas num passeio noturno, de volta ao hotel, não correrá risco maior de assalto nem de ser estripado por causa do relógio de pulso. A delinquência é por assim dizer *normal*, na taxa inevitável que se imagina em sociedade bem organizada. (Não ouvi falar em nada pior do que roubo de óculos escuros, máquinas fotográficas, bolsas, um ou outro conto do vigário, raros erros intencionais de conta e propostas de câmbio negro, inofensivas para o turista, graves para o proponente. As penas para desonestidade são pesadas.) Uma segurança destas, que vem de todos, da base, do dia a dia, espanta e tranquiliza o visitante acostumado às nossas e outras paragens; ao mesmo tempo revela a transformação do homem, junto com a transformação da sociedade, uma coisa condicionando a outra.

Essa novidade no homem, incrível na América Latina, pode ser verificada nas atividades mais diversas, desde a realização quase miraculosa de uma terapia redentora para as moléstias mentais, até o funcionamento dos Comitês de Defesa da Revolução — como eu vi mais de um, de noite, ao ar livre, num trecho de rua transformado em auditório, com os renques de cadeiras, a mesa diretora, a tribuna, os holofotes e alto-falantes. Aí se vê realmente o povo discutir, deliberar e influir — em assuntos que vão desde a comida ruim de um restaurante do bairro até as prepotências de um funcionário. Então, o observador começa a sentir a extraordinária liberação de energia que o socialismo acarreta. Para a massa enorme que a desigualdade econômica sufoca e mutila espiritualmente, ele abre as possibilidades para a realização de cada um, que se torna imediatamente realização de todos. Em Cuba este processo correu paralelo a outro, de grande alcance, e que foi uma sorte grande histórica: o êxodo de inimigos, a saída voluntária da burguesia, com a sua cauda longa de parasitas e corruptos, livrando o país de grande parte dos elementos que teriam suscitado continuadamente os problemas mais graves. Deu-se em boa parte uma substituição de classes, que foi uma das condições do seu desaparecimento progressivo; e como a revolução pôde vencer o assalto daquela parte adversa, a República ficou de fato mais limpa. Talvez seja impressão, mas parece haver uma nitidez acentuada nas pessoas, na atmosfera cotidiana, nas regras do jogo. Para quem passou a vida lendo o socialismo nos livros e fazendo alguma força para o seu advento longínquo, a experiência é das que exaltam e compensam.

Assim, Cuba está conseguindo renovar o homem, sobre a base duramente construída das grandes garantias essenciais à vida — coisa que nenhum outro país latino-americano sequer esboçou até agora. Noutros países socialistas há uma retórica acentuada sobre esta re-formação humana; mas frequentemente fica parecendo que objetivos imediatos de natureza técnica e econômica são postos antes, de modo a jogarem para muito adiante (e, portanto, quem sabe torná-la impossível) essa humanização que em Cuba parece tão presente e realizada.

Daí a impressão de um socialismo mais desafogado e flexível do que fariam supor certas formulações oficiais. Inclusive uma liberdade de experiência, cujos traços originais divergem do que é rígido na prática de outros países socialistas. Talvez devido a peculiaridades da história de Cuba.

Na Biblioteca Nacional, em Havana, assisti a uma conferência de Roberto Fernández Retamar, seguida de debates com os participantes duma espécie de curso nacional cujos melhores alunos, todos adultos, estavam ali para discutir a figura de José Martí. Falou-se do seu radicalismo quase socialista, configurando um verdadeiro precursor da situação atual, como se ele fosse o equivalente latino-americano dos radicais russos do século passado — homens como Herzen, Tcherni-chévski, Dobroliúbov. Pensei então que Cuba talvez seja um caso único entre os países latino-americanos pela capacidade precoce de formular posições verdadeiramente revolucioná-rias; e não com o sentido meramente autonomista dos outros países, determinado pelas classes dominantes, que mantive-ram o jugo e sua justificação ideológica apesar da mudança de estatuto. Martí teria sido na verdade um precursor orgânico (não um mero símbolo); e o peso da sua atuação influi na ma-neira pela qual os cubanos assimilaram o marxismo e prati-cam o socialismo. Isso é diferente do que aconteceu no resto da América Latina, pois nos outros países o papel de patriarca coube a conservadores, ou a vocações de rei sem coroa. A ori-ginalidade das soluções cubanas (pensava eu ouvindo os deba-tes) está enraizada no processo histórico da luta pela libertação nacional. Por isso, Martí é situado em plano teórico depois de Marx, e Fidel Castro se considera o seu seguidor.[*]

O teste de uma revolução (de verdade) é a relação entre o seu custo humano e o seu saldo social. A conclusão a respeito é que Cuba realizou um máximo de igualdade e justiça com o mínimo de sacrifício da liberdade. Trata-se de um regime vol-tado para a libertação do povo, a fim de promover a sua atuação efetiva na transformação da sociedade. Portanto, teve e tem de neutralizar inimigos, evitar retrocessos, usar a força para rea-lizar o que é a solução mais humana para o homem. O intelec-tual de um país onde a burguesia domina com força bastante para permitir o jogo das opiniões; mesmo o intelectual de um país como o Brasil, que só recentemente readquiriu um pouco do direito a este jogo, pode estranhar, por exemplo, a severa

---

[*] Num importantíssimo livro a sair, cujos originais pude ler, Florestan Fer-nandes analisa com profundidade e larga informação os aspectos originais da tradição revolucionária de Cuba.

arregimentação social do trabalho em Cuba, as limitações da sua imprensa, a dureza com os adversários. Mas ao mesmo tempo verifica que enquanto nos nossos países há uma prática democrática de superfície, porque está baseada na tirania econômica e alienadora sobre a maioria absoluta, em Cuba há uma restrição relativa na superfície e, em profundidade, uma prática da democracia em seus aspectos fundamentais, isto é, os que asseguram não apenas a igualdade e a libertação da miséria, mas o direito de deliberar nas unidades de base e dialogar com os dirigentes, resultando a conquista dos instrumentos mentais que abrem as portas da vida digna.

Tenho lido e ouvido restrições a Cuba, e de fato algumas são justas. Não é positivo saber que há intelectuais sofrendo sanções por delito de opinião; nem ver que os nomes de escritores infensos ao regime, cubanos e estrangeiros, são omitidos nos jornais em contexto puramente literário; e a imprensa em geral é insípida (falo de traços relativos ao meu setor).

Ora, creio que não haveria a menor necessidade disso, porque Cuba possui uma tal abertura mental, uma tal universalidade de experiências, ao lado da serena autoconfiança nacional, que a discordância seria perfeitamente digerível. No caso, a arma adequada seria a resposta, o debate; não a supressão. Penso que nesses casos Cuba superestima a importância e o efeito das divergências, desconfiando ao mesmo tempo sem razão das próprias forças. O país que nunca oficializou cânones estéticos nem adotou o *realismo socialista*; que cobre as paredes dos prédios públicos com quadros das tendências mais diversas; que pratica o experimentalismo na música e produz os cartazes mais livres e bonitos que se podem imaginar — tal país não precisa proscrever livros, temer os críticos ou fazer dura a vida dos intelectuais em desacordo. Desde, é claro, que não trabalhem efetivamente pela contrarrevolução, pois o Estado que não preserva as suas conquistas humanizadoras falha no compromisso com o povo. Lá o saldo é tão grande e positivo, que tudo isso poderia ser tratado de outro modo.

Quando consideramos um país ou um regime, o nosso olhar se orienta pelas nossas convicções. Como socialista, acho que as falhas da Revolução Cubana são pequenas em face do enorme saldo positivo — que é o êxito na construção do socialismo. E de um socialismo aberto, inteligente, fraterno. O conservador e mesmo o liberal de corte tradicional verão com certeza de outro modo, porque pensam sempre na estrutura em si, e não no processo, que dá o sentido real das coisas.

Com pouco discernimento desse processo e com uma visão formalista parecem estar diversos críticos de valor, como, para citar apenas um, o escritor espanhol Juan Goytisolo, que em artigo deste ano enumera as restrições mais correntes nos meios intelectuais, inclusive esquerdizantes ao seu modo. Trata-se de uma resenha do livro *Cuba: Order and Revolution*, de Jorge I. Dominguez, no *New York Review of Books* (v. XXVII, n. 4, 22 mar. 1979).

Deixando de lado a análise e o pormenor dos reparos, fixemos a conclusão, que é justamente onde o autor se encontra com muitos outros. Depois de reconhecer que a Revolução Cubana acabou praticamente com o desemprego; que teve *êxito espetacular* nos setores fundamentais da instrução, saúde, habitação para os pobres; depois disso chega ao que lhe parecem ser os grandes pontos negativos. Assim, diz que na região do Caribe sempre houve quatro pragas: (1) monocultura; (2) caudilhismo; (3) governo militar e ditadura; e (4) dependência em relação aos Estados Unidos. Segundo ele, nada disso se alterou essencialmente em Cuba, com a diferença que a dependência passou a ser com relação à União Soviética.

Trata-se de uma reflexão de caráter formal, no sentido em que cada tópico é visto como um traço autônomo e não em seu nexo com a realidade. Ou por outra: é visto pela aparência lógica, não na totalidade do contexto, que permite determinar o significado verdadeiro.

De fato, a monocultura do açúcar continua — mas desapareceram as suas consequências negativas para a sociedade, inclusive a concentração da riqueza em mãos de uma oligarquia e o desemprego na entressafra; ou por outra — o açúcar não é mais fator de concentração de riqueza em poucas mãos, nem de subordinação ao imperialismo, nem de uma desigualdade monstruosa, nem de desamparo do trabalhador, que antes era jogado periodicamente na miséria.

Existe a liderança continuada de um homem, mas ela não é imposta pelos interesses econômicos a fim de manter a desigualdade. Além de controlada por diversos órgãos, é sancionada a cada momento pelo diálogo com a massa e o desejo das organizações, porque corresponde às aspirações populares e às necessidades sociais. Fidel Castro é um líder extremamente humano que funciona de fato como mandatário, inclusive pela capacidade excepcional de consulta direta às bases e de fidelidade aos órgãos da revolução. Daí o seu desempenho ser um vasto serviço de natureza consensual. Como disse Alceu Amoroso Lima, é sem dúvida o maior líder latino-americano deste século, com a estatura dos grandes libertadores do século passado.

Quanto ao terceiro ponto, a simplificação formalista, chega a fazer sorrir. O Exército cubano nasceu de guerrilha, da luta revolucionária, sendo realmente uma extensão do povo em armas. (*La más roja flor del pueblo*, como no velho canto republicano espanhol.) Ele fez a revolução e em certa medida é condição dela; a participação no poder é a sua cota de serviço, ao lado da de outros setores. Querer compará-lo aos exércitos sangrentos e fratricidas do Caribe, da América Central e da do Sul; querer assimilar a sua atuação no poder à violência policial a serviço das classes dominantes, que se observa nesses casos, é quase cômico.

Finalmente, sabe-se que a União Soviética e outros países socialistas (de um socialismo menos atraente que o de Cuba) apoiaram a Revolução Cubana e tornaram possível em grande parte a sua sobrevivência. Mas os próprios estudiosos adversos reconhecem que, apesar da fidelidade a esses países, ditada pela comunhão de propósitos e pela gratidão, Cuba tem mantido uma independência notável na sua política, inclusive a contrapelo de preferências soviéticas, como no caso do auxílio a Angola e Moçambique. É o que se pode ler, entre outros lugares, nos insuspeitos *Problems of Communism*, publicação oficiosa norte-americana (v. XXVII, nov.-dez. 1977). Mas, ficando para argumentar no terreno esquemático do Goytisolo, poder-se-ia dizer: muito bem, suponhamos que Cuba passou de fato da dependência americana para a soviética. O que lhe valia a primeira? O que lhe vale a segunda? Enquanto os Estados Unidos a tinham transformado de maneira aviltante num apêndice semicolonial, por intermédio de sucessivas organizações políticas da oligarquia; enquanto ainda hoje sustentam de maneira direta ou indireta toda a sorte de Duvaliers e Somozas, para perpetuarem os regimes mais sinistros da América; enquanto isso a União Soviética ajuda Cuba a construir um socialismo humano, que resolveu os problemas que sufocam todos os outros países latino-americanos.

A conclusão, para quem realmente quer ver a justiça social, é que se Cuba for apoiada por um grande número de países não precisará depender deste ou daquele, podendo desabrochar com mais desafogo. Portanto, trata-se de apoiar, e não rejeitar; de reconhecer as enormes qualidades, e entender os defeitos; de promover em cada um dos nossos países os movimentos de apoio, que pressionem os governos no sentido do reconhecimento diplomático e do intercâmbio. Se puder manter relações normais com um grande número de outros Estados, Cuba será cada vez mais aberta, menos monocultora, menos atenta à sua segurança, mais democrática e próspera.

Porque nenhum outro povo latino-americano tem tantas condições quanto o cubano para alcançar o máximo de justiça social realizável. Em Cuba está o melhor da América.

26. Discurso em Havana

É a primeira vez que um brasileiro fala nesta solenidade inaugural do Prêmio Casa de las Américas. A pessoa não tem importância, mas o fato é sem dúvida cheio de significado. Antes de mais nada, porque corresponde a algo novo: a inclusão da língua portuguesa no prêmio, como oportunidade para os escritores do meu país concorrerem em pé de igualdade com os de língua espanhola, francesa e inglesa, exprimindo em toda a sua amplitude o horizonte cultural da América Latina e do Caribe. E corresponde também, sem dúvida, a uma resposta da Casa de las Américas à acolhida entusiasta que o estabelecimento dos prêmios em língua portuguesa recebeu no Brasil.

Foi como se os escritores do meu país estivessem esperando uma oportunidade para demonstrar o seu apreço pelas iniciativas culturais de Cuba, bem como o seu desejo de entrar em contato com ela. Além disso, foi como se sentissem o imenso conteúdo de fraternidade continental que a Revolução Cubana põe nessas iniciativas, de maneira a fazer do Prêmio Casa de las Américas um ritual de solidariedade.

A inclusão do Brasil no prêmio é um novo exemplo do espírito que caracteriza a Revolução Cubana no nível das relações entre os povos, isto é, a disposição ativa de solidariedade, manifestada no respeito pelos que a respeitam e no apoio aos que, como ela, lutam pela libertação nacional, contra as tiranias do mundo subdesenvolvido e a voracidade do imperialismo. Em tudo isso há um modo militante de conceber a amizade, que não recua ante o sacrifício e procura orientar o seu próprio interesse pelo interesse comum. Comum à América Latina e às aspirações de igualdade verdadeira no mundo, que a Revolução Cubana tem procurado servir, desde o entendimento através do intercâmbio, até a solidariedade por meio das armas. A história registrará como fato novo esse esforço para ajudar aqueles países do Terceiro Mundo que em nossos dias procuram edificar a si mesmos com independência e justiça, libertando-se da herança imperialista. A história registrará igualmente como, nos momentos mais difíceis da sua própria luta revolucionária, Cuba desenvolveu os trabalhos deste admirável centro que é a Casa de las Américas, um dos instrumentos mais nobres e eficazes de integração cultural da América Latina. Desses trabalhos, o prêmio, cada vez mais amplo, é uma projeção e um luminoso sinal.

É preciso acompanhar essa atividade notável em suas diversas etapas para avaliar a função histórica de integração e solidariedade que a Revolução Cubana desempenhou, e se projetará no futuro de um modo que podemos vislumbrar, se extrapolarmos tomando como base a importância já assumida em nossos dias.

Lembremos, por exemplo, uma iniciativa de consequências importantíssimas: a integração, feita pela Casa de las Américas, do Caribe de línguas não hispânicas à comunidade da arte e da literatura hispano-americanas. Lembremos, também, o fortalecimento da unificação cultural da América ibérica em seus dois grandes ramos linguísticos, através do prêmio para os brasileiros em sua própria língua.

Ora, a integração mais íntima do Caribe de língua francesa e inglesa, assim como do Brasil de língua portuguesa, significa a consagração de um fato escamoteado ou desvirtuado pela visão imperialista e colonizadora, e que começa a adquirir novo sentido para a consciência progressista da América. Este fato é o reconhecimento da existência de uma vasta unidade que articula os países marcados pela herança africana e que funciona, este reconhecimento, em sentido homólogo, embora diverso, do que caracterizou a consciência da herança indígena, alterando o esquema tradicional (e também oficial) das concepções que levaram em conta quase exclusivamente a herança europeia do colonizador.

Graças a um grande esforço cultural, centralizado inicialmente pelo México, impuseram-se ao continente a realidade e o ideal de uma Indo-América, destinados a enriquecer a perspectiva de um contraponto cultural cuja ideia diretora tinha sido até então, de maneira às vezes tirânica, a da Euro-América.

Graças à Cuba revolucionária, sentimos agora, como parte essencial do nosso universo, o Caribe de tantas marcas africanas, completado por um modo novo de nos vincularmos à África. Cuba não se dirigiu ao continente africano movida pelo desejo de abrir mercados ou assegurar fontes de abastecimento, mas para lutar lado a lado com os africanos contra a exploração imperialista, com um espírito fraterno e não paternal. Graças a tais fatos de transcendente importância Cuba abre a nova era mencionada acima, desenvolvendo a consciência de uma Afro-América que será revalorizada no conjunto do continente, em nível de dignidade igual à das outras heranças que compõem a nossa realidade. Um país revolucionário, que eliminou as classes e liquidou ao mesmo tempo as tiranias culturais, traz para o nosso concerto social a presença do mundo afro-americano, como componente que o sistema de castas havia mutilado, a ponto de apresentá-lo sob as formas degradadas do pitoresco exótico e da marginalidade cultural.

Devido a uma recuperação integradora deste tipo, de que Cuba é a grande protagonista e, por assim dizer, a orquestradora, podemos vislumbrar uma espécie de redenção cultural ao lado da redenção social. Nelas, a luta contra o imperialismo e o capitalismo se confunde com a luta por uma cultura integrada, popular, que não renega as suas fontes metropolitanas, mas recebe em seus níveis mais altos a seiva criadora dos que foram os maiores oprimidos de nossa história continental: os chamados *povos de cor*. E isso, não com o objetivo de retroceder a uma cultura folclórica, mas para integrar na cultura, sem qualificativos, a riqueza de uma herança múltipla, da mesma maneira por que se integrou e se integrará em nosso sangue a diversidade das raças. A Revolução Cubana, ao abolir as classes, abriu a etapa que conduz não apenas de direito, mas de fato, ao requisito de todo processo revolucionário na América Latina: o fim da supremacia efetiva dos mais claros sobre os mais escuros.

Peço desculpas aos companheiros de diversos países latino-americanos por insistir neste tema, que se refere sobretudo a alguns, inclusive o meu. Eu me permito fazê-lo devido à nova maneira pela qual o Brasil está presente no Prêmio Casa de las Américas desde 1980. Por isso, acho oportuno assinalar que, ao contribuir de modo decisivo para trazer ao nível da consciência de todos essa configuração cultural afro-americana, Cuba está delineando uma figura especial no conjunto de nossa América. Sem afetar a harmonia total, está promovendo a emergência de afinidades e solidariedades de um tipo mais particular, entre ela própria, os países caribenhos, certos países centro-americanos como Belize e Panamá, e nações sul-americanas como Suriname, Venezuela e Brasil.

Neste sentido, gostaria de registrar com naturalidade uma impressão comum aos brasileiros que vêm a Cuba: a semelhança visível de muitos aspectos dos nossos dois países, desde a composição racial até o ritmo da música, passando por uma certa abertura das maneiras. Temos muitos interesses econômicos em comum, ligados a nossos produtos agrícolas; mas acima deles temos essas afinidades humanas, que mostram até que ponto poderemos nos entender no futuro em nível também oficial, quando forem eliminadas as barreiras criadas pelas condições atuais, que esperamos desapareçam dentro de pouco tempo.

O relativo isolamento de Cuba na América é um contrassenso. Mas é fora de dúvida que os mutilados somos nós, que pertencemos aos países que não mantêm relações normais com ela. Somos nós os amputados de uma convivência que exprime o sentido verdadeiro da solidariedade latino-americana, baseada na livre determinação dos povos e na luta pela igualdade econômico-social, de que a República de Cuba é a grande protagonista, ao assumir fraternalmente a responsabilidade de um interesse que é de todos os nossos povos, oprimidos em graus diversos pelas suas classes privilegiadas e pelo vampirismo imperialista. Daí a profunda amizade que Cuba desperta em todos os setores dos nossos países que aspiram às grandes transformações da justiça na sociedade.

No meu país, a chamada grande imprensa, o rádio, a televisão costumam omitir ou transmitir de maneira lacônica as notícias sobre ela. Mas tornam-se singularmente derramados em pormenores quando surge a possibilidade de dar informações e comentários desfavoráveis, não apenas deformando os fatos, mas utilizando-os, assim deformados, como pretexto para saturar a opinião pública com uma visão negativa, que se pretende sugerir como exemplar.

No entanto, entre os trabalhadores, estudantes, intelectuais; em revistas de estudo e publicações progressistas; em grupos esclarecidos e movimentos realmente democráticos, o interesse positivo é constante e se traduz nas mais diversas atividades. Há semanas de estudo sobre Cuba em instituições docentes; há cursos de divulgação; há solicitação permanente de conferências e debates em escolas, associações, sindicatos; há números especiais de revistas; houve o curso memorável de Florestan Fernandes na Universidade Católica de São Paulo, repetido na Estadual a pedido dos estudantes e publicado depois em livro de alta qualidade. Os brasileiros que viveram em Cuba e experimentaram a fraterna hospitalidade revolucionária, ou os que a têm visitado, são objeto de solicitações ininterruptas por parte de um público ávido de contato através de informação fidedigna. E a abertura deste Prêmio Casa de las Américas para a língua portuguesa despertou, como já disse, uma reação entusiasta, demonstrada pelo número dos participantes. E isto, apesar da publicidade difícil e mal-intencionada da imprensa, que chegou à sabotagem de informação. Porque a amizade por Cuba constitui um movimento espontâneo nos povos latino-americanos, o que provoca temor nos donos do poder.

No âmbito desta amizade continental, a atividade da Casa de las Américas é um fator extraordinário, mantendo o intercâmbio entre intelectuais e artistas, ajudando-os a construir, acima das barreiras nacionais, uma fraternidade militante que vivifica as melhores tendências espirituais da nossa América.

Esta fraternidade se traduz numa espécie de entendimento tácito entre os que participaram de tais atividades e que, quando voltam a seus diversos países, conservam a força de um grande vínculo. Para nós, brasileiros, geralmente tão separados dos irmãos de fala espanhola, Cuba tem sido a grande mediadora, ao criar a possibilidade de entendimentos que se formam aqui e se desenvolvem fora, tecendo uma rede fraterna que envolve o continente com as suas possibilidades de compreensão e intercâmbio.

Neste sentido, lembro o interesse de Haydée Santamaría, que em janeiro de 1979, numa conversa breve, manifestou a intenção de estabelecer o prêmio em português e traçou com segurança algumas hipóteses práticas para o seu funcionamento. Penso que é justo terminar estas palavras com a evocação da grande lutadora, à qual os povos da América Latina e do Caribe devem um dos mais belos esforços de integração cultural jamais realizado entre nós, esforço que é a razão de ser desta admirável Casa de las Américas, que todos nós saudamos com a mais carinhosa admiração.

27. Cuba e o socialismo

Um triste espetáculo é a alegria feroz com que os políticos e cidadãos que se dizem democratas, os jornais, o rádio, a TV descrevem as dificuldades de Cuba, na alvoroçada esperança de uma derrocada do seu regime. Parece que lhes dá prazer noticiar e comentar que faltam alimento e roupa, as máquinas agrícolas estão sendo puxadas por animais, a bicicleta substitui o automóvel. Com certeza esperam que o regime odiado acabe na fome, na miséria e na desgraça coletiva, a fim de pagar os sustos que deu.

Um dos pressupostos desta atitude é que o socialismo não funciona. Provavelmente, para esses críticos eufóricos o que funciona é a "democracia" brasileira, que só pode ser mencionada entre aspas, pois tem não apenas mantido, mas cultivado e agravado a miséria de um povo que, cinco séculos depois do Descobrimento, não sabe ler, vive doente, sofre todas as privações e, portanto, serve de boa massa para os demagogos elegerem quanto aventureiro consiga vender a sua deteriorada mercadoria política. Isso, quando as classes dominantes não resolvem salvar a pátria por meio do singular instrumento *democrático* que são os golpes mais ou menos militares.

Mas o fato é que (repita-se pela milésima vez) o regime cubano conseguiu o que nenhum outro tinha conseguido na América Latina: tirar o povo da sujeição torpe e dar-lhe o sentimento da própria dignidade, graças à aquisição dos requisitos indispensáveis — saúde, alimentação, relativa equivalência de oportunidades, afastamento mínimo possível entre os salários mais altos e os mais baixos. Note-se que isso não é uma vaga esperança; é uma realidade. E mesmo que dure apenas o tempo de uma geração, o regime cubano terá mostrado que o socialismo é possível nesta parte do mundo, permitindo uma vida de teor humano em contraste com a iniquidade mantida pelas oligarquias.

Não há dúvida de que existem em Cuba muitos erros e violências, como os há infelizmente em toda a parte, mesmo nos momentos em que predominam as boas tendências de humanização do homem. Em Cuba é negativo haver coisas como governante imutável, hegemonia de um partido único, pouca liberdade de opinião, imprensa sem vida, dissidentes podados quando ultrapassam os apertados limites estabelecidos. Os cubanos sabem disso e com certeza já teriam adotado medidas de desafogo e correção se não vivessem praticamente em estado de guerra, numa espécie de acampamento sitiado, com uma guarnição norte-americana plantada na ponta ocidental da ilha e todo o poderio militar dos Estados Unidos a cento e tantos quilômetros, mais ou menos como daqui a Guaratinguetá.

No entanto, embora seja importante discutir se há ou não métodos democráticos em Cuba, creio que neste momento é ainda mais importante perguntar se o regime cubano propiciou ou não um modo de vida que pode ser considerado socialista. A resposta é afirmativa, porque ele realizou nesta parte do mundo o que os regimes oligárquicos conservadores nunca fizeram, e na verdade nunca quiseram efetivamente fazer. E realizou mediante a tentativa de um novo tipo de Estado, que se relaciona de maneira diferente com a sociedade, demonstrando a possibilidade de superar o capitalismo predatório a que estamos acostumados.

Para esse fim, é certo que teve de trocar de dependência, pois no mundo contemporâneo, cada vez mais interligado, quase não há lugar para os pequenos países, obrigados a integrar-se em sistemas mais amplos. Antes, Cuba pertencia à esfera dos Estados Unidos. Depois da revolução de 1959 pôde não apenas sobreviver, mas cumprir o seu programa nacional, ligando-se à União Soviética. Qual a diferença, admitindo que se trate de duas dependências configuradas? A diferença é que no primeiro caso ela vivia, como os demais países latino-americanos, tutelada pelo capital devastador de uma grande potência que mantinha as estruturas oligárquicas de espoliação, inclusive a mais importante, a mais rendosa e decisiva: o abismo entre rico e pobre, que faz do rico um súdito da grande potência e do pobre um servo espoliado. A passagem para a esfera soviética permitiu as conquistas humanizadoras que todos conhecem e reconhecem. Enquanto os Estados Unidos apoiam e cevam os Batistas, os Somozas, os Estradas Cabreras, a União Soviética facilitou a atividade construtora e transformadora de um grande e generoso líder popular.

No entanto, é errado considerar a República de Cuba como Estado-satélite da União Soviética. Trata-se de dependência econômica baseada em muitos interesses comuns, inclusive o intercâmbio comercial, as afinidades ideológicas, as metas sociais. Mas, nesta ligação, Cuba não só guardou a liberdade de movimentos, como definiu procedimentos políticos próprios, que asseguraram o êxito do seu programa socialista. Eu diria que ela sempre manteve a sua maneira peculiar de fazer a revolução, inclusive porque esta foi em grande parte continuação de um projeto nacional, que tinha sido desviado do seu curso pelas oligarquias, sob controle imediato dos Estados Unidos, titulares do direito de intervir no país por obra de uma emenda constitucional por eles imposta.

O projeto nacional de Cuba fez com que a sua ligação com a União Soviética não fosse, como foi noutros países, uma subordinação, mas de fato uma cooperação. Tal projeto se baseia na tradição das guerras da Independência, a partir das quais formaram-se um conceito e uma prática de povo armado, que mais tarde renasceram na guerrilha revolucionária e asseguraram uma espécie de democracia de acampamento, da qual emergiu o tipo singular de relação do povo com os líderes. (Leia-se a respeito o livro notável de Florestan Fernandes, *Da guerrilha ao socialismo: A Revolução Cubana*.) Homens como Che Guevara e Fidel Castro representam uma formação política singular e aparentemente impossível: a transformação, ou melhor, a sublimação do tradicional caudilho latino-americano em líder autenticamente popular. Nos países sem tradição democrática formal, desprovidos das instituições comunitárias que asseguram desde o nível mais miúdo o perfil da democracia do Ocidente, podem surgir outros meios de realização dos interesses do povo. Assim como em Cuba o caudilho potencial se transformou em líder responsável, comprometido com o socialismo, a tradição radical, vinda de pensadores como José Martí, permitiu ajustar o marxismo à realidade do país, fazendo de Cuba um caso raro no quadro das nações que buscam a realização do socialismo no Terceiro Mundo.

Por tudo isso, ela pôde efetuar uma síntese original e realizar nesta América encharcada de iniquidade uma vida mais justa e mais igualitária, que representa algo insuportável para a prepotência imperialista. Por isso, Cuba desperta em todos os conservadores um ódio quase irracional, que agora se traduz na alegria selvagem que ficou assinalada no começo deste artigo. Mas a coesão do povo cubano e a sua capacidade de resistência são simplesmente fenomenais. Esperemos que graças a elas possa vencer este momento difícil e despertar no resto da América Latina a solidariedade indispensável para a sobrevivência e o aperfeiçoamento do seu regime, impedindo o retrocesso sangrento com o qual contam os seus inimigos.

28. Lucidez de Cruz Costa

Sempre lúcido, João Cruz Costa define discretamente como "depoimento" o seu livro *Pequena história da República*. De fato, é uma excelente resenha da história do Brasil republicano feita de ângulo pessoal e quase caprichoso. Cruz Costa registra os fatos indispensáveis, mas só destaca e privilegia os que servem para compor sua visão, dosando-os segundo uma perspectiva definida, pois o que lhe interessa é esclarecer o momento em que escrevia e ao qual dedica maior atenção. O passado serve para compreender como o presente saiu dele, parecendo às vezes funcionar como pano de fundo. Para isso, o método usado é o mais simples e honesto possível: recurso a certos autores-chave, cujos textos são apresentados quase como fichas de leitura ordenadas em vista da diretriz escolhida.

Este livro foi composto no tempo do regime militar em sua primeira e menos sinistra fase, durante a qual não obstante Cruz Costa sofreu grandes pressões, parecendo que o escolheram com mais alguns colegas para *servir de exemplo*, isto é, para intimidar os intelectuais. Em 1964 foi submetido a inquérito policial-militar (IPM), baseado na lista de denúncias fornecida pela reitoria da Universidade de São Paulo e elaborada por três professores, um de medicina, um de direito e um de engenharia, cujos nomes, assim como o do reitor, não vale a pena lembrar, devido ao princípio de deixar os mortos em paz. Era claro que estavam cobrando a independente irreverência de Cruz Costa, a sua posição de esquerda e a influência que exercia sobre os jovens. Levando tudo isso em conta, são notáveis a serenidade com que elabora a matéria e a firmeza com que expõe os descaminhos do militarismo e do autoritarismo, bem como a solércia brutal das classes dirigentes.

No fim de 1964 fui lecionar na França e de lá escrevi bastante a Cruz Costa, com o intuito de distraí-lo e apoiá-lo. As suas respostas eram serenas e amargas ao mesmo tempo, com muito desencanto e alguns momentos de profunda mágoa diante do que lhe estava acontecendo. Nesta correspondência, lembro de ter aludido mais de uma vez à firmeza com que ele arrostava a situação tempestuosa sem perder a discreta serenidade. Uma resistência tranquila de inconformado permanente que não recuava, como se patenteara em 1958 no incidente de que resultou a sua punição pelo atrabiliário governador Jânio Quadros. Numa das minhas cartas, disse-lhe que o seu modo de ser me fazia lembrar o que Gustave Lanson escrevera de Ernest Renan, aludindo à "doce inflexibilidade com que esse homem sabia praticar o respeito do seu pensamento".

Realmente, a comedida polidez de Cruz Costa nunca significou acomodação ou transigência. Os fatos que acabo de mencionar provam isto, e talvez não seja inoportuno contar que certa vez tive de me interpor para impedir a luta corporal dele com um intelectual de ideias opostas que estava ficando impertinente.

Pensemos, pois, na relação entre este livro e a quadra em que foi organizado e publicado. Perseguido pela repressão, Cruz Costa mantém a calma e encara sem distorções as forças que despencaram sobre o país, buscando compreender as coisas presentes por meio de um recuo analítico ao passado. Daí o tom pessoal e vivaz da escrita, graças ao qual vai construindo a história da República brasileira sobretudo à luz dos acontecimentos, concatenados num processo onde vemos a contradança do autoritarismo cerceando as liberdades, o jogo político contrariando os interesses nacionais e o povo invariavelmente posto de lado. No desfecho se encontra a parte mais elaborada, na qual o autor apela para a sua própria observação e traça um retrato animado da fase 1945-1965. A *Pequena história da República* é uma elucidação conscientemente orientada dos fatos que desfecharam no Golpe Militar de 1964, como consequência de um processo que poderia ter sido diferente, mas acabou se deformando no rumo desse crime político-social que abriu a fase da qual estamos procurando sair. Portanto, estuda a dificuldade de o Brasil ser uma nação democrática, porque as classes dominantes e a maioria absoluta dos dirigentes não abandonam o esquema decididamente espoliador que está na raiz da nossa sociedade, impedindo as transformações socioeconômicas sem as quais os regimes políticos não mudam na essência.

Cruz Costa foi meu professor e meu amigo. Era um homem adorável, delicadíssimo, sempre de bom humor, disfarçando as pesadas amarguras da vida por meio não apenas de uma educação impecável, mas da ironia irreverente. Convivemos muito e até fomos juntos ao Uruguai para um curso de férias — ele sempre tratando o antigo aluno com a maior solicitude.

Era informadíssimo, tinha uma cultura densa e múltipla, nascida da curiosidade por vários setores: filosofia, sociologia, literatura, história. Filho único de pais abastados, a sua formação foi a do gentleman culto que lê, observa, segue cursos aqui e fora, viaja, como quem está se preparando interminavelmente para algo que não sabe direito o que possa ser. Depois de ter começado e largado o curso médico no decênio de 1920, já tinha trinta anos quando este algo apareceu sob a forma da Faculdade de Filosofia, Ciências e Letras da Universidade de São Paulo. Cruz Costa foi o inscrito número um e mais tarde o orador da primeira turma, cujo ato de formatura sacudiu a classe média e os intelectuais da São Paulo provinciana de 1937, por causa do discurso do paraninfo, Júlio de Mesquita Filho, homem sem papas na língua, que fez reflexões consideradas acintosas pelas faculdades tradicionais, pois mostrava que a de Filosofia vinha inaugurar finalmente o saber desinteressado, que não separa o ensino da pesquisa e se torna fonte de novos saberes. O discurso de Cruz Costa fere com mais discrição teclas parecidas, dizendo coisas como: "Era necessário, portanto, que o nocivo regime individualista de autodidatas tivesse fim, pois mostrava-se incapaz de constituir base para a cultura nacional". Por isso, tinha dito antes, prefigurando a própria carreira:

> A nossa missão, quaisquer que sejam os caminhos que agora tenhamos de trilhar, está intimamente ligada aos destinos da Universidade. Interessa-nos altamente a sua existência e a sorte que lhe está reservada, porque o seu destino se confunde com o nosso.

De fato, o rapaz meio diletante, que se orientava na cultura segundo o capricho das veleidades, começava a viver uma coisa nova no Brasil, para ele e para tantos mais: a *carreira* no setor das Humanidades. Muito amigo de Jean Maugüé, professor vindo com a Missão Francesa, nascido como ele em 1904, começou em 1939 a ensinar ao seu lado, ao mesmo tempo que Lívio Teixeira. Dali por diante o seu destino se fundiu ao da instituição, à qual prestou os maiores serviços, contribuindo de maneira decisiva para desenvolver o ensino da filosofia em bases mais amplas e profundas, que permitiram formar algumas gerações de estudiosos da mais alta qualidade, graças ao sistema de relações culturais que estabeleceu com a França. Cruz Costa foi um caso típico da sucessão harmoniosa de etapas na história da cultura superior brasileira: tendo iniciado a formação filosófica na fase do autodidatismo, completou-a, quando estava amadurecendo, pela aquisição do saber disciplinado. Por isso, encarnou tão bem o que ele chamaria as "vicissitudes" do pensamento no Brasil.

O resultado foi, na sua vida profissional e na sua obra, uma espécie de flutuação constante e a ausência de rigidez. Era aberto, mas persistente; cético, mas atuante; irreverente, mas cheio de fé na instituição. Não acreditava nas coisas muito sistemáticas e com isso estimulava a posição ensaística. No entanto, detestava a inconsequência e por aí sabia valorizar a seriedade do trabalho aplicado. Sobretudo, creio que desconfiava da especulação pela especulação e tendia à análise das situações concretas, o que o arrastou para a perspectiva histórica.

Com efeito, não foi só na *Pequena história da República* que ele manifestou esta inclinação. Foi também nos estudos sobre o positivismo e em geral o pensamento brasileiro; foi na tese sobre Francisco Sánchez; foi na sua obra principal, *Contribuição à história das ideias no Brasil*, mediante a qual se inscreveu numa constelação fraterna de pensadores latino-americanos dedicados à mesma disciplina em relação aos seus respectivos países, como, entre outros, Leopoldo Zea no México, Francisco Miró Quesada no Peru, Arturo Ardao no Uruguai, Arturo Roig na Argentina.

Pensador ancorado na história, cético empenhado nos problemas sociais, Cruz Costa consolidou a sua personalidade intelectual no momento em que se definiu como homem de esquerda e como estudioso que desejava pensar a realidade do nosso país. Sob a displicência por assim dizer programada que gostava frequentemente de assumir como defesa, era visível nele a espinha dorsal desta linha, que acabou dando estrutura à sua antiga disponibilidade de moço. À maneira inesperada de um dos mestres da sua juventude, Anatole France, ele tinha o verso e o reverso curiosamente ligados, e para ele o ceticismo foi o caminho do engajamento.

Por isso mesmo, sofreu tanta pressão depois do Golpe Militar de 1964, quando as autoridades viram nele uma espécie de doutrinador dissolvente e perigoso. Na verdade, era um professor que sugeria a cada um que assumisse a responsabilidade de intelectual em país atrasado. O que passava aos alunos não era esta ou aquela posição política: era a disposição básica de concentrar a reflexão e a pesquisa nos problemas do país. Neste sentido, a sua influência foi ampla, sobretudo porque chamava a cada instante a nossa atenção não apenas para a necessidade de *pensar o Brasil*, mas também para a importância de termos consciência política, fosse qual fosse o tipo de atividade mental. Sem ter militado no enquadramento partidário, ele próprio assumiu posições definidas no campo chamado progressista e aceitou diversos encargos neste sentido. E era tal o seu empenho nessa quase cruzada pela aplicação do conhecimento ao país, que podia chegar a certos exageros estratégicos, como dizer que valia mais produzir um estudo sobre determinado aspecto da nossa sociedade ou da nossa cultura do que ficar lidando com os filósofos europeus. Ele os conhecia bem, é claro, com preferência por alguns como, entre os clássicos, Espinosa; mas tinha noção definida e intransigente sobre a função de uma jovem faculdade em país como o nosso. Daí, apesar da sua tolerância, o esforço para encaminhar a energia intelectual dos moços no rumo das tarefas que lhe pareciam preliminares e urgentes.

No entanto (como acontece muitas vezes), esse mestre fecundo não era grande professor. Na sala de aula parecia meio intimidado, hesitava entre os diversos caminhos possíveis, falava baixo e acabava frequentemente optando pela conversa. Na verdade, era um conversador emérito e a sua ação se exercia de preferência nos corredores, antes e depois da aula, nos encontros casuais de livraria, na casa de amigos, na sua própria. Gostava muito de receber e sempre teve sua roda semanal de interlocutores, no ambiente da vasta biblioteca que formou durante a vida inteira e era o seu nicho predileto.

Nesses contextos informais dava largas à sua facúndia, ao seu incrível senso de humor e a uma vocação pedagógica que não obedecia ao padrão impositivo do pai (modelo tradicional), mas à relação desafogada do companheirismo, expressa mais pela insinuação do que pela explanação, por meio de capilaridades e osmoses insuspeitadas. A influência de Cruz Costa era quase imperceptível, envolvente e duradoura, pressupondo a constância dos pontos de vista sob a aparente dispersão do colóquio. Como quem não quer, ele se interessava pelos trabalhos do aluno e pela sua vida, sondava o seu modo de ser e avaliava as possibilidades de cada um, desde que sentisse terreno receptivo. Percebendo qualquer resistência ou desinteresse, fechava-se na sua impecável polidez. E como era solidário, cheio de boa vontade, podia pegar bondes errados e dar a mão a quem intelectualmente não estava à altura.

Por isso, não era mestre para todos, mas apenas para aqueles com os quais afinava e se aproximavam dele percebendo o quanto tinha para ensinar. Foi o meu caso. O convívio com ele me ajudou a equilibrar a atividade mental como aluno e depois assistente de sociologia, mais interessado no entanto pela literatura. Cruz Costa estimulava as heterodoxias de carreira, e, enquanto alguns podiam achar que não ficava bem um docente de sociologia fazer crítica literária, ele me animava neste sentido. Com a sua notável generosidade, chegava a dizer que os meus artigos, analisando a produção corrente, eram mais úteis, por serem um tipo de conhecimento da realidade cultural. E, quando decidi passar do ensino da sociologia para o da literatura, recebi dele um apoio caloroso e eficiente, tendo sido dos que mais trabalharam para a criação da disciplina que vim a ensinar.

Um homem assim não pode ser avaliado apenas pela produção escrita e pelo ensino. Nem pelo cunho insinuante do seu magistério informal. É também preciso ressaltar a sua rara qualidade humana, a fidelidade aos princípios, o dom da amizade e o calado estoicismo. Poucos foram tão estimados quanto ele, e poucos souberam ser tão dignos de estima. Para muitos foi um dos símbolos da Faculdade de Filosofia, como projeto que a partir dos anos de 1930 procurou renovar e de fato renovou as nossas perspectivas culturais. Para alguns foi companheiro, amigo e modelo.

29. Bettarello

Vi Bettarello pela primeira vez no corredor da Faculdade de Filosofia, cujas seções de Letras e Ciências Humanas funcionavam no terceiro andar do Instituto Caetano de Campos. Seria lá por 1940. Ele chegava de Itapira, em cujo Ginásio do Estado era professor de francês, e ficava esperando Ungaretti. Depois saíam ambos, iam devagar pelas ruas, parando a cada instante a fim de apurar a conversa e dar grandes risadas.

A princípio o seu desejo era dedicar-se à literatura brasileira, o que o levara a se aproximar de intelectuais nacionalistas que lhe pareciam exprimir uma certa busca de autenticidade do país. Ele exagerava a importância dessas coisas, num fervor aculturativo de filho de estrangeiro, de "menino do Brás", como dizia brincando. Antes tinha estudado violino, em anos de esforço aplicado no aperfeiçoamento de uma clara vocação, que lhe permitiu tocar bem o instrumento difícil. E talvez antes disso, talvez desde sempre, fizera versos, lutando com a palavra para dispô-la em figuras especiais.

Patriotismo, música, poesia — formaram a base do seu apego apaixonado à literatura, que para ele era questão de vida e que se recusava a estudar secamente. Submetido ao tufão Ungaretti, só pôde confirmar esta posição, menosprezando as convenções, manifestando uma impaciência crescente pela norma universitária, tentando quebrar a rotina por meio de um ritmo mais próximo da inspiração e seus caprichos. Era de fato extremamente livre, sem respeito humano; queria a arte e a literatura como alguma coisa misturada à experiência, antes de ser artefato bastante em si. Era capaz de conversar horas em torno disso, e, naquele tempo de São Paulo seguro, tranquilo (1941, 1942, 1943), passamos mais de uma noite andando pelo centro deserto, esperando o primeiro bonde da madrugada, falando, falando e muitas vezes discutindo. Ele tinha uma acentuada concepção estética dos estudos críticos, influenciada pelas análises de Ungaretti em aula, pelo cânon crociano modificado e filtrado através da teoria da poesia pura e, logo depois, da estilística, cujo conhecimento desenvolveu mais tarde por outras vias, inclusive o contato com Terracini, professor visitante aqui. Os seus ídolos eram Mallarmé, Valéry e Ungaretti, com Baudelaire e Poe ao fundo, Leopardi mais longe. Eu tinha naquela altura um ponto de vista diferente e mais tosco, muito impregnado de historicismo; e, aliás, o exagerava, para espicaçar o meu amigo e me divertir com o seu rompante intransigente.

Em 1942, quando Ungaretti foi embora, ele publicou em nossa revista *Clima* uma seleção dos seus poemas com a tradução ao lado. Isso foi motivo para longas conversas, consultas, correções, dúvidas, em casa de Décio de Almeida Prado, na rua, na Faculdade. Já então ele pensava em fazer um estudo sério sobre o grande poeta, mas era intelectualmente muito enrolado, desses que ficam ruminando, burilando, desfazendo, começando de novo, hesitando em pôr no papel o que vai na cabeça. Em 1946 ou 1947 apareceu a oportunidade para apertá--lo: o efêmero e interessante Colégio Livre de Estudos Superiores, fundado por Vicente Ferreira da Silva, que cedeu para o seu funcionamento uma espécie de garagem adaptada na rua General Jardim. Bettarello se interessou muito por aquelas reuniões onde eram expostos e debatidos os mais variados assuntos de ciência, filosofia e literatura; e fez uma boa série de palestras conversadas sobre Ungaretti, centralizadas pela exegese de alguns poemas. Lembro que trabalhou bem os textos de "Leda" e "Pietà".

No começo dos anos de 1950 foi para a Itália preparar, escrever e defender a tese de doutorado. Lá viveu num deslumbramento; durante certo tempo, num convento em Florença (embora tenha defendido a tese em Turim). Ficou íntimo dos frades, fez relações com intelectuais que admirava daqui, conviveu com

De Robertis, um dos seus modelos de analista; modelo da análise sutil e penetrante que desejava.

Por aquela altura houve também a compra da casa em herança jacente, no então remoto Tremembé. Uma casa velha, meio largada e encantadora, cercada de um terreno enorme onde o mato e as árvores andavam soltos. Íamos lá a toda hora, ver, ponderar, avaliar, calcular, fazer projetos. Ele comprou, com a coragem lírica que sempre teve, sem desfalecimentos; e passou a viver como demiurgo naquele paraíso, suscitando plantas, fazendo brotar folhagens, abrindo sendas, projetando a sua poesia no espaço. O jardim se tornou um prodígio de gosto, fantasia e recolhimento, parente dos que aparecem com frequência na poesia e no romance italianos do começo do século, *"fra l'agreste e il gentilizio"*. Lá recebia os amigos ao lado de Otávia e dos filhos, em reuniões e visitas dominicais, em festas sucessivas, com uma generosidade e uma largueza de coração difíceis de encontrar iguais. Reflexos dele, que nunca vi sequer esboçar ou pensar um ato mesquinho, que seria impossível para a sua natureza.

Italo Bonfim Bettarello nasceu em Atibaia em 26 de fevereiro de 1912 e morreu em São Paulo em 2 de setembro de 1973. Seus pais foram Dante Bettarello e Josefina Bonfim Bettarello. Terminou o curso de letras na Universidade de São Paulo em 1938 e ficou mais ou menos adido à cadeira de Italiano, mas sobretudo à pessoa de Ungaretti, do qual foi o aluno predileto. Em 1940 passou a morar em Itapira, regendo a cadeira de Francês do Ginásio do Estado; um ano depois passaria para a de Português, da qual foi dispensado em março de 1942 para ser nomeado primeiro assistente de língua e literatura italiana na Faculdade de Filosofia da Universidade de São Paulo. Em Itapira morava numa república de colegas, onde Ungaretti foi hóspede mais de uma vez, participando de igual para igual da atmosfera de alegria e troça dos rapazes. Quando entrava na brincadeira Ungaretti era o mais moço e irreverente.

O ano de 1942 foi decisivo para Bettarello: o seu mestre voltou à Itália por causa da guerra e, sendo difícil lhe arranjar um substituto por causa das hostilidades entre os dois países, ele ficou provisoriamente no seu lugar. Pouco depois casou com Otávia de Barros e foi morar (durante muitos anos) na rua Adolfo Gordo. Em março de 1943 foi indicado para reger a cadeira em caráter interino, e nela ficou até a morte, trinta anos depois, com designações que variaram ao sabor das reformas e regulamentos. Os seus últimos anos foram cheios de altos e baixos de saúde, alguns bem graves, tornando o trabalho um verdadeiro sacrifício.

Bettarello nunca pensou em *fazer carreira* e, muito menos, fazer currículo, como está na moda. Mas, apesar de desinteressado e alheio a qualquer forma de autopromoção, publicou trabalhos de qualidade. Alguns recolhidos em volume, como os estudos sobre Vico, Ungaretti, Virgílio; outros, dispersos em jornais e revistas, inclusive umas notas de mocidade sobre Fagundes Varela, poeta que prezava muito. Houve tempo em que se associou a um novo jornal de cultura e, sempre entusiasmado com as ideias novas, foi coprodutor de um filme. Mas o seu ritmo nessas coisas era antes poético: lá pelos anos de 1940 e tantos recebeu uns atrasados e ficou indeciso entre comprar um pequeno automóvel Fiat ou uma coleção da Enciclopédia Trecani. Acabou vencendo o automóvel.

Eu diria que o principal dele não foi o que escreveu, mas o que fez como professor e como intelectual que acreditava na importância dos contatos humanos. Foram a sua sinceridade, a sua candura e a sua paixão, a sua capacidade de ir direto às coisas, sem subterfúgios mas com imensa doçura. Tinha uma coragem simples, tenaz, que podia levar os outros à exasperação e não cedia a caretas. Era capaz de ser bastante peremptório quando necessário e não vacilava na defesa dos seus pontos de vista, porque era naturalmente ardoroso. Quando achava que uma coisa devia ser feita, fazia-a com persistência inesperada. Certa vez na Itália praticou a façanha de obter para a Faculdade de Filosofia a doação de uma biblioteca inteira de literatura italiana, que tinha sido de um centro cultural em Bucareste e estava amontoada num porão de ministério. Sozinho, tranquilo, estrangeiro e teimoso, deu com os livros aqui e até hoje eles constituem o principal da biblioteca de italiano.

Num tempo em que dominavam entre nós concepções críticas que oscilavam entre o impressionismo e o positivismo, entre a aventura sem rumo e a crença em determinismos externos ou nos milagres hermenêuticos da pura erudição, ele brigou pelas orientações estéticas. Croce, Spitzer, Vossler foram desde cedo os seus enquadramentos principais. Leopardi, Poe, Baudelaire, Mallarmé, Valéry, Ungaretti, os seus guias de rumo. Poesia pura, estilística, engenharia do poema foram obsessões que superpôs ao substrato crociano, com muito interesse por uma história aberta à imaginação, nutrida de Vico, uma das suas grandes manias.

Com isso, e sobretudo com a sua obstinada paixão pela literatura, pôde ter grande influência sobre mais de uma geração de rapazes e moças, entre os quais alguns dos melhores que a Faculdade de Filosofia produziu. Na sua salinha da rua Maria Antônia, atopetada de livros, e a primeira a ser mobiliada com certo requinte de gosto, por exigência dele, reunia-se com os alunos e amigos para seminários e discussões que eram conversas livres, onde as ideias se encadeavam sem esquematismo em torno de textos escolhidos ou de pretextos inspiradores. Tinha birra de sistematizações, esquemas e definições, censurando-me porque eu me apegava a eles. Aludindo a um professor francês muito estrito, dizia que eu estava me reduzindo a uma cadeia de *grand A*, *grand B*, *grand C* e *petit a*, *petit b*, *petit c*, como nas classificações do quadro-negro...

Era, portanto, um espírito vivo e móvel, que às vezes chocava a rotina acadêmica e nunca aceitava as suas imposições. Daí ter sido muitas vezes incompreendido. E também porque era franco, sem astúcia, valorizando o que no homem é fluido e variado, como ele mesmo no seu amor pela vida.

30. A força do concreto

Anos atrás, talvez uns quinze, Caio Prado Júnior me propôs ir com ele de automóvel até o Piauí, para ver a obra social de um padre, que lhe parecia do maior interesse. Recuei espantado, ante a perspectiva de tantos mil quilômetros por esse mapa imenso e perdido. Não podia, mas também não queria, por falta de disposição. Ele riu e dali a tempos foi sozinho, pilotando o seu Volkswagen, que considerava um carro incrível, porque em qualquer canto do Brasil era possível arranjar peças dele, caso alguma quebrasse — o que já tinha verificado nos confins de Mato Grosso e Goiás. Na volta, contou minuciosamente a experiência longínqua, como tempos antes havia contado outra expedição até o sertão da Paraíba, ou de Pernambuco (não lembro bem), onde fora passar uns tempos na fazenda de gado pertencente a pessoas ligadas a parentes seus.

A esta primeira indicação, acrescento que mais de uma vez ele me disse alegremente não saber história, no sentido de ignorar uma quantidade de fatos, se embrulhar nas dinastias, esquecer datas e dar pouca importância a batalhas e detalhes. O que lhe interessa são a vida diária, a produção, o movimento dos negócios, as técnicas de plantio, os costumes, o mecanismo de transmissão da propriedade, e coisas assim.

Dessas duas dimensões do seu gosto é fácil inferir o tipo de historiador que é, grande historiador que retificou as perspectivas sobre a nossa formação e mostrou uma série de aspectos esquecidos ou ignorados — como a qualidade real da população da colônia, a presença do marginalizado, a natureza mercantil da empresa agrícola, situando a família das classes dirigentes na devida escala e quebrando o perfil aristocrático traçado por uma ilusão complacente.

Esse historiador notável é, portanto, alguém voltado para a realidade concreta, interessado em pesquisar os aspectos fundamentais da sociedade, afastando os aspectos que afloram para ir até as forças que regem de fato. Por isso, foi sempre tão ligado ao corpo físico do Brasil, que conhece palmo a palmo e varejou por todos os quadrantes. De modo que o seu conhecimento não se formou por via indireta, mas pelo contato primário e insubstituível da experiência pessoal. Quando compulsa um regulamento, analisa uma estatística de produção ou estuda o povoamento, não procede como o estudioso que parte da abstração para em seguida procurar comprovantes. Ele já está previamente embebido por estes e efetua de maneira produtiva a abstração como fruto maduro. O conhecedor de história e de economia do Brasil se confunde na sua personalidade intelectual com o insaciável viajante e observador, ao espírito sempre aberto para o fato do dia, ao leitor sistemático e microscópico dos jornais — que se escandalizou mais de uma vez por eu não ter visto nas páginas de economia, agricultura ou política o que ele absorvia e depois transformava em material de interpretação. Por isso, foi o primeiro de quem ouvi, no começo dos anos de 1970, que o tal milagre brasileiro era uma jogada artificial, nutrida pelo endividamento irresponsável, e que dentro de alguns anos o país se encontraria no beco sem saída dos compromissos insolúveis.

Não espanta, assim, que Caio Prado Júnior tenha um interesse constante pela geografia e se comporte como geógrafo que partiu do substrato físico (como se dizia no meu tempo) para chegar ao universo das instituições. Ouvi dele mais de uma vez o relato de suas relações com Pierre Deffontaines, de quem foi aluno na Faculdade de Filosofia, Ciências e Letras da Universidade de São Paulo, em cuja subseção de Geografia e História foi o primeiro matriculado, no ano de 1934.

Aos domingos saía com Deffontaines pelos arredores de São Paulo e ia aprendendo a *ver* a terra que antes apenas *olhava*. Aprendeu a classificar o relevo, notar a qualidade dos solos, conhecer o revestimento vegetal e sobretudo entender a relação entre o meio físico e o trabalho humano, traduzido em formas específicas de ocupação e exploração. Naquele ano se fundou a Associação dos Geógrafos Brasileiros (São Paulo), que em 1935 publicou quatro números da excelente revista *Geografia*, interrompida talvez porque no fim do ano Caio foi preso, como presidente da Aliança Nacional Libertadora, Seção de São Paulo. Ele fazia parte da Comissão de Redação e era dos maiores animadores da associação.

Logo no primeiro número apareceu um artigo de sua autoria, "Distribuição da propriedade fundiária rural no estado de São Paulo", onde conceitua a pequena, média e grande propriedades em termos precisos, que foram fundamento da sua concepção pessoal e fecunda sobre os problemas agrários do Brasil. Todos sabem como teve de divergir das ortodoxias do seu partido, o Comunista, sobre esta questão difícil; e como a razão esteve sempre com ele.

No segundo número publicou duas notas bem diferentes: uma, de geografia física, sobre "O movimento dos glaciares", na verdade uma breve informação crítica sobre certo método de medição deste fenômeno. A outra, muito pessoal e interessante, é a "Contribuição para o estudo das influências étnicas no estado do Paraná", onde condensa as suas observações sobre povoamento, habitação e transporte dos imigrantes no planalto de Curitiba, antecipando estudos futuros de antropologia social, como os de Emílio Willems.

O número 3 mostra de maneira impressionante a marca da sua atividade e da sua presença construtiva na Associação dos Geógrafos. Há um sólido estudo sobre "O fator geográfico na formação e no desenvolvimento da cidade de São Paulo", que é um modelo de fusão dos pontos de vista do geógrafo e do historiador. A seguir, nada menos de sete notas sobre diversos temas, desde a adaptação da raça branca ao trópico até o loess do norte da China.

Depois, foi a prisão seguida pelo exílio, com volta apenas em 1939, precedendo de três anos o lançamento de sua obra maior, na qual tanto trabalhou, a *Formação do Brasil contemporâneo*, que em 1942 veio coroar um decênio de extraordinário progresso nos estudos sobre o Brasil. Em 1933 a minha geração havia sofrido o primeiro impacto da sua influência pelo livro *Evolução política do Brasil*, que abriu a fase dos estudos marxistas na visão panorâmica do país. Mas em 1942 estavam maduras as qualidades a que aludi, de estudioso ligado estreitamente ao concreto pelo conhecimento do meio físico, das populações, da sua distribuição no espaço, das suas formas de produção, tomados como suporte para a análise das instituições. Deixando longe a tradição ainda meio idealizadora que preponderava, Caio Prado Júnior fundava solidamente uma história de inspiração marxista, aberta, atenta ao real, sem esquemas nem a imposição de prejulgamentos.

Acho que é preciso levar essas coisas em conta para entender a dimensão rara desse grande intelectual, que reúne a solidez da experiência concreta, a penetração na leitura dos documentos e a firmeza das convicções que iluminam a interpretação. Caio Prado Júnior é sem dúvida um grande homem, dos raros que merecem esta qualificação no Brasil contemporâneo. Grande homem, porque além da capacidade intelectual possui a maior nobreza de caráter e a integridade inflexível das convicções, das quais sempre deu testemunho e pelas quais sofreu toda a sorte de pressões e punições, sem atenuar um instante o traçado do seu propósito de militante, através da ação política e do exercício do talento.

31. Lembrança de Luís Martins

Luís Martins morreu há dez anos num desnecessário desastre de automóvel. Alguns meses antes eu lhe havia escrito de Poços de Caldas, comentando as suas excelentes memórias de vida boêmia na Lapa carioca e aproveitando para evocar episódios da nossa convivência em São Paulo nos anos de 1940, quando o conheci.

Conheci, mas não fizemos amizade imediata. Ele e os amigos tinham certa desconfiança em relação à turma de que eu fazia parte, o chamado "grupo de *Clima*", do nome de uma revista que editamos entre 1941 e 1944. Não lembro se foi ele ou Rubem Braga quem falou numa crônica sobre "essa estranha geração de jovens professores que namoram para casar e casam mesmo". Segundo Rubem Braga éramos circunspectos, bem-comportados, bebedores de leite maltado, *malted milk*, sinal sumamente negativo para boêmios dados ao uísque (na verdade, o que bebíamos mais era chá). Daí piadas e bicadas recíprocas. Vistas bem as coisas, éramos mais divertidos do que lhes parecia, e eles, bem menos do que desejavam ser. Luís falou em crônica desses equívocos, logo dissipados na mais cordial camaradagem, que nos ligou a todos na mesma aura de afinidade. Juntos atuamos na Associação Brasileira de Escritores (ABDE), no Partido Socialista Brasileiro, convivendo alegremente em casas amigas.

Quem se deu bem com ambos os grupos desde sempre foi Sérgio Milliet, com quem Luís travou não obstante mais de um debate pela imprensa sobre questões de arte, porque era inclinado à controvérsia, embora sem agressividade.

Em 1944 escreveu um artigo onde dizia temer que a tendência crítica dos jovens, nutrida de sociologia segundo ele, viesse a produzir uma geração seca e sem poesia. Naquele tempo eu era *crítico titular* (espécie extinta) da *Folha da Manhã*, e dediquei à réplica um rodapé cordial, procurando mostrar que ele não tinha razão. Inclusive porque, somando tudo, era em crítica mais sociológico do que ninguém, baseando muitas vezes as suas interpretações no condicionamento social.

Além da psicanálise, adotada como critério central de interpretação, há, por exemplo, espírito sociológico penetrante e compreensivo no seu belo estudo injustamente esquecido, *O patriarca e o bacharel*, sobre o sentimento de culpa dos jovens republicanos depois da queda da monarquia, ante a figura paterna encarnada em Pedro II. A primeira versão saiu em 1942 na *Revista do Arquivo*. Estimulado pelo interesse que despertou, inclusive o de Gilberto Freyre, Luís desenvolveu o texto em duas conferências feitas na Biblioteca Municipal, a primeira das quais foi publicada no último número de *Clima*, o 16º, em novembro de 1944. Finalmente a versão definitiva, bastante ampliada e elaborada, apareceu em 1953 no livro que tem o mesmo título do artigo inicial. Eu gostei muito e disse a Luís que ia escrever a respeito. Mas não cheguei a fazê-lo. Então, anos a fio, quando calhava ele fazia menção risonha às promessas não cumpridas.

A nossa amizade durou sem nuvens até a sua morte, mas a convivência só foi regular nos anos de 1940 e parte dos de 1950. Em política trabalhamos juntos um pouco. Certa vez ele foi candidato a vereador pelo Partido Socialista Brasileiro, como eu fora a deputado estadual, porque frequentemente éramos convocados para completar as chapas, sem a menor pretensão nem mesmo desejo de ser eleitos. Mas o engraçado foi que Luís embalou, gostando da remotíssima perspectiva de uma impossível vitória. Trabalhou razoavelmente, nos termos minguados dos nossos recursos financeiros, que eram ínfimos, mesmo levando em conta que naquele tempo o coeficiente eleitoral era pequeno e o custo modesto. Mais de uma vez saímos juntos para colar cartazes. Lembro da noite em que ele, eu e os então jovens estudantes Oliveiros da Silva Ferreira e Wilson Cantoni nos dedicamos ao bairro da Lapa, entrando pela madrugada afora em alegre tarefa, enquanto Luís nos expunha a maneira singela segundo a qual concebia o socialismo, condizente com a sua aberta simpatia humana, pois no fundo era o desejo de ver todos providos de conforto e boas coisas.

Ele tinha posição política definida e chegou a pagar por ela depois da instauração do Estado Novo em 1937, quando foi preso e perdeu o emprego (isso, no Rio, antes de vir para São Paulo). Mas não tinha disposição para a militância e pouco ia às reuniões da nossa unidade partidária, o Grupo Profissional n. 1, que se reunia todas as semanas no escritório de Arnaldo Pedroso d'Horta na rua Bráulio Gomes, com a função principal de elaborar documentos e preparar os números da *Folha Socialista*.

Em 1945 participamos do I (e memorável) Congresso Brasileiro de Escritores, como membros da delegação paulista, e, em 1947, do II, em Belo Horizonte. Neste formou-se um grupo divertidíssimo, que varava a noite em cantorias, piadas e invenções esdrúxulas, com base de operações no Bar Pinguim. Membros indefectíveis eram Carlos Drummond de Andrade, Rodrigo Melo Franco de Andrade, Arnaldo Pedroso d'Horta, Décio de Almeida Prado e eu. Outros eram esporádicos. Mas Luís quase não apareceu, preferindo paradoxalmente dormir cedo no Grande Hotel, onde estávamos hospedados, a exemplo de outro boêmio sempre de plantão noutras ocasiões, Sérgio Milliet...

Aqui em São Paulo frequentamos juntos muito bar, na companhia de outros que também já se foram, como Arnaldo, Luís Lopes Coelho, João Leite. Certa noite, num deles situado na esquina de Barão de Limeira com General Osório, o Rostov, onde havia balalaicas tangidas por duas moças russas, severas e vestidas a caráter, tendo na portaria um latagão solícito uniformizado de cossaco, João Leite saiu mais cedo e deixou na lapela do terno branco de Luís o distintivo vistoso de delegado. Luís, com distintivo e tudo, continuou imperturbável a dizer em francês perfeito rondéis de Charles d'Orléans, caprichando nos arcaísmos:

Le temps a laissié son manteau
De vent, de froidure et de pluye,
Et s'est vestu de brouderie
De soleil luysant, cler et beau.

A boa pronúncia denotava a educação de rapaz da classe média instruída do Rio, no tempo dele a mais urbanizada do Brasil. Muito fino, com jeito meio acanhado no primeiro momento, era de uma cortesia exemplar e bastante brincalhão, apesar da amarga melancolia que podia assaltá-lo quando a noite ia envelhecendo e o uísque tinha operado os seus sortilégios.

Culto e bem informado, conhecia não apenas a literatura do tempo, mas a da Belle Époque, sobretudo francesa, sabendo muito poema de cor. Como era frequente entre os cariocas, a influência do Modernismo foi nele menos demolidora. Por ter maior tradição cultural que São Paulo, o Rio não foi varrido tão intensamente pela maré da vanguarda e manteve com o passado imediato certa ligação de continuidade, visível em Ronald de Carvalho, Cecília Meireles, Augusto Frederico Schmidt, aos quais correspondiam do lado paulista os dois modernistas parciais que foram Guilherme de Almeida e Ribeiro Couto, ambos presos ao grupo do Rio. Luís tinha um pouco deste veio, por isso conservou fidelidades que naquela altura pareciam injustificáveis mas que, vistas de hoje, mostram o seu bom discernimento. Foi o caso do interesse constante pela obra de João do Rio, que valorizou e chegou a selecionar em antologia, quando ela ainda estava no ostracismo.

Com o correr dos anos mudou muito de comportamento, mas conservou o apego aos amigos, a emoção fácil e a necessidade de companhia. Casou maduro (talvez ele preferisse — *sur le tard*, à carioca) e, quem diria, ficou mais família e bem-comportado que os rapazes dos quais troçava na mocidade. Então, a boemia deixou de ser para ele critério de qualidade humana e se tornou matéria de evocação literária.

Nessa fase desenvolveu uma atividade regular de cronista que lhe deu enorme projeção, porque encontrou um jeito encantador, cheio de naturalidade, de escrever como quem está conversando com o leitor, que graças a isto se sentia agradavelmente iniciado numa espécie de confidência. Assim, pôde tratar anos a fio dos assuntos mais variados, sempre com alguma alusão à sua pessoa, pois tinha o vezo juvenil de falar candidamente de si, que é um dos caminhos da boa crônica.

Dez anos depois de sua morte, é preciso não esquecer que marcou a nossa ficção com alguns romances expressivos do espírito social que era então força inovadora. Que produziu ensaios de valor sobre pintura e analisou com originalidade e espírito inventivo a crise de consciência das elites, no país recentemente republicano. Não há dúvida de que o amigo Luís Caetano Martins foi alguém de peso na literatura brasileira.

32. Discreto magistério

Febus Gikovate possuía uma inteligência poderosa e precisa de bom enxadrista, que foi na mocidade. Ela lhe permitia equacionar um problema com rigor, indo diretamente ao nó. E para desfazer nós não lhe faltavam imaginação nem ânimo de agir. Grande capacidade de ação racional foi o que sempre demonstrou na vida política esse clínico eminente, esse admirável professor de medicina. Talvez porque na política pôde aplicar a sua lucidez surdamente fervorosa, fazendo render ao máximo o ânimo construtivo com que sabia ao mesmo tempo fazer cumprir as tarefas e respeitar a particularidade de cada um. Tudo isso referido ao interesse coletivo, que ele punha com naturalidade espontânea no primeiro plano. Não o fazia por esforço ascético ou violência contra o próprio modo de ser, mas porque era a maneira segundo a qual realizava a sua natureza visceralmente nobre e aberta para o próximo. Gikovate foi um excepcional líder socialista democrático porque as suas convicções eram os seus sentimentos mais fundos. Para ele o socialismo era uma concepção de vida e uma conduta que humaniza; não um programa político-econômico a ser *aplicado*.

Eu o conheci em 1945, quando ele aderiu a um pequeno grupo político que nós tínhamos fundado pouco antes — a União Democrática Socialista (UDS). Nela se reuniram inicialmente jovens que tinham militado na clandestina Frente de Resistência, cujo ponto de apoio principal estava na Faculdade de Direito da USP e era integrada por liberais combativos e certo número de socialistas independentes (muito antistalinistas), sobre a base comum da oposição ao Estado Novo. Como se sabe, em tempo de fechamento, união; em tempo de abertura, divisão. Quando veio a abertura em 1945, houve uma decantação natural, indo os moços liberais da Frente para a recém-fundada UDN, enquanto nós, de esquerda, fundávamos a pequena UDS, cujos principais teóricos e orientadores foram Paulo Emílio Sales Gomes em primeiro lugar, Antonio Costa Correia, Paulo Zingg e alguns outros, com a assistência discreta mas eficaz de um litógrafo austríaco que estava morando aqui, Eric Czaskes, marxista de observância estrita e antistalinista ferrenho.

Gikovate se criou e se formou no Rio, onde militou no Partido Comunista de 1932 a 1934; mas se desgostou com o stalinismo e passou à "oposição de esquerda", trotskista. Lutou em 1935 na Aliança Nacional Libertadora, esteve preso quase dois anos, como se pode ver nas *Memórias do cárcere*, de Graciliano Ramos, que respeitava e admirava esse brilhante dissidente. Quando saiu, em 1937, veio para São Paulo, mas se afastou também do trotskismo e ficou longe da política durante a maior parte do Estado Novo, concentrando-se com êxito na medicina e no magistério. Como tantos outros sofreu o trauma dos terríveis processos de Moscou, que revelaram as perversões totalitárias da revolução, e se convenceu da necessidade do socialismo democrático.

Em 1945 pensou em entrar para o sobrevivente Partido Socialista Brasileiro, que, tendo sido fundado em 1933, fora proscrito em 1937 e procurava reorganizar-se sem grande êxito. Mas Azis Simão, seu amigo de muitos anos, estava saindo deste partido e vindo para a nossa UDS. Veio e trouxe diversos companheiros, entre os quais Gikovate, que se impôs imediatamente como teórico e militante da mais alta categoria.

A UDS teve a adesão de um pequeno grupo de operários, sobretudo metalúrgicos, e desenvolveu uma atitude bastante lúcida. Mas as forças eram fracas e as tarefas muito grandes. Resolvemos então aderir a um agrupamento em formação no Rio, a Esquerda Democrática, da qual Gikovate se tornou bem cedo uma das figuras destacadas. Com outros, contribuiu para transformá-la em agosto de 1947 no Partido Socialista Brasileiro, por cessão da sigla do pequeno remanescente deste, que tinha aderido à nova agremiação.

O Partido Socialista Brasileiro de 1947 foi o mais amplo, articulado e atuante de quantos usaram o nome no Brasil, desde o fim do século XIX. E nele Gikovate sempre foi um dos líderes mais constantes e capazes.

O PSB, que durou até a repressão posterior a 1964, quando Gikovate foi preso, tendo sido também detido pela sinistra OBAN em 1969, elegeu senadores, deputados federais e estaduais, prefeitos e vereadores, exercendo influência apreciável sobretudo nos meios intelectuais, estudantis e da classe média modesta, com alguma repercussão no operariado. Contava com mais apoio popular do que se costuma pensar e dizer, e pôde assumir a iniciativa de medidas e campanhas de grande alcance, como a do petróleo. O jornal partidário em São Paulo foi a *Folha Socialista*, onde Gikovate publicou a maioria dos seus escritos políticos, sempre com uma segurança de princípios e uma clareza de raciocínio que, associadas ao seu ascendente natural e discreto, faziam dele para todos nós um mestre de socialismo.

Muitos de nós foram ficando pelo caminho. Uns cansados, outros cheios de dúvidas ou desinteressados da ação — não tendo mesmo faltado a dissidência de uma ala no fim dos anos de 1950. Mas diversos militantes da primeira hora permaneceram até o fim, e entre eles, na linha de frente, Gikovate, que acabou encarnando de certo modo o partido em São Paulo, como teórico e líder. Se o socialismo democrático atuante perdurou aqui, foi em grande parte graças a ele, que orientou diversas levas de militantes e simpatizantes. A sua morte em 1979 foi uma perda enorme, inclusive porque se preparava, nos seus setenta anos incrivelmente moços, para voltar à luta e trabalhar mais uma vez pelas suas convicções, com aquela serenidade inflexível e profundamente humana que admiramos nele durante tantos anos.

33. Sobre a retidão

No meu tempo de moço, usava-se a palavra *anarquista* como hoje se usa *subversivo*, isto é, para designar de maneira pejorativa e indiscriminada as pessoas e os atos que questionam a ordem social. Os sentidos próprios eram raros nos ambientes de classe média, salvo circunstâncias peculiares.

Na nossa casa, por exemplo, apesar de seu feitio convencional, as coisas se passavam de maneira algo diversa, porque meu pai tinha um tio anarquista, excêntrico e inventivo, que eu nunca vi e do qual ele contava histórias divertidas. Mas acho que esse tio, chamado paradoxalmente Teófilo, nunca foi além do reino das ideias e das declarações, ao contrário de um primo de meu avô por aliança (padrasto de minha mãe), o combativo jornalista radical Nereu Rangel Pestana, tido na família como anarquista e de fato simpático ao movimento. Ele entrou bravamente em muitas lutas e desmascarou as classes dirigentes num livro terrível, *A oligarquia paulista*, sob o pseudônimo de Ivan Subirof. Depois da Revolução Russa, aproximou-se do comunismo e participou do grupo *Clarté* brasileiro.

Um anarquista lírico era o poeta Martins Fontes, colega de meu pai, que ali por 1934 vi na nossa casa, em Poços de Caldas, gabando a doutrina com exuberância tropical. Num ato de aliciamento, deu para minha mãe ler *O anarquismo*, de Kropotkin, em cuja folha de guarda ele havia escrito uma quadra louvando o grande revolucionário. Era a recente edição da Unitas, de capa preta e amarela; lembro que minha mãe leu e comentou com simpatia.

Essa simpatia tinha alguma coisa a ver com o seu temperamento avesso à obediência; talvez ela encontrasse, neste e noutros textos, certa esperança utópica de insubmissão institucionalizada. Basta dizer que uma das suas citações prediletas era a frase de Diderot que os anarquistas subscreveriam: "*La nature n'a fait ni maître, ni serviteur; je ne veux ni donner, ni recevoir des ordres*".

Mas havia outro motivo para esta boa vontade em relação à doutrina que no consenso da maioria era a própria expressão da bagunça: a amizade afetuosa e a convivência quase diária de sua queridíssima dona Teresina Carini Rocchi, socialista ardorosa muito simpática ao anarquismo, que, segundo ela, era em princípio a posição mais coerente e avançada. Morava perto de nós, e na sua casa meus pais conheceram Edgard Leuenroth, que os encantou pela delicadeza, dignidade e firmeza de convicções.

Também através dela conhecemos outro velho militante anarquista, com quem tive muito contato: o áspero Adelino Tavares de Pinho, que depois duma vida agitada foi parar em Poços de Caldas, onde vivia mais do que pobremente de uma escolinha para filhos de trabalhadores. Era português e creio que nos anos de 1950 voltou à pátria, para morrer.

Edgard Leuenroth me contou que Pinho fora motorneiro, e analfabeto até a idade adulta. Instruindo-se por conta própria, graças à intensa paixão cultural dos meios anarquistas, tornou-se relativamente bem informado, como se vê pelos numerosos artigos e alguns folhetos que escreveu. Escrevendo e falando era violento, intransigente e apaixonado. Dizia de Stálin que era "um monstro com os bigodes pingando sangue" e considerava o marxismo uma palhada totalitária, admirando sobretudo os racionalistas e evolucionistas do século XIX. Em Campinas, onde militava, atuou na famosa greve da Companhia Paulista (1906).

Através dele pude sentir a extraordinária fidelidade dos anarquistas daquele tempo às convicções; a tenacidade com que as defendiam pela vida afora, mantendo elevada a temperatura da paixão libertária. E também a retidão com que viviam — honestíssimos, puritanos, achando que os valores morais eram requisitos da revolução social e abominando o maquiavelismo da vida política.

Esta integridade, temperada de muita candura, se traduzia inclusive pela sinceridade em todas as circunstâncias; e isto me faz lembrar um episódio de que participei.

A partir de 1946 a guerra fria motivou nos países subordinados aos Estados Unidos a caça aos comunistas. Por extensão, o aumento da repressão aos movimentos populares em geral. No Brasil, o Partido Comunista, depois de breve legalidade, foi fechado em 1947, com toda a sorte de violências paralelas. Inclusive restrição ou interdição de manifestações públicas que não agradassem ao governo. De modo que no Primeiro de Maio só o trabalhismo oficial pôde aparecer.

Nós, do Partido Socialista Brasileiro, que geralmente nos reuníamos a outras organizações para encorpar as atividades deste tipo, ficamos sós. Não tendo capacidade de mobilização suficiente para furar o cerco por conta própria, fizemos o que era possível: reuniões em nossa sede do Brás.

Numa delas, 1947 ou 1948, o presidente do ato anunciou que via com prazer na assistência o companheiro Edgard Leuenroth, e lhe deu as boas-vindas.

Festejado por uma salva de palmas, Edgard se levantou, vibrante e risonho, com a sua franzina silhueta de uma distinção rara, e agradeceu. Disse que, como velho revolucionário, não quisera ficar em casa no Primeiro de Maio; e verificara que só no Partido Socialista poderia comemorá-lo dignamente; por isso, estava ali. No entanto, era dever de honestidade declarar que discordava essencialmente dos companheiros socialistas. Na qualidade de libertário, rejeitava a própria ideia de partido, assim como a luta para participar de organismos do Estado, do qual preconizava não a transformação, mas a abolição. Com serenidade calorosa, foi assim expondo as suas posições para justificar as divergências; e concluiu que, apesar destas, sentia-se bem entre os companheiros socialistas, aos quais agradecia a hospitalidade, que lhe permitira comemorar a data maior em que os trabalhadores afirmam os seus ideais e o seu ânimo de luta.

34. O companheiro Azis Simão

Azis Mathias Simão e eu ficamos amigos no começo de 1939. Mais precisamente, na aula das cinco da tarde do professor Jean Maugüé, que também morreu em 1990, aos 86 anos. Maugüé era um mestre extraordinário, brilhante e inspirador, capaz de tornar atraente o pensamento filosófico mais abstruso, inclusive graças às correlações que sabia fazer com domínios diversos, estimulando a nossa reflexão a partir das fitas que víamos, dos romances que líamos, dos acontecimentos e ideias políticas da hora. Por isso, vinham ao seu curso não apenas os regularmente inscritos, como eu, mas veteranos de turmas anteriores e ouvintes de vária espécie, entre os quais Azis. Duas vezes por semana lá estava ele na Faculdade de Filosofia, para ouvir conosco o curso sobre teoria das emoções, baseado nos textos de Freud e Max Scheler. Todos nós apreciávamos fascinados o trânsito constante de Maugüé entre as ideias e a sociedade, sob o estímulo de um marxismo bastante liberto, raro naquela altura. A influência que recebemos dele foi decisiva. Inclusive porque a sua abertura confirmou em muitos de nós uma vocação de crítica e ensaísmo que nos foi levando a deixar de lado filosofia e sociologia, para nos aninharmos na literatura e nas artes. Mas este não foi o caso de Azis.

Azis (que os companheiros mais antigos chamavam Simão, e alguns, Mathias) me impressionou desde logo pela claridade mental e a fluência da expressão. Tudo o que abordava ia ficando interessante, e lembro a atenção com que o ouvi explicar, em nossa primeira conversa, certos pormenores da teoria atômica. (Na revista *Problemas*, de cujo grupo participou, publicara anos antes artigos sobre ciência, do ângulo marxista, ainda impregnado pela *Dialética da natureza*, de Engels.) Do átomo passou a outros assuntos e acabou explicando a importância da alimentação para a saúde dos dentes, com voz calorosa mas velada, envolta na mais atraente simpatia, pois o seu magnetismo era grande e atuava de imediato. Assim ficamos amigos à primeira vista, nos bares, em casa, nos grupos políticos, na universidade.

Quando nos conhecemos ele ainda enxergava mais ou menos com um dos olhos, mas piorou bastante no começo dos anos de 1940. Formado em farmácia, frequentava como ouvinte as aulas da nossa Faculdade, para a qual prestou vestibular em seguida, com licença de escrever as provas à máquina. Aprovado, fez o curso com brilho e formou-se no ano de 1950, tornando-se imediatamente auxiliar de ensino da cadeira de Sociologia II, a convite de Fernando de Azevedo, que tinha por ele a mais afetuosa admiração. Houve então uma luta difícil para a admissão ao quadro regular de um docente sem vista, que acabou afinal admitido por ato do governador.

A partir de então a sua atividade política mudou de sinal, como veremos. Antes, desde a adolescência, ela havia sido dedicada e intensa. Formado entre anarquistas e comunistas dissidentes, refugou desde sempre o duro enquadramento do Partido Comunista e procurou preservar o que lhe parecia o bem maior, o requisito fundamental em política: liberdade de pensamento e respeito às opiniões divergentes. Por isso, orientou-se para o socialismo democrático e se inscreveu em 1933 no então fundado Partido Socialista Brasileiro.

A sua fórmula ideológica era complexa, com doses de anarquismo, trotskismo e muita preocupação ética, sobre o pano de fundo do marxismo meio sumário frequente no Brasil daquele tempo. O antistalinismo ferrenho o levou, como a muitos outros, a admitir soluções de tipo liberal, que ao menos assegurassem o debate das ideias e a livre organização, tanto sindical quanto partidária.

Além disso, no começo dos anos de 1930 esteve ligado aos movimentos de inconformismo e renovação na literatura, que vinham de antes e adquiriram então certo toque político.

Jornalista e boêmio, viveu com alegria aquela era de conversa infindável nas mesas de mármore do cafezinho, da média ou do chope em todo o território do centro, participou de organizações como o Clube dos Artistas Modernos (CAM), frequentou Pagu e Oswald de Andrade, com os quais o seu fraternal amigo Miguel Macedo redigiu *O Homem do Povo*. Muitas vezes, à tarde, no fim do expediente do *São Paulo Jornal* (onde trabalhava sob a direção de Cândido Mota Filho), ele e os colegas de redação diziam, pegando o paletó: "Vamos dar uma prosa com o seu Mário", isto é, Mário de Andrade. E lá iam rumo ao *Diário Nacional*. Pela mesma altura ligou-se por atividades políticas e culturais ao sindicato dos gráficos, que foi sempre o seu contato maior no campo operário e onde militou ao lado do grande João da Costa Pimenta e outros, como Storti e Dalla Dea (João).

Quando o conheci os partidos estavam proibidos desde o golpe de Estado de 1937, de modo que só em 1945 ele retomou a atividade partidária na União Democrática Socialista (UDS), constituída por membros socialistas da clandestina Frente de Resistência, como Antonio Costa Correia, Paulo Emílio Sales Gomes (autor do manifesto e principal coordenador), Paulo Zingg, eu. A nós se juntaram muitos outros, de procedência variada, que também queriam definir um combativo socialismo independente. Assim, vieram alguns membros do Partido Socialista de 1933, como Azis e Jacinto Carvalho Leal; vieram antigos trotskistas, como Febus Gikovate e Fúlvio Abramo; veio um grupo de militantes negros (como o jornalista Geraldo Campos de Oliveira), entre os quais uns poucos metalúrgicos, por exemplo, o meu xará quase completo, Antonio Candido de Mello; e neófitos, como Edgard Carone.

Azis gostava de discutir tudo exaustivamente, estabelecer distinções, objetar, sugerir alternativas, sempre com o intuito de obter a posição mais consciente e eficaz. Por isso, Paulo Emílio disse um dia brincando: "O Azis é o divisionista típico". Um de nós, completando a brincadeira, pôs nele o apelido de "general de divisão", que o divertia muito.

A UDS foi um excelente rebolo, onde afiamos a nossa concepção de socialismo independente de base marxista, convicto de que no processo político transformador cabe posição-chave à classe operária, antistalinista sem ser trotskista (o primeiro grupo em São Paulo nestas condições), achando que democracia não é coisa *formal* e que no Brasil é preciso encontrar soluções adequadas, sem acatar palavras de ordem feitas para outros contextos. Mas a UDS não tinha condições de sobreviver. Por isso, acabamos aderindo à bem menos radical Esquerda Democrática (ED), fundada no Rio em meados de 1945.

Na constituição da Esquerda Democrática em São Paulo Azis foi elemento decisivo, lutando para introduzir os nossos pontos de vista ao lado de novos companheiros que se juntaram ao grupo e militaram ativamente com ele, como Arnaldo Pedroso d'Horta e Lourival Gomes Machado. Em 1947 a ED se transformou em Partido Socialista Brasileiro (PSB), recebendo os sobreviventes deste, que cederam o nome; de modo que Azis acabou voltando à origem, embora em organização bem diferente da antiga. Mas, como vimos, a partir de 1950 deixou praticamente a atividade partidária regular e se concentrou na universidade, onde exerceu o ânimo militante em vários sentidos, inclusive atuando na memorável greve de 1979, em seguida à qual presidiu a Adusp num momento difícil de transição.

Mas eu diria que a sua principal militância universitária foi a constância com que manteve como tema de ensino e pesquisa os problemas do proletariado, inspirando jovens e organizações. O seu estudo pioneiro sobre o voto operário ficou justamente famoso, pelo rigor da investigação, a sábia utilização dos dados e a solidez da interpretação. Seu livro *Sindicato e Estado* é um clássico. Note-se que ao transitar do partido para a universidade ele continuou fiel às posições de base. No professor brilhante, no notável orientador e despertador de vocações permaneceu vivo o fermento de revolta.

Quem conhecesse Azis notava logo dois traços, um dos quais surpreendente: a cordialidade jovial e a exata percepção do mundo exterior. A perda da vista, parcial na altura dos dezessete anos, praticamente total a partir dos trinta, em vez de fechá-lo, abriu-o para fora. Ele compensou a grave limitação desenvolvendo uma inesperada capacidade de absorver o que lhe ia em torno — pela intuição certeira, pela reconstituição mental baseada na experiência anterior de vidente, pela imaginação da coisa e o apaixonado interesse por tudo. Os seus dedicados acompanhantes, sobretudo sua mulher, Nena, o iam informando de maneira minuciosa, e ele construía a visualização submetendo os dados ao seu revelador mental.

Quando expuseram aqui o painel *Tiradentes*, de Portinari, Lourival Gomes Machado passou uma tarde descrevendo-o com minúcia para Azis. Palmo a palmo, cor por cor, desmontou verbalmente a composição, analisou a estrutura e os movimentos, comentou a concepção, esclarecendo à medida que Azis perguntava, cada vez mais senhor do painel. Lourival, um dos homens mais inteligentes, sensíveis e generosos que conheci, tinha como ninguém a capacidade de *fazer ver* as obras de arte, que depois da sua análise pareciam entregar os segredos. Graças a ele Azis *viu* o painel de Portinari, elaborando-o interiormente, e passou a comentá-lo por conta própria com incrível segurança, inclusive criticando os que lhe pareceram certos *vazios* da composição.

O que possibilitava esse domínio da realidade talvez fosse o fervor com que se interessava pelas coisas, as pessoas, as ideias, e que lhe dava uma energia inquebrantável. O fervor era nele forma de conhecimento e modo de apreensão, graças ao qual assimilava tudo com uma intensidade que iluminava o entendimento. Essa força expansiva formava par com o dom de se concentrar a fundo e a mais elevada capacidade de reflexão, na qual mergulhava manobrando frequentemente com as mãos uns palitos de fósforo, enquanto moía com o cérebro os dados e conceitos. O seu raciocínio era concatenado, firme, muito preciso e descobridor, capaz de imaginar hipóteses depressa e a partir delas criar maneiras de compreender melhor. Qualquer questão que enfrentasse saía iluminada pela sua poderosa máquina de pensar, alimentada pela faculdade de extrair o máximo de uma informação forçosamente limitada para quem dependia dos textos em braille e da leitura feita por terceiros. Mas não apenas sabia escolher o essencial, como tudo o que lhe caísse no conhecimento ficava armazenado para sempre nos refolhos de uma memória prodigiosa, como arsenal da meditação.

A isso é preciso ligar o seu equilíbrio mental e emocional. A sua mente era limpa e sadia; o seu modo de ser, tão natural que não comportava inibições nem os freios da timidez. Azis encarava o mundo e as pessoas com retidão, tranquila ou indignada conforme o caso, mas invariável. Por isso, estava sempre soberanamente à vontade, fosse onde fosse e com quem fosse. Penso que se um dia tivesse de jantar no palácio de Buckingham ele se comportaria com a mesma naturalidade espontânea, a mesma cortesia despretensiosa com que iria a uma festinha de estudantes ou a uma quermesse na sua cidade de Bragança.

Como tinha em alto grau o dom da amizade e o amor pelos amigos, viveu cercado por eles, dando-lhes em dobro o afeto que recebia, com uma fraternidade cheia de carinho e do mais generoso desprendimento. Graças a isso, nunca faltou quem o ajudasse a andar, a ver, a ler, a pensar. E ele transformava essas relações em magistério, porque no percurso, na conversa ou na leitura em comum ele ensinava e esclarecia. Com ele o papo virava debate, que gerava análise e desaguava em sugestão; ele era sempre mestre, aumentando a humanidade e o saber dos que conviviam com ele. Um espetáculo admirável era vê-lo *traduzir* um texto, explicar os seus labirintos, compará-lo a outros e, no fim, mostrar a ideia central luzindo claramente.

Esse amigo que irradiava compreensão e solidariedade não era, todavia, um cordeiro. Pelo contrário. Apesar de preferir a conciliação e o entendimento, sempre com muito tato, era esquentado e tomava facilmente o pião na unha. Certa manhã de domingo, na velha sede do Partido Socialista (o de 1947), num primeiro andar apertado e encardido da praça da Sé, durante uma sessão dedicada não lembro mais ao quê, travou-se uma daquelas discussões intermináveis que azedam as relações nos grupos políticos, fazendo os correligionários parecerem inimigos e pondo todos a dois dedos do pugilato. Não havia muita gente, de modo que as cadeiras estavam vazias em boa parte. Azis, na ponta esquerda da primeira fila, perto da mesa diretora, fez uma exposição. Um companheiro desconhecido por nós, no lado direito de uma das filas de trás, se pôs a fazer críticas descabidas em tom meio desagradável. Azis rebateu umas tantas vezes; o outro insistiu, mais impertinente, até dizer qualquer coisa pior. Azis virou-se aos brados para o lado de onde vinha a voz (pois não podia ver a pessoa) e, desafiando o malcriado, foi atropelando cadeiras vazias, pronto para lhe dar uns tapas. Mas foi contido a tempo, enquanto o imprudente metia a viola no saco. Assim era Azis, vivendo as convicções e os sentimentos com a energia dos temperamentos fortes.

Ali por 1945 ou 1946 houve um almoço para angariar fundos destinados ao jornal *Vanguarda Socialista*, dirigido no Rio por Mário Pedrosa. O lugar era uma cantina na rua do Seminário e a grande mesa foi posta ao ar livre, debaixo de uma latada. O método consistia em leiloar coleções encadernadas do jornal, sendo animadora Patrícia Galvão, a Pagu, nossa companheira de partido. Tendo ela aludido mais de uma vez a Azis como Simões, alguém observou didaticamente que era Simão, mas Pagu respondeu com vivacidade: "Não senhor, é Simões mesmo, porque ele é plural!".

Fechemos com isto a evocação desse homem dotado de qualidades as mais diversas, arguto e simples, cheio de dedicação generosa e discreto estoicismo, divertido amador de piadas mas profundamente sério, compreensivo e deferente, embora inflexível na hora da luta, que tinha uma incrível lucidez política e a mentalidade mais abrangente e penetrante que se possa imaginar. Azis era dessas pessoas cuja morte despovoa demais o mundo.

35. Arnaldo

Arnaldo Pedroso d'Horta lutava muito para conservar certos hábitos, certos lugares, certas instituições. Lutava com teimosia, aliciava, impunha aos amigos, como afetuoso tirano que sempre foi. Quando achava que uma coisa boa estava sendo perdida, se irritava como quem protesta contra um desperdício e fincava o pé. Assim foi que manteve, impôs, fez desenvolver o Museu de Arte Moderna, quando achou que o estavam liquidando sem razão. Assim foi que forçou a sobrevivência do barzinho que antes fora do dito museu. Assim era que observava religiosamente certos pontos de encontro, cultivava certas rodas em dias certos. Quando, ao contrário, se convencia de que uma coisa não tinha mais o sentido que tivera, ou que ele supusera que ela tivesse, largava-a de repente. Foi como largou a antiga Associação Brasileira de Escritores, foi como se desinteressou dos congressos de intelectuais e da atividade partidária. Uma vez (há uns vinte anos) eu insistia com ele para tomar parte numa realização cultural que me parecia importante, e estranhava que um homem participante como ele se abstivesse. A resposta foi lapidar: "O bem que eu poderia fazer é muito menor do que o mal que eu faria a mim mesmo".

No fundo de tudo isso, estava a necessidade ansiosa de contato humano verdadeiro. Era gregário, sendo solitário de modo visceral. Nunca fez uma confidência na vida, mas não podia passar um dia sem ver amigos. Falava pouco, mas exigia muita fala, muito riso em volta de si. Era áspero e quando calhava podia ser bruto, no entanto transbordava sempre de uma ternura que nadava em lágrimas nos seus olhos claros e salientes.

Era um homem de amizades e era um homem de tarefas. Tendo muito de fanático, se afastou desde cedo das posições que erigiam o fanatismo em norma de conduta. O dele era um fanatismo da liberdade, uma paixão (rara) da responsabilidade, uma intransigência ríspida. Por isso, foi militante admirável, profissional perfeito e artista exigente, que escolhia sempre os fazeres mais difíceis e minuciosos. Creio que desconfiava de tudo o que era fácil, e quem sabe, paradoxalmente, foi por isso que pôde ser incomparável no jornalismo, onde a facilidade é a norma e o pão de toda hora. Ele se matava para fazer bem, para fazer melhor, orgulhoso e persistente. Em compensação, era exigentíssimo com os outros, não aceitando deles senão o mais raro, cobrando com agressividade as descaídas, as mancadas, a irresponsabilidade. Era preciso vê-lo numa reunião partidária, jogando lentamente as palavras como pedras, vermelho e espinhado, pedindo conta dos deslizes, algumas vezes meramente supostos pela sua vigilante desconfiança. E era preciso também vê-lo passar os dias e as noites, duas, três, quatro, chefiando um setor de trabalho, controlando as tarefas, distribuindo material — paciente, cortante, incansável —, bebendo uma cerveja e comendo um vago sanduíche, aferrado como maníaco tranquilo à tarefa, à obrigação, ao que era preciso fazer, ao que pesava inelutável porque era um compromisso. Arnaldo custava a tomar as suas resoluções bovinas, mas quando as tomava, era isso.

Uma personalidade recortada de tal modo não podia ser feita para ter respeito humano, e só respeitaria a opinião de quem se respeita. Daí não ter tido medo de ir contra as normas, fossem quais fossem, nem de aceitar raciocínios do tipo "assim é mais tático", "a coerência partidária manda", "o objetivo redime o método" etc. Ou por outra: aceitou tudo isso quando era bem moço, mas logo caiu em si e desenvolveu uma integridade individual que tomava a consciência como medida, e não obstante era capaz de entrosá-la com outras consciências livremente dispostas ao mesmo fim. Por isso, era capaz de uma disciplina e uma dedicação acessíveis apenas a quem respeita o próximo com severidade. Não espanta que tivesse ficado tão incapaz de atuar em agrupamentos, e tão capaz de atuar com a mais destemida bravura como se representasse um enorme agrupamento: o dos homens que desejam ser realmente livres, e que ele via acima e à parte das filiações rotuladas. Creio que poucos homens souberam como Arnaldo, nestes tempos politicamente tão lamentáveis em que vivemos, exprimir anseios e cóleras, esperanças e protestos comuns a gente da direita, do centro e da esquerda, distinções que para ele acabaram sendo não inócuas, mas menos válidas do que aquela espécie de comunidade da consciência inconformada, que era no fundo a sua meta quem sabe inconsciente de solitário gregário, de contestador sem partidos.

Para ser assim, e para ter podido modular a sua vida em gamas tão extensas e variadas, é claro que Arnaldo tinha de ser, como era, um homem excepcionalmente dotado, com sensibilidade trepidante, discernimento infalível, largo e articulado raciocínio, vontade sólida, íntegra. Abrangia e discriminava todas as sutilezas do *Ulisses*, de Joyce, que releu quem sabe umas dez vezes. Tinha o faro exigente dos leitores que não brincam de ler e sabia desossar os textos políticos com uma clarividência da estrutura só comparável às eventuais discordâncias fulminantes com que podia arrasar as conclusões. E, mesmo embirrado, lia com afinco e atenção, porque era a tarefa do momento, o empenho do seu ser sequioso e desesperado naquele instante do tempo que importava consumir.

Passamos juntos por muita mudança, lutamos horas sem conta em lutas sem perspectivas, esperamos sem esperança colheitas que não brotaram, ficamos homens numa ditadura e envelhecemos noutra. Ultimamente, creio que talvez discordássemos mais do que concordaríamos, se fôssemos dar um repasso nas posições de base. Mas, acima das concordâncias ou das discordâncias, diante de um homem desses haverá outra atitude além do preito? Porque são esses homens — que não querem dar exemplo, que brigam se alguém os quer louvar —, são esses os homens realmente exemplares e dignos de louvor.

36. Dispersão concentrada

Ruy Coelho tinha uma versatilidade extraordinária. Só que em vez de estar associada à informação superficial, como de costume, ela desaguava sempre no conhecimento a fundo. É que ele possuía, além da capacidade de concentração em alto grau, uma força de análise que lhe permitia chegar ao nó do problema, sem falar na mais prodigiosa das memórias, dessas que registram tudo com exatidão e para sempre. Outra cabeça desse tipo, só conheci a de Sérgio Buarque de Holanda, com quem Ruy Coelho tinha em comum, além das afinidades mentais, o humor, o gosto pela boemia do espírito e pelas infindáveis conversas noite afora. Tanto as leituras quanto os papos eram favorecidos pelo ritmo peculiar do seu sono, que o fazia deitar-se lá pelas quatro ou cinco da madrugada. Assim, dispunha diariamente de muitas horas de quieta solitude, amiga dos livros e da reflexão.

Ele sempre soube muito mais coisas do que nós, seus amigos e companheiros de mocidade. Inclusive porque tinha o dom da disponibilidade intelectual e uma curiosidade que o fazia interessar-se pelas coisas mais inesperadas, graças ao caprichoso movimento de assunto-puxa-assunto. Por exemplo: no meado dos anos de 1950 resolveu reler com rigor o *Ulisses*, de Joyce, e isso o levou à *Odisseia*, que percorreu com todo o cuidado, interessando-se pela questão complementar das navegações dos gregos, inclusive o estudo da construção naval, desde a madeira até a calafetagem, tendo como consequência o desejo de saber alguma coisa sobre os vernizes, pois aconteceu que estava planejando meticulosamente uma vitrola (aparelho de som, como se diz hoje), e para isso queria conhecer os melhores materiais. Assim, a madeira relacionada com as águas homéricas se associou à madeira relacionada ao som mecânico do nosso tempo, resultando dessas digressões acréscimo de informação e muito divertimento.

A isso é preciso juntar a variedade dos seus dons naturais, que lhe permitiam apreciar e conhecer de maneira excepcionalmente aguçada a literatura, a música, as artes figurativas, a filosofia, a história, as técnicas materiais, a heráldica, os vinhos, a culinária. E não esqueçamos a notável competência em matéria de romance policial e de cinema, cuja crítica exerceu em moço. Quanto ao fervor e à intensidade das leituras, uma simples prova material: o estado dos dez volumes de seu Balzac da Pléiade — estragadíssimo pela frequência do manuseio.

Tudo isso convergiu de maneira original para enriquecer o seu ofício de sociólogo e antropólogo, baseado numa formação rigorosa, embora liberta e flexível. Formado em filosofia no ano de 1941, e em ciências sociais no de 1942, foi em 1945 para os Estados Unidos com bolsa junto à Northwestern University, onde teve professores de alta qualidade, ligando-se sobretudo a seu orientador, Melville Herskovits, e a Irving Hallowell, sob cuja direção aplicou, numa pesquisa de campo entre os índios ojibwas de Lac du Flambeau, estado de Wisconsin, as técnicas projetivas para estudo da personalidade, que aprendera em 1946 num curso do Instituto Rorschach de Nova York e o marcaram em definitivo. Isso foi importante para orientá-lo no rumo dos estudos de personalidade-e-cultura, que naquele tempo eram novidade palpitante na antropologia e seriam o seu campo predileto. Logo a seguir recebeu uma verba para estudar os caraíbas negros de Honduras, país onde morou durante um ano, de 1947 a 1948, recolhendo material para a tese de doutorado, aprovada em 1954.

Em Honduras aproveitou como sempre para canalizar o interesse intelectual segundo o estímulo do momento. Leu toneladas de literatura espanhola e hispano-americana nos intervalos da pesquisa, residindo às vezes em palafitas: o *Romancero*, toda a picaresca, os grandes do *Siglo de Oro*, muito do caudaloso Perez Galdós. Vem daí o seu conhecimento da América espanhola, reforçado pela estadia de 1949 a 1950 na Universidade de Porto Rico, como professor assistente de antropologia. De 1950 a 1952 foi antropólogo da Unesco, em Paris, e de volta ao Brasil foi nomeado em 1953 assistente da cadeira de Sociologia II, regida por Fernando de Azevedo, de quem fora aluno e a quem sucedeu por concurso em 1964. Sempre ligado a instituições estrangeiras, ensinou durante alguns anos do decênio de 1970 na Universidade de Aix-en-Provence e outros tantos na de Coimbra nos anos de 1980.

Mas não pretendo acompanhar a carreira universitária de Ruy Coelho. Esses dados sumários servem de mero quadro para compreender os rumos da sua produção intelectual, iniciada em 1941 com um longo ensaio sobre Marcel Proust, no primeiro número da revista *Clima*. No rapaz de vinte anos, era a prova singular e precoce de saber e capacidade crítica.

A tese de doutorado, *The Black Caribs of Honduras*, publicada em tradução portuguesa no ano de 1964 com o título *Os Karaib negros de Honduras*, mostrava o toque pessoal ao discrepar da rotina do gênero. Seria em princípio a clássica monografia de comunidade segundo o modelo americano então reinante, mas virou coisa diferente nas suas mãos. No começo, tudo normal: dados históricos, meio físico, capítulo abrangente sobre organização social; mas a seguir vinha a inflexão. Em vez de desenvolver sistematicamente os vários aspectos da organização, ele se concentrou num tópico, que lhe parecia esclarecer de maneira mais profunda a cultura em estudo: as crenças e a vida ritual, com destaque para o comportamento do indivíduo no contexto da cultura e da sociedade. Foi desse material que extraiu dois artigos de repercussão internacional: o primeiro, publicado em 1949 na revista *Man*, "The Significance of the Couvade among the Black Caribs", propunha uma nova interpretação deste costume e foi louvado por Lévi-Strauss; o segundo, "Le Concept de l'âme chez les Caraibes noirs", saiu em 1952 no *Journal de la Société des Américanistes*.

O interesse pelos estudos de personalidade-e-cultura não o deixaria mais e seria de certo modo o eixo da sua atividade universitária em cursos, pesquisas e escritos. É curioso ver como circula à sua volta por meio de uma ida ao passado no livro seguinte, *Indivíduo e sociedade na obra de Augusto Comte*, investigação teórica visando a indicar certas raízes do estruturalismo antropológico, predominante naquela altura. A formação que tivera na Universidade de São Paulo com os professores franceses se apoiava bastante na obra de Durkheim, que por sua vez fecundara a orientação comtiana. Foi o caminho que seguiu neste trabalho, tese de livre-docência publicada em 1963, para mostrar o entroncamento do estruturalismo naquela tradição, indicando de que maneira uma leitura adequada permitia encontrar na obra de Comte subsídios importantes para entender a personalidade a partir da sociedade. Ao mesmo tempo, contraditava afirmações rotineiras sobre a atitude antipsicológica do fundador do positivismo.

Preocupação do mesmo tipo está no cerne de *Estrutura social e dinâmica psicológica*, tese de cátedra defendida em 1964 e publicada em 1969. É um livro magistral onde, segundo o seu modo predileto de proceder, parecido nisso com o de seu mestre Roger Bastide, ele começa pela análise das teorias, passa à sua crítica e termina por apresentar o tema central. Assim, parte do conceito de estrutura e expõe o pensamento de autores sensíveis à dimensão psicológica, como Marcel Mauss e Lévi-Strauss. A seguir estuda o ponto de vista de Radcliffe-Brown e seus discípulos Firth e Nadel (este, professor com quem conviveu e que o influenciou), terminando pelos norte-americanos, cuja posição considera "estruturalista-funcionalista". Isso feito chega onde queria e expõe o seu modo de ver, sob a forma de uma apresentação do lado psicológico das teorias estruturalistas. É o momento mais pessoal do livro, no qual entra pelo estudo da personalidade à luz do processo de integração social, terminando pela visão sintética da sua relação com a estrutura da sociedade.

Como se vê, a atividade intelectual, e sobretudo profissional desse homem aparentemente dispersivo se ordenava segundo uma linha mestra — enriquecida pela informação sempre atualizada em campos como a epistemologia, a psicanálise, a filosofia da linguagem. Uma das suas últimas publicações, se não a última, foi o brilhante estudo "Planos da cognição e processos culturais" (na revista *Tempo Social*, 1989), onde analisa segundo um ângulo novo os mecanismos sociais e culturais envolvidos no processo de conhecer, em sentido amplo e em vários níveis. Uma coletânea (que se impõe) dos seus dispersos mostraria a riqueza da sua atividade intelectual, na variedade dos temas e dos métodos. Mostraria como nele o antropólogo e o sociólogo eram ao mesmo tempo um homem de saber universal, capaz de circular com toque próprio, servido por um admirável estilo, da literatura à lógica, da sociologia ao cinema.

Quanto ao modo de ser, há de ficar na lembrança dos que o conheceram a marca da sua retidão tranquila mas inflexível e o profundo desinteresse por qualquer sombra de fama, poder ou mesmo notoriedade. Praticamente, só escrevia premido por compromisso e não cuidava sequer de dar aos amigos os textos publicados. Talvez a sua única vaidade tenha sido a de saber, saber muito, saber mais, estar em dia. Fechado no escritório, mergulhado nas leituras insones da vida inteira, o mundo da inteligência foi para ele essa atividade mental depurada, desinteressada no sentido mais alto e mais completo da palavra, enquanto no mundo das relações o seu dia a dia se caracterizava pelo exercício da tolerância apaziguadora e por uma invariável boa vontade.

37. Hélio versus demônio

O leitor deste livro admirável fica achando que o poeta mais afim ao gosto de Hélio Pellegrino* era Carlos Drummond de Andrade. Mas muita coisa aqui parece levar para o lado de Murilo Mendes, que quando se tornou católico militante no começo dos anos de 1930 decidiu criar o escândalo da transcendência, mostrando que a religião é revolta e não comodismo, que o Cristo vivo é o dos pobres, que a fé se aparenta com a negação da ordem e o milagre está solto na rua. Em Murilo a consciência propriamente social veio depois. Mas o seu cristianismo sempre foi do outro lado.

Mais moço uma geração, Hélio Pellegrino já começou pressupondo a união indissolúvel da fé e da justiça. As decisões

---

* Hélio Pellegrino, *A burrice do demônio*. Rio de Janeiro: Rocco, 1988.

do Vaticano II e mais tarde a Teologia da Libertação o encontraram navegando neste rumo havia muito, contra as ortodoxias da religião e da política, contra a esclerose das hierarquias, apaixonadamente a favor do contra. Cristão, por ser revolucionário. Revolucionário, por ser cristão.

À maneira de Murilo Mendes, ele se afirma através do choque e da observância dos contrários. Nele, o que frequentemente parece contraditório é redenção, de tal forma que pode ser católico e marxista, como pode ser extremamente racional e respeitar as forças obscuras do ser. A sua temperatura de fusão é alta, e graças a ela pôde construir uma visão coerente de todas as diversidades. Paixão e lucidez animam juntas cada uma dessas páginas.

A burrice do demônio é uma coleção de artigos de jornal sobre vários assuntos, unificados não apenas pela recorrência de temas, mas pela tensão constante da inteligência, que permitiu a Hélio Pellegrino inventar um gênero novo no Brasil: a reflexão filosófica na escala da crônica. Há muitos anos, na França, Alain usava o artigo breve, o *propos*, para veicular a mais densa reflexão, frequentemente, a partir dos temas de atualidade. Hélio fez coisa aparentada, embora seja o anti-Alain, porque não amaina, não contemporiza e não pacifica. Pelo contrário, agride, expõe a ferida e escandaliza abertamente, numa opção pelos extremos que condiz com a sua personalidade sedenta.

Homem de formação científica rigorosa e muita leitura, ele denota o gosto pela abstração e a capacidade de lhe dar vida pelo recurso aos temas do cotidiano, aproveitando como oportunidades um livro novo, um acontecimento, uma ideia em voga. Tudo serve de deixa para ele refletir e transformar a reflexão em ato vivo, que se comunica ao leitor como experiência concreta graças à escrita fulgurante, tecida de metáforas, percorrida por fórmulas admiráveis, desdobrando-se num ritmo de veemente liberdade. A pertinência dos temas e a força da linguagem concorrem para unificar o livro, que no fim aparece como um todo coerente, quase um livre sistema, sob aparência do contrário. Não conheço outro exemplo de tensão reflexiva disciplinando com tanta eficácia o ritmo caprichoso do artigo periódico.

Por isso, creio que *A burrice do demônio* convida o leitor à releitura. Não de cabo a rabo, mas como convivência parcelada: hoje um artigo, amanhã outro — como acontece com as obras que podem ser breviário e inspiração. Num tempo em que tudo se desfaz no consumo imediato e a releitura é quase uma lembrança perdida, é notável esta característica, sinal de que o leitor poderá encontrar aqui um apoio constante para pensar o nosso tempo.

Os pontos de referência de Hélio Pellegrino são a psicanálise, o marxismo e o cristianismo, que ele compatibiliza a cada instante, a propósito das mais variadas situações de vida e de pensamento, como quem alcançou uma posição acima das contradições, justamente porque as aceita e faz delas trampolim para descartar as visões simplificadas. A inspiração arrebatada lhe permite alcançar uma difícil posição de unificador que sabe ressaltar paradoxalmente a diversidade.

Um dos temas básicos destas páginas é o da liberdade, que para Hélio Pellegrino é ao mesmo tempo risco e redenção do homem, obrigado a escolher e a criar a cada instante, pois, ao contrário do animal, nasce despreparado e precisa de equipamentos para suprir a inferioridade dos instintos.

> Nós, humanos, nascemos prematurados, desequipados, sem fortes instintos que nos costurem ao mundo, fazendo dele, desde o começo, a nossa casa. Somos *ruptura* com a ordem cósmica e, por isto mesmo, criadores de civilização. Somos, em nossa origem, desgarramento, derrelição, extravio, liberdade. Somos, em nosso centro ontológico, falta, fenda, *spaltung*. (p. 17)

De certo modo, tudo isso tende à liberdade, que, no entanto, é constantemente negada, ou seja: aquilo que constitui a essência da nossa condição humana é o que a má organização da sociedade procura descartar de todas as maneiras, pelos recalques interiores, pelos preconceitos que mutilam e isolam, pelas tiranias que esmagam. Por isso, sentimos que na filosofia de Hélio Pellegrino a ânsia de libertação é coextensiva ao senso de dignidade do homem, e serve de metro para avaliar a atuação das igrejas, dos governos, dos partidos. O que conduz a ela é legítimo, e negá-la faz parte das artimanhas do demônio, que está sempre por aí, na opressão, na tortura, no obscurantismo e onde menos se espera.

As forças de afirmação da liberdade, interior e social, são o que há de positivo, e aparecem inclusive no prazer, que expande o ser até o seu limite e por isso mesmo é tão perseguido pelas normas sociais e religiosas. O prazer perpassa por este livro como presença e como latência, por vezes em contraponto ostensivo ou virtual com a morte, que segundo Hélio é a companheira perene, o termo e o mistério, ao mesmo tempo terrível e redentora, porque é conatural e gera mitos compensadores. A força da vida provém da luta contra a morte, mas não pressupõe ignorá-la. Prazer e morte são polos deste livro, e a sua relação baliza a experiência total do homem, que procura a plenitude no prazo que a morte lhe concede. São positivas as formas de convivência e organização social que permitem a vida plena. Segundo Hélio, esta pressuporia no plano individual o acordo do ser consigo; no plano social, o acordo entre os indivíduos, para além dos mecanismos de subordinação, exploração e aniquilamento. O socialismo lhe aparece como possibilidade desta vida mais harmoniosa, onde o homem compensaria a sua irremediável limitação.

Política, religião, consciência, amor se unificam por isso no seu texto, dando lugar a visões unitárias que superam as visões parceladas, incompletas, próprias de quem vê o homem reduzido a algum dos seus aspectos, não conforme a integridade de quem aspira à plenitude. Neste sentido, Deus se revela na matéria e o corpo físico do mundo pode ser a dimensão do divino. Em sentido oposto, o demônio é parcial, divisionista, ou, como diz ele, "redutivista e analítico, em regime de tempo integral", incapaz de remontar o que desmontou. Por isso, "é incuravelmente burro". (pp. 121 e 123)

Hélio Pellegrino, ao contrário, é integrador por excelência e consegue, como ficou dito acima, unificar os próprios contrários. Pode ser católico e espinafrar o papa, admitir a luta de classes e a visão psicanalítica da personalidade, porque busca no ser e na sociedade a integração, tentativa de plenitude. Daí o seu cristianismo revolucionário, apresentado com um poder de expressão que tem momentos de gênio e parece devido a uma liberdade criadora que prefigura o mundo onde fossem vencidos os demônios.

38. Censura-violência

A censura é uma forma eficaz e profunda de violência, e a violência se tornou em nosso tempo horizonte e limite. Não afundemos demais no lugar-comum, mas registremos o fato de que neste fim de século a sua penetração e a sua explosão fazem realmente pensar. Sobretudo porque, ao contrário do que ocorreu noutras épocas e noutras civilizações, ninguém gosta de assumi--la francamente; os seus próprios autores e executantes não apenas a renegam ostensivamente, como a condenam. Haja vista na instância suprema os países ricos, que vendem armas aos outros, cultivam os pontos de conflito no mapa-múndi, mas não obstante lançam apelos veementes e patéticos a favor da paz.

Talvez isso venha desde sempre, pelo menos no Brasil, que é um *país pacífico*, sendo qualquer violência, no dizer das autoridades e respectivos ideólogos, "contrária à índole do nosso povo".

Quando os homens da minha geração começaram a ler e aprender, reinava na educação caseira e escolar uma concepção tecida sutilmente de violência inculcada, mas logo negada, e que por isso mesmo se incrustava a fundo em nossa consciência burguesa. Esse padrão comportava o que se pode chamar um refinamento estético da violência, com o culto do penacho, do uniforme vistoso, do rompante heroico, do gesto marcial cristalizado no quadro ou na estátua, do movimento coreográfico das batalhas de museu — e uma insensibilidade coletiva em face da maioria esmagada pela miséria, vista como fato natural. Nós entrávamos por aí com soldadinhos de chumbo, espadas e capacetes de folha e a ideia de uma profunda nobreza da força. "Assim nos criam burgueses", como diz o poeta.

Mas, ao mesmo tempo, impunha-se a ideia de um Brasil pacífico por natureza, cordato e generoso, inimigo desta mesma força, com uma história onde o sangue belicoso só corria derramado no campo da honra para defender o solo invadido ou ameaçado, dos holandeses aos paraguaios. Hoje as modas são outras entre os intelectuais, e talvez até se exagere a brutalidade da nossa história, que apenas não fica devendo nada à de outros países sob este aspecto. No entanto, creio que ainda predomina a velha barragem ideológica, mantida com uma pertinácia que chega a espantar, nessa era de violência desmascarada; e que decerto alcança com eficiência os seus fins mistificadores, como autossugestão consciente ou inconsciente.

Se não me engano, o primeiro historiador que mostrou a concatenação da violência na história republicana foi Edgard Carone, não faz muito tempo. Na sua obra, é impressionante a sucessão ininterrupta da ferocidade, numa cadeia de chacinas, conflitos sanguinolentos, intervenções armadas cheias de selvageria. Em outros historiadores isso tudo, quando aparecia, aparecia esbatido ou isolado, facilitando a ideologia da exceção lamentável. Não há dúvida de que a clava do hino nacional, se nem sempre foi justa, é invariavelmente forte. Seja como força física de compressão, seja como pressão sobre a inteligência e a criatividade, que é o caso da censura.

Violência física e violência mental são na verdade violência social, como fica mais evidente neste fim de século especialmente bruto. Ela é fruto da desigualdade econômica, que requer força para se manter, porque sem força a igualdade se imporia como solução melhor, que na verdade é. Hoje, é espantoso ouvir e ler os pronunciamentos das autoridades de todos os níveis, que falam com veemência crescente que a miséria do povo é intolerável, que a concentração da riqueza deve ser mitigada, que a pobreza é um mal a ser urgentemente superado — não raro com estatísticas demonstrativas. É espantoso, porque até pouco tempo tais afirmações eram consideradas coisa de subversivos; e é espantoso porque isso é dito, mas quem diz faz tudo para que as coisas fiquem como estão, e para que os que querem mudar sejam devidamente enquadrados pela força. Não há dúvida de que a censura funciona como retificação, como dolorosa ortopedia feita para lembrar aos incautos a obrigação de não passar da demagogia à luta real pela democracia. A ideia, a palavra, a imagem podem ser instrumentos perigosos aos olhos dos que desejam apenas escamotear, operando conscientemente no plano da ideologia para abafar a verdade. Censura, portanto, e censura como arma para formar com outras o arsenal de manutenção da desigualdade — econômica, política, social. Por isso, mais em nosso tempo do que em outros, nos quais eram menos variados e atuantes os meios de expressão, devemos estar cada vez mais preparados para lutar contra a violência dentro da qual vivemos em todos os níveis. Inclusive a da censura.

Há certas expressões significativas: "O fato é homem e a palavra é mulher; um homem vale vinte mulheres"; ou: "Contra fato não há argumento". Elas querem dizer que, diante da evidência do real, não cabem as argumentações abstratas em contrário, o que em princípio parece estar certo. Mas, na verdade, significam também coisas como "o que vale é a força" ou "ideia não resolve". Assim, pregam o reconhecimento do fato consumado, a capitulação diante do que se impôs no terreno *prático*, negando o direito de discutir, de argumentar para mudar a realidade. E então se tornam sinistras.

Sob este aspecto, o papel do intelectual consiste em fazer o contrário do que tais expressões postulam. Em não aceitar o fato como necessidade inelutável, nem considerar inapelável a circunstância que o formou. Em 1973, instigados por Fernando Gasparian, alguns intelectuais se juntaram a ele para fundar uma revista, a que deram o nome de *Argumento*, para marcar o direito da razão em funcionar contra a força. Os tempos eram bem mais duros do que agora e a censura à imprensa era maciça. Por isso mesmo, a nossa decisão foi não aceitar o fato como inevitável, mas lutar na medida das forças para mudar, sugerir alternativas, abrir. A apresentação foi escrita por Paulo Emílio Sales Gomes e acabava assim:

Nascemos sem ilusões e não está no nosso programa nutri-las. A independência custa caro e não encoraja as subvenções. Não temos propriamente o que vender mas nos achamos em condições de propor um esforço de lucidez. Esta não é artigo de luxo ou de consumo fácil mas em qualquer tempo é alimento indispensável pelo menos para alguns. Sua raridade é, aliás, sempre provisória; tudo que a lucidez revela tende a se transformar em óbvio.

Contra fato há argumento.

No terceiro número a revista recebeu o aviso de que deveria ser submetida à censura prévia, e, como não quisemos aceitar, ficamos impedidos de publicá-la e ela acabou, afinal, depois de uma luta que obrigou o presidente da República a baixar decreto, cortando a nossa possibilidade de recorrer à Justiça. Portanto, o resultado final parece ter sido — que contra fato não há mesmo argumento. Mas talvez seja possível interpretar de outro modo, dizendo que tanto há argumento contra fato, que os zeladores do fato consumado, da situação intolerável, usam toda a força contra a lucidez da razão, para apagarem o argumento correto e manterem o fato distorcido. De certo modo, isso é o resumo das aventuras da cultura em face da censura, no Brasil de hoje.

O que esta vem representando como sufocação é incrível. Nem é possível avaliar o que significa na deformação da mentalidade de toda uma geração, crescida em regime de censura drástica de rádio, televisão, teatro, jornal. Censura acompanhada de medidas coercitivas, que vão até a morte, como foi o caso de Vladimir Herzog.

Vlado foi a maior vítima da liberdade de opinião e o seu sacrifício representa simbolicamente da maneira mais nobre a luta por ela. Representa a atuação da inteligência em frente da força bruta que se arma para esmagá-la. E até a sua fragilidade física faz pensar no texto famoso de Pascal:

> O homem não passa de um caniço, o mais fraco da natureza, mas é um caniço pensante. Não é preciso que o universo inteiro se arme para esmagá-lo: um vapor, uma gota d'água bastam para matá-lo. Mas, ainda que o universo o esmagasse, o homem seria mais nobre do que aquilo que o mata, porque ele sabe que morre e sabe a vantagem que o universo tem sobre ele; o universo não sabe nada disso.

A diferença é que os agentes da tortura em que se prolongou a censura sabem que matam, na sua força enorme em relação ao intelectual frágil — e isso agrava infinitamente a sua culpa. Mas permanece a imagem do homem isolado, débil, armado da inteligência e da razão, sabendo que elas são mais nobres, mais fortes na escala de valores do que a força que se armou para destruí-lo. Vlado foi, por isso, o eixo em torno do qual a violência de um certo momento girou e declinou. Um frágil caniço pensante que encarnava toda a dignidade e alcance do pensamento.

Reagir e lutar, portanto, sem ilusões excessivas, como diz a nota de Paulo Emílio. Nesta reta de chegada do século, as contradições sociais são tão evidentes, que as soluções de igualdade se impõem. Daí o esforço redobrado dos que as querem esmagar, desviar ou desfigurar, mesmo quando as usam demagogicamente nos seus pronunciamentos. Assim, a perspectiva é de luta, não de tranquilidade. Haverá alguns oásis no vasto deserto e momentos de miragem, antes de se atingir o alvo, que é distante. Por isso, é preciso afirmar a razão, condenar a repressão que no campo da inteligência é censura e, como vimos, vai até a morte dos discrepantes. Estamos no fim de um passado que começou a ser dissolvido com a revolução industrial e no começo de um futuro assinalado pela liberação da energia atômica. É urgente pensar segundo esta escala, enfrentando a violência, que é o esforço desesperado para desviar o futuro, mediante os salvados indesejáveis de um passado moribundo.

39. Salinas no cárcere

O livro infelizmente póstumo de Luiz Roberto Salinas Fortes, *Retrato calado*, pertence ao gênero fascinante dos escritos que mostram o homem à busca de si mesmo. Feito para os outros, ele nasce, todavia, de uma necessidade irremediável de autoconhecimento, sendo ao mesmo tempo descrição de fatos e revelação do ser. À medida que o autor narra os seus encontros com a repressão policial e militar, nós vamos presenciando o desvendamento da sua própria natureza. Como a escrita é excelente, resulta um livro marcado pela originalidade forte dos que não procuram ser originais.

Luiz Roberto conta primeiro as suas duas detenções por suspeita de envolvimento na luta contra a ditadura militar, no começo dos anos de 1970. A seguir, transcreve páginas de um diário dos anos de 1950, quando veio do interior para estudar na Universidade de São Paulo. Finalmente, conta duas outras detenções em meados do decênio de 1970, por suposta participação no tráfico de drogas. Aparentemente casual, a disposição da matéria é perfeita como esquema narrativo, porque apresenta situações armadas de fora, mas dá elementos para avaliar como é por dentro o indivíduo arrastado nelas, e cuja integridade elas põem à prova. Forçando a nota, pode-se dizer que as páginas confessionais, postas no meio, simbolizam pela simples posição a pessoa apertada entre duas conjunturas repressoras.

Como é o narrador? As páginas do diário, intituladas "Suores noturnos", mostram a sua angústia, a sua fragilidade consciente, permitindo assim avaliar o efeito sobre ele da brutalidade descrita na primeira e na terceira partes, intituladas "Cena primitiva" e "Repetição". Através das três, notamos como constante a lucidez pungente de quem se observa e analisa, procurando compreender a própria natureza nos termos da conhecida atitude pascaliana — "procurar gemendo".

Muitos passaram pela aventura pavorosa do cárcere e da tortura no regime militar. Alguns relataram a sua experiência, mas poucos o terão feito com a sobriedade de Luiz Roberto, que nem por um instante procura se valorizar, dar-se como exemplo ou vítima. Uma serenidade incrível anima o seu modo de escrever, como se ele procurasse desprender-se de si e encarar-se como outra pessoa, desdobrando-se a fim de que a reflexão pudesse extrair todo o significado possível daqueles momentos, não obstante tão pessoais e tão pessoalmente expostos. O tempo todo ele parece estar no centro sem chamar atenção, simultaneamente sujeito e objeto, graças à maestria da escrita e à invariável dignidade intelectual.

Resulta uma espécie de curiosidade aparentemente desapaixonada, à força de ser lúcida, procurando os limites da personalidade. E a descida aos infernos se torna oportunidade para pensar o ser.

Talvez uma das chaves do livro esteja na página 27, onde Luiz Roberto alude à tortura que sofreu e à marca deixada por ela, prevendo que poderia causar no futuro a sua morte — como parece que de fato causou. Ele sugere então o dever de expor o que aconteceu a tantos, transbordando a sua singularidade para exprimir o destino de outros. O que sofreu, muitos sofreram, e quem sabe sofrerão; por isso, a sua experiência representa um estado mais geral de coisas e justifica o aparente relevo dado ao indivíduo falando na primeira pessoa. O destino possível de outros leva a testemunhar:

> Daí a necessidade do registro rigoroso da experiência, da sua transposição literária. Contra a ficção do Gênio Maligno oficial se impõe o minucioso relato histórico e é da boa mira neste alvo que depende o rigor do discurso.

Na execução do plano, Luiz Roberto trabalhou com uma serenidade que faz o horror crescer para nós. Na medida em que não deblatera, em que não transforma os repressores em puros monstros, nem as vítimas em heróis, ele faz a realidade assumir uma espécie de gratuidade cruel, como se do cotidiano mais normal emergisse a fenomenologia da bestialidade. A realidade lhe serve para investigar a fragilidade do indivíduo e o desnorteio geral da vida, a implacável dificuldade de acertar, o deslizamento inexplicável entre as esferas do comportamento.

O que sou eu? O que é você? O que são eles? Por que fazemos tudo tão mal? Por que fazem eles as coisas tão às cegas? No meio da perplexidade, o drama do ser mistura-se aos dramas do mundo e o narrador parece alguém que soube, através da palavra, construir-se e ao mesmo tempo denunciar, com a inteireza dos que não enfeitam nem deformam.

Retrato calado elabora em alto nível a experiência dos anos de ditadura militar, porque nele a dimensão do indivíduo e o panorama do momento se fundem graças ao poder da escrita. Não é um simples testemunho, nem uma evocação de tormentos. É uma tentativa de mostrar e conhecer melhor o ser e a sua circunstância nos momentos de crise, quando a relação entre ambos se torna cruciante e pode aguçar a ponta do conhecimento.

Isso tudo, repito, foi feito sem nenhuma autocomplacência, mas também sem qualquer autoflagelação. Trata-se de uma empresa de lucidez, servida por escrita expressiva, cheia de fórmulas felizes e momentos de grande inspiração, que permitiram a Luiz Roberto manifestar a sua notável sinceridade, adequada a um estudioso de Rousseau e revelando, no seu caso, a mais completa limpeza de alma. Foi pena ter se acabado tão cedo esse homem exemplarmente reto na sua dignidade angustiada, de que dá testemunho *Retrato calado*, leitura fundamental para sentir um lado importante do Brasil contemporâneo. Luiz Roberto parecia haver-se finalmente conciliado consigo mesmo. Mas, ironicamente, a recompensa do longo esforço para se encontrar foi a morte.

40. Literatura comparada

Há mais de quarenta anos eu disse que "estudar literatura brasileira é estudar literatura comparada", porque a nossa produção foi sempre tão vinculada aos exemplos externos, que insensivelmente os estudiosos efetuavam as suas análises ou elaboravam os seus juízos tomando-os como critérios de validade. Daí ter havido uma espécie de comparatismo difuso e espontâneo na filigrana do trabalho crítico desde o tempo do Romantismo, quando os brasileiros afirmaram que a sua literatura era diferente da de Portugal.

O primeiro sinal disso se encontra na mania de referência por parte dos críticos. Eles pareciam sentir melhor a natureza e a qualidade dos textos locais quando podiam referi-los a textos estrangeiros, como se a capacidade do brasileiro ficasse justificada pela afinidade tranquilizadora com os autores europeus, participantes de literaturas antigas e ilustres, que, além de influírem na nossa, vinham deste modo dar-lhe um sentimento confortante de parentesco.

De fato, praticamente desde as origens da nossa crítica até quase os nossos dias, um dos critérios para caracterizar e avaliar os escritores tem sido a alusão paralela a autores estrangeiros. Assim, Joaquim Norberto evoca Walter Scott a fim de justificar a transformação do índio em nobre cavaleiro; Fernandes Pinheiro qualifica os *Cânticos fúnebres* de Gonçalves de Magalhães comparando-os às *Contemplações* de Victor Hugo; Franklin Távora puxa Gustave Aymard e Fenimore Cooper para desmerecer José de Alencar. Nem faltou certo comparatismo disciplinar, expresso na volúpia tão brasileira de denunciar plágios, só igualada pela de reivindicar primazias; e foi o caso de Sílvio Romero apontando sete adaptações de Victor Hugo, sem menção dos originais, na obra de João Salomé Queiroga. Mesmo em análises mais recentes, feitas em momentos de maior autoconfiança nacional, a referência surge como técnica de caracterização crítica. É o caso de Ronald de Carvalho aproximando da irreverência e da boemia desbragada de François Villon o universo de Gregório de Matos. E vejam que tudo isso não ocorria em contextos formalmente comparatistas, mesmo porque na maioria dos momentos a que aludo não se falava ainda de literatura comparada. Tudo flui espontaneamente, ao correr da reflexão, como se o discurso crítico se constituísse por meio dessas aproximações reconfortantes. Uma espécie de comparatismo não intencional, elementar e ingênito. Essa tendência dos críticos correspondia ao comportamento dos escritores, sempre inclinados a apoiar-se nos textos das literaturas matrizes. Sem falar das traduções, capítulo privilegiado nos estudos comparatistas, lembro, ainda no tempo do Romantismo, o jogo abundante das epígrafes de autores estrangeiros contemporâneos.

O poeta dos períodos clássicos geralmente incorporava diretamente ao texto as evocações ou citações de autores nos quais desejava se amparar, fundindo-as com o seu próprio discurso, porque naquele tempo a imitação era timbre de glória, não havia o sentimento exacerbado de originalidade e as pessoas cultas tinham sempre em mente um certo estoque de alusões eruditas, que se podiam ajeitar como engastes. Assim, Tomás Antônio Gonzaga incorporava diretamente os traços de Anacreonte que lhe interessavam; Basílio da Gama transpunha para *O Uraguai*, quase ipsis litteris, versos de Virgílio, Petrarca ou Torquato Tasso — o mesmo Tasso cujos versos sobre a Musa religiosa frei Francisco de São Carlos costurou no *Assunção*. Tudo, é claro, sem alusão aos originais.

Já o poeta romântico, filho de uma era que proclamava a singularidade de cada um e o valor da novidade, desliga do texto a referência e a empurra para o destaque da epígrafe, onde ela aparece com o nome do seu autor e a forma exata, assumindo plenamente o caráter de referência. E, sem descartar de todo os autores antigos, o romântico prefere os contemporâneos estrangeiros, revelando a impregnação direta das fontes externas e o novo universo do intercâmbio intelectual mais dinâmico. Em Gonçalves Dias e Álvares de Azevedo, homens de muita leitura, mas também nos outros, de equipamento modesto, o texto poético é posto sob a tutela da epígrafe. Por vezes, de várias epígrafes. A moda veio de fora, e Victor Hugo foi useiro dela. Mas no Brasil ela se transformou, repito, na referência sistemática aos autores europeus do tempo, escolhidos como apoio. Schiller, Goethe, Novalis, Jean-Paul, Hoffmann, Byron, Moore, Cowper, Lamartine, Vigny, Musset, George Sand, Victor Hugo — patrocinam textos nacionais.

Estes são exemplos de uma difusa tendência que favorecia o que se pode chamar de ânimo comparatista, mesmo antes da instauração e divulgação da literatura comparada. Ou, em seguida, manifestado por quem não tinha informação sobre ela. Mas há outra modalidade que coincide com a sua difusão e é algo mais sistemático, embora desligado do ensino e de atividades institucionais. Refiro-me ao interesse pelo estudo monográfico de autor estrangeiro, marcando ainda aqui as obsessões da referência inevitável. O ensaio de Sílvio Romero sobre Émile Zola, por exemplo; o de Araripe Júnior sobre Ibsen; o de Tasso da Silveira sobre Romain Rolland; os de Tristão de Athayde e Jorge de Lima sobre Proust — este último, aliás, tese de concurso.

Esses exemplos procuram mostrar a existência de uma vocação comparatista espontânea e informal, como algo coextensivo à própria atividade crítica no Brasil. Literatura comparada propriamente dita, só quando o século XX já estava chegando à metade, apesar de ter havido manifestações anteriores, inclusive o uso um pouco novidadeiro da designação, por parte de quem pensava sem fundamento estar praticando a matéria, como foi o caso do agitado Almáquio Diniz. Não conheço bem a marcha desses estudos, para falar a verdade. Tanto quanto sei, foram aparecendo por aí como Deus quis, com ou sem o rótulo específico, e todos dentro dos critérios tradicionais. Lembro que um polígrafo inteligente e curioso, Afrânio Peixoto, se interessou por estas coisas, e nos anos de

1920 escreveu a respeito de eventuais influências d'*O fidalgo aprendiz*, de d. Francisco Manoel de Mello, sobre *Le Bourgeois gentilhomme*, de Molière. O mesmo Afrânio Peixoto, nos anos de 1940, quase aplicou corretamente a categoria do pré-romantismo (que conhecia pelo livro de Van Tieghem, de 1924), ao estudar José Bonifácio e Borges de Barros nas suas relações com textos românticos e pré-românticos europeus.

Mas nessa altura já tinha entrado em cena outro baiano, que talvez possa ser considerado o primeiro comparatista propriamente dito na crítica brasileira: Eugênio Gomes. Comparatista, entenda-se, sem vínculo universitário nem etiqueta profissional, que começou publicando nos anos de 1930 um livro sobre escritores ingleses. E que a partir do mesmo decênio elaborou os notáveis estudos sobre influências inglesas em Machado de Assis.

Assim, viemos vindo desde as alusões espontâneas anteriores à disciplina até a sua prática regular, podendo-se concluir que a referência ao texto estrangeiro parece um modo constitucional da crítica brasileira.

Quero agora mencionar o primeiro curso de literatura comparada de que tenho notícia no Brasil, e que, aliás, nem sei se passou de projeto. Denominava-se História Comparada das Literaturas Novo-Latinas e compunha o currículo da Faculdade Paulista de Letras e Filosofia, fundada em 1931 sob a orientação de Antônio Piccarolo. Ele próprio se encarregou da matéria, além de língua e literatura latina, e em 1932 deu uma aula inaugural (reproduzida em boletim) que servia a ambas, denominada "O parnasianismo na literatura romana". É possível que a ideia de estabelecer a disciplina tenha decorrido do impacto causado pela presença de Arturo Farinelli no ano de 1927 em São Paulo, onde fez conferências que foram reunidas num volume em 1930.

A Faculdade Paulista encerrou as atividades em 1934, quando se fundou a Faculdade de Filosofia da Universidade de São Paulo, que não incluiu no seu currículo literatura comparada, cujo ensino, segundo as pouquíssimas informações que tenho, deve ter começado no Rio de Janeiro, embora, ao que parece, sem grande continuidade. Sei que em 1936 Sérgio Buarque de Holanda foi assistente do professor francês Henri Tronchon, que ensinava literatura comparada na efêmera Universidade do Distrito Federal; e que Tasso da Silveira a ministrou desde aquela altura até não sei quando na Universidade do Estado da Guanabara.

Quanto à Faculdade de Filosofia da Universidade de São Paulo, houve o que se pode chamar de prática apendicular, isto é, a de fazer trabalhos de literatura comparada para atender a requisitos de outras disciplinas. O começo disso foi uma tese de concurso à cadeira de literatura brasileira em 1945, de autoria de Antônio de Sales Campos, meu excelente professor de literatura no Colégio Universitário. Como matéria de teses de doutorado ela apareceu na de Keera Stevens sobre viajantes ingleses em Portugal, orientada nos anos de 1950 pelo professor Fidelino de Figueiredo, que publicou naquela época estudos comparatistas, inclusive um sobre Shakespeare e Garrett. Para ficar nos decênios de 1950 e 1960, seguiram-se a de Carla de Queiroz sobre Metastasio e os árcades brasileiros, em literatura italiana; a de Marion Fleischer em literatura alemã, sobre obras publicadas em alemão no Rio Grande do Sul; a de Onédia de Carvalho Barboza, em literatura inglesa, sobre traduções de Byron no Brasil; a de Maria Alice Faria, em literatura francesa, sobre Musset e Álvares de Azevedo — e diversas outras. Como disciplina autônoma, a literatura comparada apareceu na Universidade de São Paulo em 1961, por iniciativa minha, casada à teoria literária; mas só em 1969 foram dados os primeiros cursos regulares, em nível de graduação; aliás, sem prosseguimento imediato. Eles se consolidaram a partir de 1971 em nível de pós-graduação, aos cuidados de Onédia de Carvalho Barboza, que, além de assegurar a continuidade do ensino, orientou valiosas dissertações e teses.

A partir de então o interesse e as atividades em literatura comparada começaram a se manifestar regularmente nas universidades brasileiras, das quais só mencionei o caso paulista, por conhecer mal a situação em outros estados. Mas faltava algo importante, e eu diria decisivo: a consciência profissional específica, que se fortalece pelo intercâmbio, os periódicos especializados e a vida associativa, marcada por encontros, simpósios e congressos. Foi o que começou com a Associação Brasileira de Literatura Comparada, que equivale a uma certidão de maioridade da disciplina no Brasil. De fato, ela encerra a era que começou pelas manifestações ocasionais, passou à prática regular, mas individual, antes de obter reconhecimento institucional, que ainda assim não a tirou da situação marginalizada, em que existia sobretudo como subproduto do ensino das literaturas estrangeiras modernas. A partir de agora ela poderá afinal assumir o papel que lhe cabe num país caracterizado pelo cruzamento intenso das culturas, como é o Brasil.

41. O recado dos livros*

Nas universidades brasileiras, mesmo de bom nível, as bibliotecas ainda não receberam a atenção devida.

A biblioteca deveria ser equivalente ao laboratório como centro da universidade, formando ambos a sua dupla fonte de energia. No Brasil isto não costuma ocorrer devido a critérios insatisfatórios de investimentos e prioridades. De fato, preferimos muitas vezes gastar mais com os prédios do que com os livros. E preferimos também fazer uma política de pessoal sem cuidar de uma política paralela de equipamento.

* Discurso proferido na cerimônia de inauguração das novas instalações da Biblioteca Central da Universidade Estadual de Campinas.

Não podemos, é claro, seguir o exemplo de certos países do Primeiro Mundo, nos quais geralmente uma instituição de ensino superior só começa a funcionar depois de plenamente equipada. O nosso ritmo é diverso, as nossas possibilidades são outras, e há que deixar margem à capacidade brasileira de improvisar, que tem os seus lados positivos. Mas podemos e devemos estabelecer na estratégia universitária uma proporção mais justa entre a política de instalação, a política de pessoal e a política de equipamento.

Quanto à biblioteca, os dois aspectos básicos são a constituição de acervo adequado e a presença de pessoal competente. É constrangedor ver as nossas instituições de ensino superior começarem o trabalho sem os livros necessários; e, quando estes são conseguidos, vê-las sem meios de aproveitá-los corretamente, ampliar o acervo e manter um ritmo normal de atualização. Igualmente penoso é ver a desqualificação relativa da função de bibliotecário, que apesar das melhorias ainda não teve o reconhecimento, a formação e a remuneração que merece. Nas nossas bibliotecas não é frequente a figura do bibliotecário-bibliógrafo, isto é, aquele capaz de dominar textualmente a bibliografia de um dado setor e de trabalhar sobre ele com um tipo de competência equivalente à dos professores, podendo inclusive publicar a respeito trabalhos de especialista.

Neste sentido é preciso repensar a relação entre docentes e bibliotecários, dando a estes um relevo que poucas vezes lhes é atribuído. É preciso sobretudo lembrar que o corpo docente só deveria ser ampliado quando o corpo de bibliotecários estivesse plenamente constituído e pudesse também ser enriquecido de modo proporcional.

Uma inauguração como a de hoje mostra que a Universidade Estadual de Campinas tem consciência da importância do problema, e que na moldura dessas excelentes instalações se desenvolverá uma boa política de biblioteca, com a noção finalmente madura do papel que desempenha o bibliotecário no processo de aquisição e desenvolvimento do saber.

Para encerrar esta primeira parte do meu discurso, conto um fato pessoal. Quando organizamos o Instituto de Estudos da Linguagem, já havia aqui um sólido grupo de linguistas e o começo de um quadro de professores de literatura. Pedi então ao reitor Zeferino Vaz que quanto a estes garantisse a contratação em tempo integral de mestres e doutores em número suficiente para a primeira fase, e assim foi feito. Surgiram então as candidaturas de novos elementos e a possibilidade de absorvê-los, mas eu me opus, lembrando que o momento era de formar biblioteca e canalizar para ela os recursos eventuais. Pude então exprimir o ponto de vista de que o investimento em livros e bibliotecários capazes é tão importante quanto o investimento em professores, contrariando a tendência brasileira de inflar o corpo docente antes de resolver os problemas de equipamento, sem o qual os docentes não podem realizar de maneira satisfatória os seus projetos de ensino e pesquisa. Devo dizer que até hoje não mudei este modo de pensar.

Com isto passo ao segundo tópico, relativo ao interesse que pode ter o estudo das coleções formadas por compra ou doação de bibliotecas pessoais, que chegam íntegras, com a sua fisionomia própria, sendo mantidas assim em vez de se dissolverem no todo. Por quê? Porque o estudo de tais coleções vem a ser um instrumento útil para investigar a formação das mentalidades num dado momento histórico. A evolução da cultura de um homem se evidencia nos livros que leu. Através desta cultura é possível esclarecer a história intelectual de um período, pois a formação de uma biblioteca equivale geralmente à superposição progressiva de camadas de interesse, que refletem a época através da pessoa.

Na inauguração de hoje temos dois exemplos, em dois níveis bem diferentes qualitativa e quantitativamente, pois serão abertas à consulta a notável biblioteca de Sérgio Buarque de Holanda, homem ilustre cujo nome é um patrimônio nacional, e a modesta biblioteca doada por meus irmãos e por mim, compreendendo livros que pertenceram a nossos pais e a nós próprios. A respeito desta coleção, que conheço bem, tomo a liberdade de ilustrar o que sugeri, tentando reconstituir através dela a evolução mental de meu pai no terreno das humanidades. No terreno da medicina, sua profissão, eu não poderia fazer o mesmo por falta de conhecimentos; aliás, a sua biblioteca médica foi doada em 1960 por minha mãe à Faculdade de Ribeirão Preto. Ressalvo que, tratando-se de história intelectual, é válido estudar não apenas a formação dos homens ilustres, como Sérgio Buarque de Holanda, mas também a de um simples profissional culto, do tipo que foi meu pai, Aristides Candido de Mello e Souza.

Para fazer semelhante investigação é preciso conhecer mais ou menos a biografia do sujeito, mas, mesmo quando esta falta no todo ou em parte, a verificação da entrada dos livros no acervo, pela data de aquisição, é elemento importante. No caso presente, levo a vantagem de conhecer a vida de quem formou e possuiu a biblioteca, cujos livros trazem frequentemente elementos que permitem datar a sua aquisição. Um requisito básico seria que a biblioteca estivesse completa, o que não acontece com esta de que falo, pois ela inclui apenas parte dos livros de meus pais e seus 3500 volumes correspondem à minoria do nosso acervo familiar. Mas, como conheço o todo, posso trabalhar com a parte. E, antes de proceder rapidamente à demonstração por meio de amostras significativas, repito os termos da minha sugestão: estudar a formação de uma cultura pessoal por meio da biblioteca, vista como estratificação de sucessivas camadas sedimentadas ao longo do tempo de uma vida, que pode servir de índice para o conhecimento da época. No caso de meu pai, vida relativamente breve, pois ele morreu com 56 anos, mas suficiente para se ter um panorama da adolescência à plena maturidade. E entre parênteses uma ressalva: não mencionarei as grandes obras clássicas que estão presentes em toda biblioteca de algum relevo e entraram na de meu pai desde o tempo do ginásio: as de Homero, Virgílio, Dante, Camões, Cervantes, Milton, Shakespeare etc.

A primeira camada se formou aqui em Campinas, nos anos de 1901 a 1903, quando ele estudava no Ginásio do Estado, que mais tarde readquiriu o nome inicial de Culto à Ciência. O local e a data de compra dos volumes são frequentemente reconhecíveis pela etiqueta da Casa Genoud e o carimbo que o adolescente apunha nas folhas de guarda ou de rosto. Há um núcleo de divulgação filosófica e científica, um núcleo de história e um núcleo de literatura. O primeiro deles é constituído por obras tributárias do evolucionismo e do materialismo corriqueiro, como as *Mentiras convencionais da civilização*, de Max Nordau, *O homem e a ciência*, de Luís Büchner, os opúsculos de Herbert Spencer como *Lei e causa do progresso*, *Classificação das ciências* etc., tudo em traduções portuguesas. Em história, a obra completa de Oliveira Martins. Em literatura, Eça de Queirós, destacando-se *O crime do padre Amaro*, anotado com lápis anticlerical, Olavo Bilac, Alberto de Oliveira. Sem falar na grande novidade do momento, *Os sertões*, de Euclides da Cunha, que foi no moço ginasiano o impacto inicial dos problemas do país.

A este primeiro estrato campineiro formador se superpõe de 1905 a 1910 um segundo estrato, agora carioca, que demonstra o amadurecimento do estudante de medicina. Os textos básicos que nutriam o materialismo evolucionista são nesta fase mais densos e importantes, todos em traduções francesas: *A origem das espécies*, de Darwin; *História da criação dos seres organizados*, de Haeckel; *Princípios de biologia* e *Princípios de sociologia*, de Spencer, aos quais se junta o *Curso de filosofia positiva*, de Augusto Comte. O estudante consolidava o seu materialismo ateu e em literatura mergulhava nos céticos e ironistas: Anatole France, Machado de Assis, Alphonse Daudet. O setor brasileiro era representado sobretudo pelos críticos, historiadores e sociólogos: Sílvio Romero, José Veríssimo, Oliveira Lima, Manoel Bomfim — este, anotado com particular interesse.

Uma terceira camada se formou de 1911 a 1914, centralizada por uma estadia do médico recém-formado na Suíça e na França, de dezembro de 1911 a dezembro de 1912, que favoreceu uma acentuada inflexão nos interesses. Aparecem, por exemplo, traduções francesas de Goethe e Schiller, os romancistas prediletos são agora de tendência analítica, como o esquecido suíço Édouard Rod, ou então reconstrutores do passado, como Maxime Formont e Dmitri Merejkovski, este último, portador de um toque místico. Comparecem também os livros de Tolstói e de escandinavos na moda, como Knut Hamsun e Selma Lagerlöf, além dos italianos Verga e Fogazzaro. Traço novo são os livros sobre música e estética, de Édouard Schuré, Henri Lichtenberger, Camille Mauclair, Charles Lalo. Os filósofos lidos têm agora corte idealista: Fouillée, Guyau, Boutroux, Séailles e alguns hoje esquecidos de todo, como Gabriel Dromard e o pai de Jean Paulhan, Frédéric Paulhan. As novas leituras mostram que a experiência europeia estava fazendo o jovem médico sair do materialismo corriqueiro e do ceticismo. E que no terreno da poesia tinha adquirido o gosto, que iria perdurar, por *As flores do mal*, de Baudelaire.

O momento decisivo da camada seguinte, que é a quarta, são os anos de 1915 e 1916, quando ele fez o famoso curso de Manguinhos, sob a direção de Oswaldo Cruz. Então, não apenas reviu a sua formação científica em doze meses de trabalho intenso, mas descobriu os autores que dali por diante seriam prediletos, a ponto de eclipsarem os citados antes: Ibsen, mas sobretudo Dostoiévski, Nietzsche e Bergson. Tendo partido do materialismo entremeado de ceticismo; tendo recebido a seguir certa influência do idealismo e do esteticismo, o jovem médico chega com trinta anos ao interesse pelo impulso vital, aguçado pelo sentimento trágico, o drama das opções morais e o senso das profundezas do ser, tudo resultando numa visão bem mais complexa da vida. Até o fim da sua, lerá e relerá esses autores, encontrando neles o alimento intelectual de que necessitava. E, como era o tempo da Primeira Grande Guerra, a sua biblioteca se enche de obras sobre os problemas históricos, políticos e sociais ligados ao conflito. Livros de Bülow, Bernhardi, Neumann, Tannenberg, Le Bon, Lavisse, Santayana, além de biografias e memórias dos generais de ambos os lados. Surgem também os livros sobre a Revolução Russa de 1917, de Kautski, Landau-Aldanov, Roger Levy, biografias de Lênin e Trótski. Lê também então com grande interesse o poeta belga Émile Verhaeren e descobre Romain Rolland, cujo idealismo pacifista o atraiu e cuja obra adquiriu toda.

Quinta camada seria a dos anos que vão de 1920 a 1928, formada na maioria por autores brasileiros do momento, como Antônio Torres, Monteiro Lobato, Gilberto Amado, Gastão Cruls e outros, além das publicações sobre o momento político (objeto constante do seu interesse) e as obras de Oliveira Viana, cujo *Populações meridionais do Brasil* o apaixonou.

De novembro de 1928 a dezembro de 1929 Aristides de Mello e Souza passou mais um ano na Europa, atualizando os conhecimentos médicos. É curioso verificar que não entram nessa altura novos livros de filosofia, como se os de Nietzsche e de Bergson continuassem bastando. Em compensação ocorre uma atualização da literatura francesa, com livros de Marcel Proust, Paul Valéry, Paul Morand, Francis Carco, Jean Cocteau,

Jules Romains entre outros, que formam a sexta camada da sua biblioteca de humanidades. Dali por diante não aparecerão mais nela, por sua iniciativa, novos livros de literatura em escala apreciável, mas continuou comprando obras de crítica sobre Dostoiévski e Nietzsche.

A sétima camada corresponde ao decênio de 1930, último que viveu integralmente, pois morreu no começo de 1942. Avultam nela livros de tema político, que sempre apaixonaram esse democrata liberal. São obras sobre o nazismo e o fascismo, a Rússia soviética, o perigo da guerra, os problemas brasileiros do momento, além de muitos da grande produção que naquela altura se avolumou sobre a nossa história e vida social, como *Casa-grande & senzala*, de Gilberto Freyre, e os volumes de vária natureza da Coleção Brasiliana, organizada por Fernando de Azevedo na Companhia Editora Nacional.

No campo da filosofia, um traço novo: certo interesse pela obra de Keyserling, mas sobretudo pela dos existencialistas cristãos russos Berdiaev e Chestov, que conheceu através dos livros que escreveram sobre Dostoiévski. Sobre Dostoiévski, aliás, foi a sua última leitura, deixada em meio pouco antes de morrer: a biografia escrita por Henri Troyat, o primeiro a revelar em língua francesa os novos materiais informativos divulgados pela crítica soviética.

Com isto eu quis sugerir o interesse que pode haver na exploração das coleções, dentro das bibliotecas gerais, para o estudo da história mental de um dado período, através da sedimentação das leituras de uma pessoa representativa, eminente ou não. No caso de meu pai há um esclarecimento a fazer: a sua grande cultura humanística não substituiu a cultura médica, mas formou-se ao mesmo tempo que ela e com ela coexistiu sempre. De fato, a maioria absoluta de sua biblioteca era formada pelos livros e revistas de medicina; eram as leituras de medicina que ocupavam a maior parte do seu tempo e quanto a elas procurava estar rigorosamente atualizado. Uma segunda observação sobre o seu caso, esta, de ordem geral: uma investigação como a que apenas sugeri serviria também para mostrar qual era o tipo de formação ideal visada pela sua geração de médicos — formação que naquele tempo de medicina relativamente menos científica era inseparável da cultura humanística. Esta era a tradição que vinha de Francisco de Castro e se manifestava de maneira brilhante em dois eminentes professores, ambos mortos precocemente na quadra dos quarenta anos, que influíram em meu pai na Faculdade de Medicina do Rio de Janeiro: seu tio por aliança Pedro de Almeida Magalhães e seu concunhado Miguel Pereira, de quem foi interno, assistente e fiel discípulo.

Terminando, eu diria que uma investigação do mesmo tipo poderia ser feita em relação à biblioteca pessoal de minha mãe, da qual uma parte foi agora doada à Universidade Estadual de Campinas. Tal investigação mostraria de que maneira uma moça educada em colégio de freiras no começo do século XX passou das leituras *pour jeunes filles* a Paul Bourget, dele a Stendhal e Balzac, destes a Péguy, Claudel, Bernanos, Simone Weil; e de um catolicismo convencional à posição avançada do movimento Economia e Humanismo, através das revistas e dos livros dos dominicanos franceses renovadores. Mas isto seria ir longe demais nesta circunstância. O que desejei foi apenas aproveitar a inauguração desta nova biblioteca a fim de sugerir o aproveitamento possível das coleções individuais para investigar a nossa história mental.

42. Cinematógrafo

A minha primeira noção de cinema foi vaga e por ouvir dizer. Seria ali por 1924, em nossa empoeirada cidadezinha de Cássia, no sul de Minas: alguém disse que naquele dia passava um novo episódio de *Parisete*. O nome ficou na minha imaginação como algo raro e dourado. Eu sabia sem saber que era um filme e tudo parecia mágico. Pouco depois incorporei termos como "fita em série", "mocinho", "bandido", Eddie Polo, *Mantilha prateada*, "Raio de Luar". Quanto à mantilha, esclareceram mais tarde que (se bem me lembro) era uma fita onde Charles Hutchinson saltava enormes valas com a motocicleta; o segundo era nome do cavalo branco de um caubói, talvez Fred Thompson. Mas acima de tudo pairava no universo dos meninos o nome fantástico de Tom Mix, que fazia prodígios incríveis com o revólver, o soco e o cavalo. Eu ouvia a sereia do cinema tocar lá embaixo (sereia nos dois sentidos, de apito e de tentação), ouvia os foguetes de praxe anunciarem o começo do espetáculo — e só. 1924, 1925.

A segunda noção foi ainda por ouvir dizer a meus pais as suas preferências e experiências no Rio, onde moravam antes. Minha mãe admirava Francesca Bertini, segundo ela a mulher mais bonita do cinema; e também George Walsh, a cujo filme *Brutalidade* costumava aludir. Havia ainda um Valdemar Psilander, uma Pina Menichelli e o cômico Max Linder. (No ano de 1912 meu pai estava certa noite no Café de la Paix, em Paris, e se viu aplaudido com entusiasmo por uma porção de gente que o tomava pelo dito Max Linder, com o qual teria vaga semelhança.) Meu pai falava do caubói William Hart, segundo ele o maior, e gostava muito de Carlitos, que minha mãe detestava, achando-o afetado e sem graça. De sua parte, um empregado nos explicava que Carlitos era irmão de Charles Chaplín (acento no í), não a mesma pessoa. E que a melhor comédia do primeiro se chamava *Timedeus bigodinho*.

Só o terceiro momento foi de experiência direta. Começou creio que em 1926 e abriu a fase onde o cinema foi a minha maior paixão. Meus irmãos e eu íamos todos os domingos à matinê, "grandiosa" segundo o programa distribuído previamente por um compridão meio aluado, o Zé Pango. Sereia, foguetes, pano molhado por grandes jatos d'água, luzes acesas e apagadas várias vezes ao som da campainha, tentativas goradas da máquina, com estalos correspondidos pelo berreiro dos meninos, enquanto a orquestrinha de três membros experimentava pacientemente os instrumentos. Afinal começava o galope da fantasia nas imagens em movimento, mudas e fascinadoras.

Geralmente a sessão abria com uma comédia em duas partes, qualificada de "hilariante" no programa. Depois vinham os dois episódios do seriado, que tinha de doze a dezesseis. Alguns ficaram gravados em mim, como *A conquista do amor e da fortuna*, complicada história da construção de uma ferrovia atrapalhada pela sabotagem dos vilões, cujo principal era o próprio capataz, Mack Touro segundo o letreiro traduzido. Ou *Os filhos do sol* (francês), sobre guerrilhas no Marrocos entre rebeldes e o Exército. Mais tarde verifiquei que o "mocinho", um tenente, era ninguém menos que Pierre Fresnay, no começo da carreira. Havia também *O hindu misterioso*, do qual só lembro a figura do próprio, de fraque e turbante, barbudo, o olhar em chamas. Para terminar a sessão às vezes passavam a fita da véspera à noite, mas no geral era uma curta de caubói: Buck Jones, Fred Thompson, Art Acord, Fred Hume, Hoot Gibson e outros, inclusive um desconhecido moço alto, rolando pela ribanceira abaixo agarrado a uma sela: o recente Gary Cooper.

No ano de 1926, se não me engano, começou a sair a revista *Cinearte*, de Ademar Gonzaga, que colecionei desde o primeiro número até 1928, quando fomos para outras plagas.

Às vezes, a partir de 1927, nossos pais nos levavam às sessões noturnas ("elegante soirée", dizia o programa), podendo o tiro sair pela culatra, como quando vimos Lon Chaney n'*O fantasma da ópera*, que nos apavorou durante meses. Nessas sessões da noite, raras para nós, tivemos experiências cheias de impacto. Por exemplo: *Amai-vos uns aos outros* (contra a guerra), com Pola Negri e Clive Brook; *O barqueiro do Volga* (simpática à Revolução Russa), com William Boyd e Eleanor Boardman (ou Fair); *Monsieur Beaucaire*, com Bebé Daniels e Rodolfo Valentino, do qual virei fã e cuja morte, em 1927, me trespassou de mágoa.

Mas talvez a mais amada e influente dessas fitas haja sido para nós o primeiro *Beau Geste*, com Ronald Colman, Neil Hamilton e Ralph Forbes, representando três irmãos que iam para a Legião Estrangeira. Meus dois irmãos e eu nos projetamos neles de tal maneira, que um destes meus irmãos, soldado combatente na Itália em 1944-1945, escreveu sobre a sua experiência de guerra um livro no qual o filme querido é motivo condutor.

Beau Geste preenchia as aspirações da meninada: aventura, exotismo, guerra, cavalheirismo e amor apenas de leve. As histórias acentuadamente amorosas eram em geral menos vistas e menos apreciadas por nós, chegando a irritar quando havia muito beijo, daqueles indiscretos e prolongados que imperavam antes do Hay's Office entrar na dança. No interior de Minas daquele tempo o beijo não existia no comportamento ostensivo. Daí a algazarra da galeria quando eles avultavam na tela. Muitos meninos indagavam nas conversas como era permitida aquela pouca-vergonha, e certo dia um deles trouxe a explicação, devida ao pai: sendo muito safados, os galãs aproveitavam os momentos de distração do diretor para agarrar e beijar as artistas. Uma hipótese, como qualquer outra.

Além dos filmes, é preciso lembrar os fotogramas isolados, fragmentos de rolos arrebentados que o operador punha fora e algum auxiliar dava aos meninos. Nós os olhávamos contra a luz, imaginando como aqueles pedacinhos de celuloide podiam na tela ficar tão grandes e animados. Fotogramas azuis e verdes das horas noturnas, amarelos dos desertos, avermelhados das cenas de incêndio. E havia os cartazes coloridos, anunciando filmes futuros ou criando a nostalgia dos que ficaram para trás sem nós vermos.

Em frente do Cineteatro Santa Rita era a confeitaria do mesmo dono. Nela, um cartaz que encheu a nossa infância de expectativa, mistério e saudade do não acontecido: o do filme *A cidade eterna*, com Barbara La Marr, morta de tuberculose anos antes. Ele mostrava uma mulher esguia vestida de azul, nos olhando altivamente. E nós esperávamos sem esperança que um dia o desejado filme baixasse em nossa terra. A lenda era a seguinte: na noite da estreia, fazia muitos anos, o Emílio (dono do cinema) começara a projeção com o charuto aceso na boca. O celuloide pegou fogo e tudo se queimou. Mas certamente viria outra cópia e a cidade haveria de vê-la, aplacando a frustração. 1926, 1927, 1928. Nada. Enquanto isso, hierática e remota, Barbara La Marr nos olhava do cartaz ancorado melancolicamente na parede da confeitaria.

Essas experiências eram entremeadas por outras, porque todos os anos íamos ao Rio e lá fazíamos orgias de cinema nas matinês diárias, vendo fitas novas em folha (as da nossa cidade levavam às vezes três anos para chegar depois da estreia nas capitais). No Rio vimos praticamente a inauguração das grandes salas novas e contíguas na que então se chamou Cinelândia, situada onde fora o velho Convento da Ajuda: Odeon, Glória, Capitólio, Império. Para nós, quatro ambientes de sonho e alto luxo, com tapetes, poltronas confortáveis, cortinas de veludo, vaga-lumes fardados. E íamos também aos velhinhos famosos de outrora, o Pathé, o Parisiense. Na Cinelândia, depois da sessão, ia-se à nova, flamante sorveteria e confeitaria Americana, com a novidade sensacional dos sundaes, cuja opulenta complicação superava a simplicidade tradicional dos meros sorvetes.

Amostra dos filmes que vimos no Rio entre 1926 e 1928: *Sangue e areia*, *O Águia*, *O filho do Sheik*, com Rodolfo Valentino;

Os três mosqueteiros, *O pirata negro*, *Dom Q, o filho do Zorro*, com Douglas Fairbanks; *Amor de boêmio*, *A fera do mar* (numa versão posterior, *Moby Dick*), com John Barrymore; *Tesouro de prata*, com George O'Brien, e quantos mais.

Nessa altura eu já estava sabido em cinema, e lia não apenas *Cinearte*, *Seleta*, *Cena Muda*, mas a recente e portentosa *Cinelandia*, editada em espanhol por alguma grande companhia internacional, com papel glacê e ilustrações incríveis.

Foi mais ou menos quando meu primo Sílvio e eu inventamos um meio de produzir (ou re-produzir) os nossos próprios filmes. Comprávamos as revistas em duplicata, recortávamos as figuras, que íamos buscar também noutras publicações e nos jornais, procurando reunir o maior número possível de cenas do mesmo filme. Cortávamos pelo meio folhas de almaço e formávamos com elas longas tripas nas quais eram coladas as figuras, entremeadas pelos diálogos e informações em letra caprichada. Resultava um rolo, preso em cada extremidade por uma barrinha de madeira; desenrolado, ele ia mostrando a sequência. Uma caixa de sapato sem tampa nem fundo fornecia o enquadramento, onde encaixávamos o rolo, que íamos desdobrando para o público formado por nossos irmãos menores. Pouco depois deste invento, no fim de 1928, meus irmãos e eu fomos para a França e lá tivemos a experiência que quero registrar como fecho.

O caso foi que antes de viajar li na *Cinelandia* o resumo ilustrado de um filme de guerra aérea, com Gary Cooper e se não me engano Collen Moore. Chegando a Paris vimos o cartaz dele num cinema do boulevard Haussmann e não sossegamos enquanto não fomos assisti-lo, com uma prima mais velha. E aí se deu o fato estranho. A fita corria, a orquestra tocava. Tudo sem dúvida melhor do que em nossa cidadezinha, mas no fundo a mesma coisa. Entretanto, chegada a hora dos combates aéreos, a música parava e se ouvia um barulho de metralhadoras latindo. Quando atingido de maneira fatal, o avião caía com um longo silvo e arrebentava embaixo num estouro sufocado. Intrigados, nós nos consultamos em voz baixa e concluímos: eram os músicos que imitavam tudo admiravelmente bem, sobretudo com a caixa (tá-tá-tá-tá-tá), a flauta (fíííííí) e o bumbo (bum!). Como esses franceses são danados!

Pois não era nada disso. Mais tarde, bem mais tarde, soube que se tratava de um dos primeiros filmes *sincronizados*, com momentos de som reproduzindo barulhos, mas o resto mudo... Sem saber, estávamos assistindo, longe da querência, ao nascimento de uma "nova arte", como a chamou com razão o teórico Jerôme Keim. Estava acabando o mundo da tela silenciosa, estavam acabando os músicos tão oportunos que nos embalavam, estava acabando a nossa infância. De volta ao Brasil, em 1930, vimos o cinema falar, cantar, berrar, tocar. Transferi o fervor para o modo novo, mas nunca mais tive a paixão maníaca de antes. Era outro mundo, para o adolescente e para a arte do cinema. E nunca mais se falaria em cinematógrafo.

43. Um verão, em Berlim

No ano de 1929 passei algum tempo em Berlim com a minha família. Meu pai, homem estudioso e apaixonado pela profissão, estava fazendo pela segunda vez na Europa o que se chama hoje uma "reciclagem" dos seus conhecimentos de medicina. Meus irmãos e eu passávamos o tempo lendo e brincando no apartamento ou passeando com nossa mãe, o que já dava para sentir no ar um certo militarismo e o espírito de desforra. Como éramos três meninos, geralmente vestidos de marinheiro, conforme o uso, não raro algum passante se dirigia a ela para dizer com efusão risonha, como um cumprimento: "*Drei Soldaten, gnädige Frau!*". Três soldados! Minha mãe, pacifista, germanófoba e ainda traumatizada pela recente guerra de 1914-1918, fechava a cara, indignada e vagamente apreensiva com aquela perspectiva macabra da sua prole transformada em bucha de canhão (o que, aliás, aconteceria com meu irmão caçula, combatente na Segunda Guerra Mundial).

Ela não perdia vaza para desfazer na cidade, na gente, no que lhe parecia a vulgaridade ostentatória dos monumentos. Sobretudo em Bismarck, que se via por todo o lado em estátuas, bustos, quadros, com a sua carranca temível. Mas eu até que não fui muito na onda. Desenvolvi um culto por Frederico II — "o velho Fritz", "o Grande", "o único" — e comprava postais com o retrato dele. Fiquei fascinado pelas lendas do Reno, nos livros juvenis; e mesmo por Bismarck formei uma certa simpatia. Tanto assim que alguns anos depois, apesar da influência francesa ainda avassaladora na minha geração, o primeiro artigo que publiquei, num jornalzinho de ginásio, foi sobre história alemã, gabando o "Chanceler de Ferro".

Mas isso não vem ao caso. Vem ao caso mencionar o que muito mais tarde ficou sendo uma curiosa experiência retrospectiva e indireta do nazismo em ascensão. Não do nazismo com ar de que ia prevalecer, porque no norte da Alemanha isto só aconteceu bem depois. Naqueles meses de 1929, véspera da quebra de Wall Street, a miséria, o desemprego, a desclassificação social ainda não tinham engrossado o caldo de cultura dos camisas-pardas. Quanto a mim, só tive noção de Hitler lendo uma reportagem do *Diário de São Paulo* ali por 1931 ou 1932 e, logo em seguida, o livro impressionante de Knickerbocker, *A Alemanha, fascista ou soviética?*, em tradução, editada pela Livraria Globo, de Porto Alegre. Só então reparei melhor num número especial da revista *Vu*, de Lucien Vogel, que havia em nossa casa. Nela se lia uma reportagem importante sobre o nacional-socialismo, incluindo a predição tranquila, baseada numa lógica aparentemente perfeita, que o antissemitismo era fogo de vista e não levaria a nada... Nesse número especial, *Vu en Allemagne*, localizei a fotografia de uma coisa que eu tinha visto anos antes em Berlim sem prestar maior atenção e sem saber o que era; mas desta vez ficou tudo claro, como uma experiência infantil que de repente ganha significado verdadeiro na adolescência.

Foi o seguinte. Nós morávamos numa pensão confortável da Kurfürstendamm, cuja proprietária era uma simpática senhora polonesa. Perto morava um rapazinho de Rio Preto, Miguel, muito doente, confiado a um enfermeiro espanhol que seguia o seu complicado tratamento. Não tinha mãe, e o pai, que era fazendeiro, trançava entre o Brasil e a Alemanha.

Esse menino contava que um dia, na fazenda, estava comendo melancia e trocando empurrões de brincadeira com o filho de um colono. Vai empurrão, vem empurrão, um caroço errou de caminho e em vez de descer o esôfago entrou pelo seu brônquio. Criado na polpa vermelha da melancia, decerto gostou da polpa móvel e porosa do pulmão e ali se ajeitou. Não sei por que alquimias, estragou tudo em volta e foi liquidando o pobre Miguel. Quando o conhecemos ele tinha catorze anos e um número incrível de operações sucessivas. Acho que sete. Era magro, arcado, pálido, usava sempre calças de golfe e paletó de lã naquele forte verão berlinense e acabou morrendo uns anos depois, depois de mais operações. Nós nos víamos muito. Ele ia em casa e às vezes saíamos com o espanhol, que era um homem ainda moço, calado e amável.

Numa dessas andanças, longe da Kurfürstendamm, foi que vimos e estranhamos o que depois o número de *Vu* me esclareceu: num muro, a tinta preta, o desenho insólito e bonito da cruz gamada, tendo por baixo as palavras — *Judas den Tod*. O espanhol não soube explicar o que era, mas traduziu: "Morte a Judas". Miguel e eu ficamos olhando e depois seguimos, especulando sobre o que seria. "Deve ser coisa de Sábado da Aleluia", disse ele. Achei a ideia razoável e logo esqueci a novidade, que só fui encontrar de novo três anos depois nas reportagens e sobretudo na fotografia da revista, que focalizava uma inscrição semelhante. Tinha sido um encontro neutro com o desenho vistoso, que não indicou nem poderia indicar aos dois meninos brasileiros a carga de desgraça e catástrofe que estava anunciando.

O nosso apartamento dava para a avenida larga e agradável que era a Kurfürstendamm. Meus irmãos e eu gostávamos de ficar debruçados na sacada da sala, vendo o movimento. Assim foi que um dia vimos o enorme dirigível *Graf Zeppelin* passar lentamente em voo baixo, como um charutão boiando ao longo da avenida. Tratava-se, nada mais nada menos, da sua partida para a primeira e célebre viagem de circum-navegação.

Outro dia vimos um incêndio bem perto, no mesmo lado do nosso quarteirão. Dali a pouco a dona da pensão veio prevenir que havia perigo de o fogo alastrar e era bom fazer as malas, para uma possível retirada. Ordens do Corpo de Bombeiros. Minha mãe fez o recomendado, mas antes telefonou avisando meu pai, que trabalhava até as três horas da tarde no hospital Charité. Ficamos em bastante tensão durante umas duas horas, com as malas prontas, até avisarem que não havia mais perigo. A senhora polonesa comentou que em pouco tempo já era o terceiro ou quarto incêndio na área. Meu pai chegou e fomos almoçar, como fazíamos diariamente, às quatro da tarde. Então ele contou que comentara o alarme com os colegas de hospital e eles tinham informado que os judeus é que estavam ateando esses incêndios. Lembro o ar intrigado de minha mãe: os judeus, mas por quê? Meu pai respondeu que não sabia.

Também nesse caso, só muito mais tarde entendi o significado do que tinha visto: era um episódio da famosa sequência de fogos postos pelos próprios nazistas, para jogar a culpa nos judeus e assim levantar a opinião contra eles. Parece que os colegas de meu pai consideravam a explicação natural, correspondendo a uma "judiação" no sentido próprio; a um malefício do povo contra o qual existe quase sempre no homem de formação cristã ou muçulmana (isto é, nos filhos espirituais do judaísmo) uma espécie de teimosa e lamentável brasa dormida, fácil de reacender com um sopro de demagogia, sempre que for preciso suscitar o bode expiatório.

Em relação ao nazismo não lembro mais nada daquele tempo, salvo talvez alguma coisa bem lateral, referente a uma das suas vítimas ilustres: Erwin Piscator, expatriado depois que Hitler chegou ao poder.

Sérgio Buarque de Holanda também estava na Alemanha àquela altura, e viveu lá até 1931. Quando o conheci nos anos de 1940 ele contou muita coisa que um menino como eu não saberia interpretar. Viu manifestações, viu caminhões cheios de nazistas ululantes, presenciou o espancamento de um judeu. Sendo francamente inclinado para a esquerda, pôde avaliar desde então o significado do que estava acontecendo.

Por sinal, Sérgio morava pertíssimo de nós e com certeza cruzamos muitas vezes sem nos conhecermos. A nossa pensão era próxima da Uhlandstrasse, e dobrando esta rua ficava o apartamento dele, em cima de um café-concerto chamado Uhlandeck, na frente do qual passávamos quase todo dia. Foi Sérgio quem me revelou que o nosso prédio era vizinho do teatro de Piscator, então numa grande fase. E aí eu tive outra iluminação retrospectiva, que é a seguinte.

A certa altura saímos daquele apartamento de frente e fomos para outro, no fundo, mais sossegado, com um banheiro de mármore verde que me encantava. Ao lado morava com sua mulher um moço magro e sério, de barba (coisa rara naquele tempo), que batia à máquina o dia inteiro. Era um escritor; *un auteur*, explicava com respeito a senhora polonesa.

Ali brincávamos e brigávamos muito com o pobre Miguel, que gostava de caçoar de mineiro para nos aperrear, inclusive cantando a canção antibernardista que então era velha só de sete anos: "Queijo de Minas tá bichado, seu Mé". Nós tínhamos ouvido nossos pais e os visitantes brasileiros comentarem de modo apreensivo a situação do café e dos fazendeiros paulistas. Então um dos meus irmãos, também chamado Miguel, teve um surto de inspiração diabólica e replicou, na mesma melodia: "Café de São Paulo tá carunchado, seu Mé" — que meu outro irmão e eu repetimos com entusiasmo selvagem. A reação do nosso amigo foi incrível. Baixou nos seus olhos uma nuvem de tristeza, ele calou a boca e, em vez de replicar e dar seguimento ao jogo bairrista de gozação recíproca, amuou e foi sentar muito melancólico no rebordo largo da janela, com as pernas estendidas de comprido. Ficamos todos murchos e dali a pouco ele foi embora. Com certeza sabia pelo pai o que a sua doença custava às finanças da família, e o que uma situação difícil do café significaria para o seu futuro de inválido. Talvez já houvesse entre os fazendeiros algum prenúncio da crise, que estourou dali a pouco. Não sei. Mas, como era mais velho do que nós e diretamente envolvido, sentiu o lado triste da brincadeira.

Pois esse pátio para o qual ele parecia querer cair era de um teatro vizinho. Nós ficávamos horas, calados, vendo a atividade lá embaixo: roupas arejando; gente serrando madeira ou carregando apetrechos; desenhistas traçando cenários a carvão em grandes painéis de lona estendidos no chão, que um senhor vinha comentar e alterar. Dava para ver que eram os fundos de um teatro. Mas, como disse, foi Sérgio quem revelou que tínhamos vivido ao lado do grande Piscator e talvez o tivéssemos visto alguma vez na sua faina estético-política.

Em outubro de 1929 voltamos a Paris, onde estávamos desde 1928. No trem, meu pai interrompeu a leitura do jornal para comunicar a morte de Gustav Stresemann, explicando quem era. E que se tratava de uma grande perda. Chegando ao hotel, veio nos receber como a hóspedes antigos o gerente, que tinha os mesmos olhos saltados, o mesmo pescoço enfartado do estadista alemão; e pediu a meu pai informações médicas sobre a sua morte. Meu pai explicou, subimos para o nosso apartamento do *entresol*, separado do corpo do hotel, e ele disse penalizado: "O Georges está apreensivo porque tem a mesma doença e vai morrer do mesmo jeito".

A morte de Stresemann foi o fim da fase esperançosa para a República de Weimar, inclusive porque coincidiu com a crise mundial. Depois dele veio a avalanche, que não se previa naquele momento — como eu não pudera decifrar o que eram a cruz misteriosa, os incêndios em cadeia e as atividades do teatro vizinho. Eu vira tudo com "o olho inocente"; mas no futuro pensaria muito a respeito.

44. Nas Arcadas

Quem lê os volumes de Almeida Nogueira sobre a Faculdade de Direito de São Paulo, a "Academia", como era chamada, tem por vezes a impressão de que ela era uma espécie de grêmio. Para ser admitido era preciso adotar certos hábitos, escolher uns tantos padrões de convivência, optar por duas ou três modalidades políticas permitidas. No fim, por cima das diferenças e das divergências, todos saíam com o sentimento de que a terra lhes pertencia de certo modo e eles eram a sua melhor pitada de sal. O recrutamento não era de todo exclusivo, porque não abrangia apenas os filhos de fazendeiros, comerciantes, políticos ou bacharéis, embora a maioria correspondesse a este requisito. Mas havia um pressuposto tácito: quem entrava, fosse qual fosse a origem, devia conformar-se aos traços essenciais das classes dominantes e sair como se em princípio fizesse parte delas ou estivesse adaptado a elas. A Academia de Almeida Nogueira parece uma poderosa máquina de fabricar, manter e, se necessário, transformar elites.

Obviamente, hoje não é mais assim; ela não é mais o lugar aonde vão os dirigentes de toda a vida do país, desde a economia até a literatura. Mas talvez ainda houvesse alguma coisa daquele passado quando estudei lá, do primeiro ano pré-jurídico (o fugaz e excelente Colégio Universitário, primeira seção) ao quinto do bacharelado, entre 1937 e 1943. A faculdade continuava a sentir uma grande responsabilidade em face da sociedade, sobretudo das suas classes dominantes, e atuava como se ela viesse lhe pedir contas. Sentia uma espécie de obrigação de produzir políticos, funcionários, intelectuais e até figuras de ornamento, como então ainda se necessitava. Durante o meu curso, fui contemporâneo de um futuro presidente da República, dois governadores do estado, futuros ministros e secretários, senadores, deputados em legião. A vida política do Centro Acadêmico XI de Agosto parecia um ensaio geral constante. Os candidatos a arquivista no primeiro ano seriam candidatos a secretário ou tesoureiro no segundo, a vice-presidente no terceiro e a presidente no quarto, ficando subentendido que entre eles deveriam ser recrutados depois os dirigentes da nação.

É verdade que este esquema claudicou durante o meu período, que coincidiu inteiramente com a outra ditadura, a do Estado Novo, que não tinha eleição, Congresso nem Assembleia. Isso estimulou na faculdade a formação de vários movimentos e atitudes de contestação. Havia, naturalmente, os adesistas, os conformados e os indiferentes; mas também uma trepidação de inconformismo, que era sem dúvida a melhor parte. Fundaram-se partidos e grupos oposicionistas, muitos rapazes protestavam individualmente ou em bando pelos meios possíveis, inclusive o que se poderia chamar de atividade paralela, como o aproveitamento de festas, comemorações, reuniões, para jogar alguma pedra na situação dominante.

A minha turma entrou no pré-jurídico em 1937, ano da implantação da ditadura, com fechamento dos partidos, prisão de adversários, demissão de recalcitrantes e uma censura terrível, que não deixava filtrar nada. Se lembro bem, os primeiros tempos do Estado Novo foram de certo marasmo entre os estudantes oposicionistas, que só começaram a se articular um pouco mais tarde, talvez com a fundação do Partido Libertador em 1939 (não confundir com a organização de âmbito nacional do mesmo nome; tratava-se de agrupamento interno da faculdade, que, aliás, degenerou mais adiante). Depois, tudo foi num crescendo, com momentos realmente notáveis de agitação, como a greve que impediu a atribuição do título de doutor honorário ao ditador; as manifestações pela entrada do Brasil na guerra; a passeata de protesto que acabou em descargas da polícia, morte, ferimentos, prisões em massa. E muita coisa mais.

A repressão era menos vasta e eficiente do que veio a ser, e pelas suas malhas podiam se esgueirar os rapazes contestadores. Mas mesmo assim havia risco, inclusive de prisão e perseguições de vário tipo. Não obstante, muitos entraram na luta com firmeza, e alguns com certo penacho romântico, certa esportividade aristocrática que faz pensar no espírito de agremiação mencionado no começo destas notas a propósito de Almeida Nogueira. Desse espírito possuíam traços característicos, como o civismo, o ar de sociedade secreta, a boemia, a retórica, que os vinculavam a um certo tipo de passado. Talvez tenha sido aquele o último momento na história de São Paulo em que componentes da burguesia tradicional *deram o tom* (que se estendeu a companheiros de outras proveniências) a uma luta política voltada não só para os interesses de classe, mas também para os de toda a coletividade, como era o combate contra a opressão ditatorial.

Dentre esses rapazes, menciono apenas alguns com os quais tive maior contato e que mais tarde se projetaram na política do estado e do país, como o governador Abreu Sodré, o secretário Arrobas Martins, os deputados Geminal Feijó, Israel Dias Novais e Wilson Rahal. Mas poderia mencionar outros igualmente capazes e combativos, que não chegaram ao conhecimento do grande público, como Antonio Costa Correia.

Esses rapazes eram destemidos, coerentes e a sua ação norteava a atuação caudatária ou periférica de nós outros. A minha participação efetiva foi tardia e se definiu quando surgiram agrupamentos mais complexos, nos quais jovens liberais e socialistas de dentro e de fora da faculdade se uniram contra o inimigo comum, a ditadura, alvo que possibilitou uma grande e sincera margem de solidariedade e cooperação.

Foi o caso em 1943, quando eu já estava no quinto ano e bastante desligado das Arcadas, da Frente de Resistência, na qual predominavam elementos da faculdade, estudantes e recém-formados, mas onde havia gente de outras (Politécnica, Medicina, Filosofia, Odontologia). Ela publicou um jornalzinho clandestino, *Resistência*, no qual colaborei, e quando veio a dissolução do Estado Novo, no começo de 1945, o grupo se dividiu, indo os liberais para a recém-fundada UDN e nós, esquerdistas, para a efêmera UDS, União Democrática Socialista, que depois se fundiu na Esquerda Democrática, transformada a seguir em Partido Socialista Brasileiro.

Ao lado dessas atividades políticas, que eram então a honra da faculdade, convém lembrar a literária, desprovida da preeminência que tivera até o começo do século, mas sempre presente. Ali por 1940, por exemplo, Ulisses Guimarães, poeta ele próprio, dirigiu a publicação de uma coletânea, *Poesia sob as Arcadas*, que refletia a produção da casa naqueles anos. O lugar central era ocupado pelos versos e o retrato de Pero Neto, estudante morto em 1937 e objeto de um culto afetuoso.

Mas a antologia continha poesia de qualidade melhor, devida a Afrânio Zuccolotto, Domingos Carvalho da Silva, Mário da Silva Brito, Péricles Eugênio da Silva Ramos. Deste se incluiu o belo poema "Propiciação", que se não me engano tinha saído inicialmente num jornal estudantil. Péricles foi meu colega de turma e era o maior estudante, um *estudantão*, como se dizia noutros tempos, detentor de prêmios, sabedor de línguas antigas e modernas, erudito incrível. Em nossa turma, a de 1943, havia outros escritores, como o citado Mário da Silva Brito e Rômulo Fonseca, além de atores que fizeram parte do movimento de renovação do teatro brasileiro em São Paulo: Waldemar Wey, Ruy Afonso Machado, Carlos Vergueiro (este, como eu, não terminou o curso). Lembro vagamente das publicações estudantis, jornais e revistas intermitentes ou efêmeras, como *Arcadas* e *Onze de Agosto*, na qual publiquei, creio que em 1940, o meu primeiro artigo em São Paulo, sobre a poesia de Mário de Andrade.

Além do curso jurídico, a faculdade possuía naquele tempo a referida primeira seção do Colégio Universitário, instituição excelente. Em princípio, equivalia ao curso colegial de agora, mas com a duração de dois anos; e a circunstância de ser feito na universidade elevava o seu nível e aumentava o senso de responsabilidade de professores e alunos. Vindos de cursos ginasiais muitas vezes fracos, era a oportunidade para firmarmos a informação e abrir o espírito para a cultura superior. Alguns docentes eram de primeira ordem e exerceram influência em nós, como Aroldo de Azevedo em geografia humana, Castro Neri em história da filosofia, Damasco Pena em psicologia, Sales Campos em história da literatura. E havia a notável biblioteca da faculdade, que se podia frequentar depois das aulas ou nos buracos de horário, e onde li horas sem conta, ano após ano, livros não tanto de direito, confesso, quanto de filosofia, literatura, crítica e história.

A faculdade não correspondia à minha vocação e, a partir de 1939, cursei simultaneamente a de Filosofia, que acabou me absorvendo a tal ponto que, já seu assistente, cheguei ao quinto ano jurídico e não me bacharelei. Mas, se olho para trás, vejo que ela foi importante na minha formação e deu a muitos, além de instrumentos de cultura, o ambiente de fermentação política que nos decidiu a lutar, segundo as forças, contra a ditadura, ou melhor, as ditaduras, no plural.

45. O barão

No começo de 1941, estando de férias na casa de minha família em Poços de Caldas, onde meu pai era médico, conheci um de seus clientes, que ele convidara para almoçar conosco. Tratava-se de um velho miúdo, notável por dois traços: enormes bigodes brancos que lhe cobriam a boca, idênticos na forma aos de Nietzsche, e o fato de andar penosamente aos pulinhos, freado por uma artrite brava. Naquele tempo ainda tinha prestígio o antiquíssimo tratamento hidromineral e Poços era um lugar famoso para o do reumatismo, graças às suas águas sulfurosas. "Poços de Caldas como centro antirreumático" é o título de um trabalho de meu pai.

O tal cliente era um diplomata austríaco refugiado no Brasil, depois que Hitler abocanhara o seu país, e viera tratar-se recomendado por um médico ilustre do Rio, Silva Mello. Meio século depois, penso não contrariar o rigoroso escrúpulo de meu pai em matéria de ética profissional publicando umas cartas que achei não faz muito tempo entre os seus papéis:

Meu prezado colega e amigo dr. Aristides de Mello e Souza

Escrevo para recomendar-lhe muito particularmente o barão d'Andrian de Werburg, antigo embaixador da Áustria e escritor de grande renome na Europa. Ele está como refugiado no Brasil, aguardando os acontecimentos. Sofre há quase vinte anos de uma artrite crônica, doença bastante frequente na Europa e quase refratária aos tratamentos, como bem demonstra esse caso tratado pelos melhores médicos do mundo. Ele pretende ir a Poços de Caldas, em parte para fugir ao calor do Rio. Infelizmente que, na situação atual, está cercado de dificuldades econômicas. Pediu-me uma recomendação e é com imenso prazer e segurança que o coloco em suas mãos, não só como médico, mas também como amigo e quase protetor. Ele lhe vai escrever pessoalmente e disse-lhe que o podia fazer sincera e abertamente. Provavelmente vai solicitar para lhe arranjar um hotel decente, de média categoria, com preços não excessivos. É o que lhe peço atender. Além disso, quando aí chegar procure não examiná-lo além da questão da artrite, pois que é bastante hipocondríaco e tem receio dos médicos encontrarem novas doenças. Eu próprio o examinei aqui e o seu estado de saúde é excelente. Pelo exposto, peço-lhe ainda ser muito modesto e camarada nos honorários, pelo que lhe ficarei muito e sinceramente agradecido. Somos hoje grandes amigos e desejaria que o recebesse principalmente [três palavras ilegíveis].

Um grande abraço do colega e sincero amigo

Silva Mello

2.I.41

De fato, o barão mandou logo a seguir as seguintes cartas, que traduzo do francês em que foram escritas:

Rio de Janeiro, Hotel Vistamar, 3 de janeiro de 1941

Monsieur,

O professor Silva Mello, ao escrever-lhe a meu respeito, disse-lhe também, penso eu, que estou à procura de um hotel. Tomo a liberdade de acrescentar que me dirigi por razões de economia ao hotel Lealdade, cuja diária é de 25$000, pedindo-lhes para reservarem um bom quarto, o que espero tenham feito.

Tenciono chegar em P. de C. no fim da próxima semana e tomarei a liberdade de procurá-lo num dos primeiros dias.

Creia-me, caro senhor doutor, o seu dedicado

d'Andrian

Pelo carimbo no envelope, vê-se que esta carta chegou no dia 8, apesar de remetida por via aérea, e portanto a resposta de meu pai deve ter cruzado com a seguinte, que, numa rapidez excepcional para o tempo, chegou um dia depois daquele em que foi postada e mostrava a grande aflição do remetente:

Rio de Janeiro, Hotel Vistamar, rua Cândido Mendes, 10 de janeiro de 1941

Monsieur,

Desculpe-me por dirigir-lhe mais umas palavras, mas de fato não sei o que fazer, e de outro lado o meu médico e amigo, professor A. Silva Mello, cuja carta deve ter recebido, me anima a recorrer à sua ajuda, dizendo que não me quererá mal por isso. Eis a minha situação: eu estava pronto para seguir para Poços de Caldas e minha partida estava marcada em princípio para quinta-feira próxima, mas não posso fazer reserva no trem para São Paulo, porque os hotéis aos quais escrevi para obter um quarto — o hotel Guimarães e o hotel Lealdade não respondem. Até os meus telegramas com resposta paga ficaram sem resposta, o que até aqui nunca me acontecera com nenhum hotel. Ora, o prof. Antonio S.M. me aconselha com razão a não partir sem ter pouso certo, e eu não quero me expor a encontrar, chegando aí, seja acomodações inteiramente desproporcionadas à minha bolsa de refugiado, seja uma biboca sórdida (*des galetas ignobles*)... Eu já tinha combinado em princípio com o hotel Lealdade faz alguns meses o preço de 25$000 por dia, mas diversos negócios me prenderam aqui, e agora que provavelmente têm muitos hóspedes, nem me respondem, o que me parece nada delicado como procedimento. Se não for possível atualmente encontrar um pouso decente a preço razoável, renunciarei com muita tristeza à minha cura e me contentarei em fugir desta fornalha e me refugiar nalgum lugar seguro e relativamente fresco no estado de Minas — Barbacena, por exemplo. Mas antes de me decidir por esta solução extrema, gostaria de pedir-lhe a "grande bondade" de telefonar inicialmente ao gerente do hotel Lealdade, e se não houver nada desse lado, averiguar se há outra possibilidade; por exemplo, alugar um quarto perto de algum restaurante, onde pudesse fazer as refeições. Infelizmente, em consequência da minha artrite, fiquei pouco lépido e portanto não posso enfrentar grandes distâncias, nem para ir aos banhos, nem para as refeições.

Se souber de alguma coisa, tenha a gentileza de mandar-me um telegrama curto, pois gostaria de ir logo que for possível.

Eu lhe suplico mais uma vez que "desculpe a minha insistência" e aceite, caro senhor doutor, o penhor da minha distinta consideração.

d'Andrian

Afinal veio e se acomodou no Hotel Lealdade, onde deve ter ficado bastante tempo. Na cidade, então pequena, chamava atenção a dificuldade com que era visto mover-se na rua, a caminho do balneário. Em nossa casa almoçou algumas vezes e nos encantou, tanto pela conversa vivaz quanto pela polidez do tipo *avant guerre*, como se dizia, com referência não à que estava em curso, mas à de 1914. Informou que era natural do Principado de Liechtenstein e fora secretário da legação imperial austro-húngara no Rio de Janeiro nos primeiros anos do século, quando era ministro plenipotenciário aqui o conde Forgách. Daí talvez a escolha do Brasil como refúgio.

Creio que meu pai não contou que ele era escritor, como informara Silva Mello; ou, se contou, não prestamos atenção, mas lembro que nos falava sobre a sua grande cultura. Nos tais almoços nós pudemos apreciar a sua urbanidade e senso de humor, expressos num francês absolutamente perfeito, ao menos para estrangeiro ver. Eu aproveitava para lhe fazer sobre história política perguntas que respondia com segurança. Lembro ter ele explicado que a nobreza da Polônia (onde vivera tempos em missão do Império Austro-Húngaro) aceitava em geral bem o domínio russo, sendo menos separatista do que se pensava e ela alegou depois. Outra vez informou que não tinha muito sentido diagnosticar "nomes judeus" nos países de língua alemã, porque na maioria eram comuns a famílias cristãs, ilustrando com Schwarzenberg, que era o de uma das casas da mais alta nobreza austríaca. Lembro ainda que achava curioso o gosto brasileiro pelos pomposos nomes gregos, sobretudo porque podiam contrastar com a condição modesta do portador. "Imagine, minha senhora", disse a minha mãe, "que no hotel o criado de quarto se chama Diógenes, o porteiro, Alcibíades e o copeiro, Temístocles!" E manifestava burlescamente o seu acanhamento por ter às ordens personagens tão ilustres (acrescentando talvez de si para si que o seu médico se chamava Aristides...). Quando saí de Poços no fim das férias ele ainda estava lá. Um ano depois meu pai morreu e não pensamos mais no barão.

Mas dali a uns tempos, lendo um dos volumes de *Approximations*, de Charles du Bos, minha mãe encontrou referência a certo poeta do grupo de Hofmannsthal, Leopold Andrian. Chamou a minha atenção e ficamos cismados: coincidência de nome? Logo a seguir li um artigo onde Otto Maria Carpeaux aludia ao mesmo grupo, dizendo que o seu último representante, "o meu eminente amigo barão de Andrian", vivia no Rio de Janeiro. Não havia dúvida: era o nosso homem.

Mas, como fui sempre muito ignorante em literatura austríaca, só no começo dos anos de 1950 pude avaliar o seu porte, através de livros sobre Stefan George, como o de Robert Boehringer e o de Edgard Salin. No primeiro, vi inclusive a sua fotografia em moço, no fim do século XIX, de fraque, cartola e os mesmos bigodões que conheci brancos em 1941. Aprendi que fora colaborador, como Hofmannsthal, da revista dirigida por George, *Folhas pela Arte*, mas por pouco tempo, porque os dois austríacos se afastaram logo do solene vate renano, que antes disso dedicara a Andrian um poema, "O irmão", recolhido no livro *O tapete da vida*.

Aí, andei procurando em dicionários de literatura e encontrei alguns dados: nasceu em 1875 e morreu em 1951, teve de fato importância, pertencia a uma família de alta qualificação artística e intelectual, sendo neto materno do compositor Giacomo Meyerbeer. Com o tempo foi deixando de lado a literatura (segundo Claude David era "um eco vienense de Wilde e Barrès") pelo ensaísmo político-filosófico, em sentido católico e conservador, muito preocupado com o problema da independência da Áustria depois da guerra de 1914-1918.

Recentemente, pude afinal saber qual foi a natureza da sua atuação graças ao livro de Carl E. Schorske, *Viena fin-de-siècle: Política e cultura*, traduzido por Denise Bottmann e editado pela Unicamp e a Companhia das Letras. Nele se vê que Leopold, Freiherr (barão) von Andrian zu Werburg, tratado como paradigma da época, foi estrela de uma constelação destacada, inclusive porque a sua narrativa *O jardim do conhecimento* (1895) é considerada por Schorske típica do extremado esteticismo decadentista vienense, grande sementeira de cultura. (Leio no livro de Edgard Salin, *Um Stefan George: Erinnerung und Zeugnis*, que apesar da rusga, George continuou admirando muito este livro, a ponto de traduzi-lo para o holandês com Albert Verwey.)

No entanto, o que vive em mim não é a mensagem literária *fin-de-siècle* de um escritor que nunca li; nem o perfil do aristocrata circulando nas rodas culturais de Viena, como relata Schorske. É mesmo o velhinho franzino e quase entrevado que andava de arranco, sempre com o mesmo terno cinza, trazendo atravessada de um bolso a outro do colete a corrente do relógio carregada de miniaturas das suas condecorações; e que uma vez me disse com seriedade humorística: "Eu soube que ontem o senhor andou na troça (*vous avez fait la noce*) em companhia do farmacêutico...". "O farmacêutico" era o meu grande amigo Oscar Nassif (pai do jornalista Luís Nassif), com quem eu tinha estado na véspera no Grill-Room do Cassino e que ia aplicar-lhe injeções no hotel. Oscar, rapaz inteligente e culto, bom cronista, era naquela altura da nossa mocidade farmacêutico em começo de carreira e infelizmente já morreu. Isso me faz pensar, só agora, que nunca lhe contei as minhas descobertas sobre a identidade do barão, que conheci apenas como cliente de meu pai, fugindo do calor carioca e ansioso por se acomodar a preço módico num hotel a 1200 metros de altitude, cheio de empregados com sonoros nomes gregos.

46. Mário e o concurso

Em 1944 anunciou-se que a Faculdade de Filosofia da Universidade de São Paulo ia pôr em concurso a cadeira de literatura brasileira, regida em caráter interino por Mário Pereira de Souza Lima. Houve certo rebuliço e muita gente começou a se embandeirar. O diretor da faculdade era um biólogo de grande cultura, André Dreyfus, que, desejando assegurar um nível elevado ao corpo docente, sugeriu a Mário de Andrade que concorresse. Mário recusou de maneira peremptória, dizendo que, como autodidata, não se abalançaria. Mas muitos mais afoitos se abalançaram, inclusive eu, com o rompante dos meus 26 anos. No fim, nos inscrevemos seis, entre os quais o regente interino.

Na verdade eu não tinha grande esperança de conquistar a cadeira, sendo como era um principiante. Mas, pela legislação em vigor, mesmo não a conquistando poderia obter o título de livre-docente, caso fosse aprovado. Eu era assistente de sociologia e praticava paralelamente a crítica, mas já me convencera de que o que desejava mesmo era ficar apenas no domínio das letras. Ora, se fosse livre-docente, poderia no futuro fazer carreira universitária em literatura, caso surgisse oportunidade (ela surgiu, doze anos depois). Então resolvi correr o páreo e comecei a me preparar, enfrentando vários problemas, entre os quais a escolha do assunto para a tese. Hesitei entre alguns e cheguei a começar um estudo comparativo sobre Álvares de Azevedo e Byron, mas não me senti preparado para ele e a certa altura recorri a Mário de Andrade pedindo sugestões. Ele me escreveu então a seguinte carta, que não está datada mas deve ser dos meados de 1944:

Antonio Candido

Andei imaginando em assuntos de teses, como você me pediu. É muito difícil isso, quando se trata dos outros, porque muitas vezes, mesmo sempre, um indivíduo tem uma determinada soma de conhecimentos e juízos seus armazenados sobre um assunto determinado que o outro ignora. Enfim, vai aqui uma lista de sugestões que talvez possa dar ensejo a você se recordar dum assunto já seu, ou mais seu.

1. "Graça Aranha"
2. "Alcântara Machado" (o senador)
3. "Amadeu Amaral"
4. "Vicente de Carvalho"

(Confesso que não tenho muita simpatia, ou nenhuma, pelos dois assuntos 1 e 2. Mas não tem dúvida que todos os quatro são assuntos quase virgens. O Graça creio que será impossível estudar biograficamente, mas eu imagino sempre que a filosofice dele é mais respeitável, do que nós a pensamos. Os outros três, foram escolhidos porque me parece possível consultar a família deles, e assim concorrer na tese com documentação inédita de arquivos particulares. O Alcântara literariamente renderá pouquíssimo, e se botei o nome dele é porque lhe conheço os filhos.)

5. Relações entre a Ideia e o Verso no Parnasianismo

(Talvez seja o tipo da tese que agrade a uma banca acadêmica. Depois implica forma e fundo. Estudar por exemplo, todos os transbordamentos (*enjambement*), o ritmo ternário no alexandrino e no decassílabo ("Pequeninos, elásticos, chineses"), etc. E estudar, por outro lado, as limitações impostas à ideia pela metrificação e pela rima. V.g. Dois hemistíquios feitos de substantivo e qualificativo cada um; as ideias fechadas obrigatoriamente em dísticos, nos poemas alexandrinos rimados aos pares; a rima rica, implicando retorno obrigatório das mesmas palavras (olhos, abrolhos, escolhos, refolhos; pedra, redra, Fedra, etc.) e consequentemente das mesmas ideias. A generalização do soneto meramente descritivo, pra se conseguir *émaux et camées*. O assunto não é muito vasto, dá uma tese de bom tamanho.)

6. A Composição no Romance Brasileiro do Século XIX

(Talvez um bocado sutil demais pra uma banca de acadêmicos. Mas creio que seria uma tese apaixonante, que, sem dar muito trabalho, poderia se tornar fundamental. Não me lembro de estudo metódico neste sentido feito em nenhuma língua. A noção de princípio, meio e fim; até mesmo aplicação da forma clássica do ditirambo grego, em cinco partes, fixada por Terpandro; e suas consequências espirituais, apresentação de personagens, centralização do enredo, desenlace. Só o assunto de conceituação do *capítulo* creio que dava pra observações interessantíssimas e originais: o que José de Alencar, Manuel Antônio de Almeida e Machado de Assis entendem por capítulo, a maneira com que o dividem e aplicam, são fortemente diversas. O problema também da intensidade: o crescendo < do assunto até o desenlace; ou, voltando ao ditirambo, a forma crescendo e diminuendo <> de mais bela e nobre allure. Enfim, as dificuldades de solução espiritual e formal, resultante do assunto e do enredo: verossimilhança, intervenções aleatórias do sobrenatural, o *compère*, os personagens transitórios. O monotematismo e o bitematismo: o assunto único convergente dramático; os dois casais, um sério, outro cômico, um de *posição* outro de gente *baixa* (empregados, etc.)

7. O Rural e o Urbano no Romance (Poesia) do Séc. XIX

O Realismo...

A Imposição da cidade...

(Dentro de assuntos assim imagino ser possível construir tese de caráter histórico e sociológico.)

Parnasiana

8. O Subjetivismo na Descrição Romântica da Natureza

(Ou que nome tenha, não estou pra imaginar títulos *eufônicos*, se arranje. Não estou bem certo, mas imagino que estudar, sobretudo nos poetas românticos o valor subjetivo se intrometendo na contemplação, compreensão e descrição da natureza, rendia uma tese de valor. Talvez se pudesse por aí, não sei bem, verificar além de fatalidades gerais — a ideia de Deus, p. ex. — algumas constâncias da psicologia nacional, a falta de objetividade, por exemplo, o individualismo exacerbado, não sei.)

9. Evolução da Ideia de...... na Poesia Brasileira Romântica

(Ou de toda a poesia, ou do Séc. XIX. Ideia de pátria, por ex., de religião, de Deus, do indivíduo, não sei nem posso assim de chofre imaginar o que rende.)

10. Psicologia do Português (do africano, do índio, do estrangeiro, do mestiço) no Romance Brasileiro do Séc. XIX

(Certamente dava uma tese de muito interesse, sobretudo do português e do estrangeiro. Mestiços, negros e índios estão mal explorados mas já muito explorados, e cheira um bocado a moda. Imagino que a psicologia do português é uma forma de xenofobia entre nós, tradicionalizada no romance. Ao passo que em geral, no séc. XIX, qualquer outro estrangeiro é tratado com simpatia.)

E aqui me fico. Se lembrar mais sugestões, lhe mandarei.

Mário

Observe-se que Mário propôs alguns temas de tipo mais convencional, como os quatro primeiros, ou o 9; outros mais complexos, como o 7, o 8 e o 10, e dois extremamente requintados, como o 5 mas, sobretudo, o 6, que mostra a modernidade da sua visão crítica naquela altura. Note-se ainda que ele abria os temas em leque, sugerindo alguns de pura análise formal e outros de cunho sociológico, passando pelo meio-termo (falando teoricamente) das monografias de autor.

Mas afinal não aceitei nenhuma dessas sugestões. Todas exigiam muito trabalho, algumas estavam francamente acima das minhas luzes e, sobretudo, o tempo era curto: menos de um ano para escrever e entregar a tese. O melhor era seguir o preceito de Mário sobre ser melhor aproveitar o conhecimento acumulado. Era, para mim, o caso de Sílvio Romero, cujos livros li na biblioteca de meu pai desde menino. Decidi por ele e em cerca de dez meses mal-amanhei um trabalho sobre o seu método crítico.

Para acabar, vamos ao desfecho do concurso. Éramos, como disse, seis candidatos. No fim, os cinco examinadores me indicaram para o primeiro lugar, mas dois deles indicaram também Souza Lima, e um, também Oswald de Andrade; ou seja, eu tinha cinco indicações, sendo duas só minhas e três empatadas. Os examinadores que nos haviam empatado desempataram contra mim, ficando então eu com dois votos, Souza Lima com dois, Oswald com um. Aí, a decisão foi para o Conselho Universitário e este desempatou a favor de Souza Lima, que já era interino e ficou com a cadeira.

A coisa causou certa comoção. Tive manifestações e artigos a meu favor, inclusive um de Lúcia Miguel Pereira no Rio e outro de Décio de Almeida Prado em São Paulo. Mas não havia recurso viável e eu acabei no final das contas com o que era aliás o meu alvo inicial: a livre-docência, passaporte eventual para as letras. Jamil Almansur Haddad, um dos concorrentes e meu amigo, garantia que a famosa Bucha da Faculdade de Direito havia atuado a favor do vitorioso. É possível. O certo é que houve pedidos e pressões pelo menos antes e durante o concurso, como se pode ver inclusive pelo que narra nas suas memórias Afonso Arinos, um dos examinadores. Oswald, por exemplo, procurou-o pedindo abertamente o seu voto, que não obteve (Afonso Arinos votou apenas em mim); Altino Arantes, personagem de alto relevo em São Paulo, ex--presidente do estado, autor entre outros escritos de um intitulado *A devoção mariana perante a razão e o coração*, o visitou em nome do cardeal-arcebispo d. Carlos Carmelo de Vasconcelos Mota, solicitando a indicação de Souza Lima. Um líder católico disse ao meu editor e amigo José de Barros Martins que "nós (católicos) não podemos permitir que uma cadeira dessa importância vá parar nas mãos de um socialista agnóstico como o Antonio Candido"...

Mas Mário não pôde ver nada disso, porque morreu em fevereiro de 1945 e o concurso foi em julho. Como tinha horror a concursos, se fosse vivo talvez tivesse achado no caso mais um argumento para o seu ceticismo a respeito. Quem sabe?

47. Patrimônio interior

Para mim o Patrimônio Histórico foi sobretudo uma questão de amizade, a partir dum grupo de pessoas integradas em certa atmosfera e certo modo de ser, que comecei a descobrir meio de longe ali por 1940, quando, por causa dum curso de Roger Bastide sobre Sociologia Estética, entrei em contato com o restaurado Convento de Embu e o jovem Luís Saia. Através dele tomei conhecimento do pessoal do Sphan, na sua luta difícil para preservar acervos cujo valor era ignorado ou desprezado, sendo certo que vários bispos e padres mandavam arrancar as madeiras trabalhadas das igrejas, ou jogar fora as imagens barrocas a troco de outras de gesso, enquanto sacristães fundiam castiçais de prata para fazer correntinhas de canivete, com a orelha de couro na ponta.

Depois, percebi que o Patrimônio era antes de mais ninguém Rodrigo Melo Franco de Andrade, que conheci no I Congresso Brasileiro de Escritores em 1945 e de quem fiquei para sempre amigo fervoroso. Era tamanha a importância dele, que em 1943, quando os mineiros lançaram o famoso Manifesto, primeiro choque na ditadura do Estado Novo, não o deixaram assiná-lo, porque sabiam que as represálias viriam (como vieram), e a tarefa desempenhada por ele era de tal monta, que o interesse do país não permitia arriscar a sua permanência no Patrimônio.

Rodrigo era um homem notável sob todos os pontos de vista, desde a inteligência luminosa até a coragem sem limite, passando pela paciência e a capacidade de negociar. A sua dedicação era total, chegando à renúncia das próprias veleidades. Ele procurava inclusive apagar-se atrás da tarefa, desprezando qualquer brilho ou vantagem, como se quisesse dissolver-se no cumprimento do dever, concebido com o mais exigente rigor e apresentado, no entanto, como se fosse mera obrigação corriqueira. Sempre que ia ao Rio eu dava um pulo até o seu amplo escritório no Ministério da Educação, onde encontrava gente como Manuel Bandeira, Carlos Drummond de Andrade, Prudente de Moraes, neto. Rodrigo mostrava processos das lutas em curso, fotografias de santos e prédios, e dava números da preciosa revista, que teve na minha geração um papel iluminador. Em torno dele, da sua energia e do seu raro encanto, gravitava o Patrimônio, empenhado num trabalho sério de gente disposta a fazer as coisas com ânimo salvador e a maior competência.

Em São Paulo convivi com Luís Saia, o tipo do que os franceses chamam (ou chamavam) *bourru bienfaisant*, isto é, o sujeito de coração de manteiga que finge impaciência e mau humor, a fim de disfarçar a disposição de ajudar sempre, sempre se dedicar, mas parecendo contrariado e adverso. Saia foi meu amigo e me deu como presente de casamento uma das suas telas de amador, feita no entanto com mão de mestre. É um quadrinho lindo, cheio de inspiração no seu toque de surrealismo e mistério, onde figurou em atmosfera tempestuosa três mulheres misturadas a um empinado cavalo branco. Em contexto muito original, parece fusão de poema de Murilo Mendes com perspectiva de De Chirico.

No tempo de que estou falando, a seção paulista do Sphan funcionava numas salas da rua Marconi, onde Mário de Andrade tinha a sua mesa e onde fui diversas vezes, inclusive na companhia de Vinicius de Moraes, que em São Paulo (creio eu) fazia lá o seu pião. Certa manhã, sentado na mesa de Mário, Vinicius escreveu para mim, com letra nítida e firme, em papel timbrado do Patrimônio, a "Balada do mangue".

Dois ou três dias depois da morte de Mário, em fevereiro de 1945, cheguei lá e encontrei Luís Saia com os olhos verdes mais arregalados do que nunca no rosto moreno: tinha encontrado sobre a mesa do amigo um envelope grande endereçado a mim com a letra dele. Abrimos num estado de emoção que se pode imaginar: eram poemas datilografados do inédito *Lira paulistana*, inclusive a vasta "Meditação do Tietê". Ainda sob o impacto da morte inesperada, foi como se recebêssemos uma mensagem de além-túmulo.

De 1948 a 1951 passei anualmente temporadas em Belo Horizonte, e lá tive a sorte de ser acolhido de maneira fraterna pelo casal Lúcia e Antônio Joaquim de Almeida, além de manter relações amigas com Sílvio Vasconcelos, chefe local do Sphan. Mais de uma vez fui com Antônio Joaquim a Sabará, onde fica o Museu do Ouro, do qual era diretor. No velho casarão ele comentava as quatro partes do mundo pintadas no forro, explicava o processo de fatura e timbre das barras, entre arcas reforçadas feitas para contê-las. Na biblioteca folheávamos publicações encadernadas num pano grosso e áspero, típico do Patrimônio. Bem da escola de Rodrigo, Antônio Joaquim parecia sempre acanhado de saber as coisas, e era como se pedisse desculpas implícitas por estar tão bem informado.

Foi ele quem me iniciou de modo direto no universo da arte mineira antiga, revelando, por exemplo, na igreja do Carmo, os dois santos tensos que se defrontam na sua carne de madeira pintada — são João da Cruz e são Simão Stock. Ele me explicou a importância dos púlpitos ondulados e dos atlantes, esclareceu o significado pioneiro da igreja da Conceição, terminando no alto da colina pela miniatura iluminada da igrejinha do Ó. Nas manhãs frias, eu imaginava que o calçamento tosco de Sabará, entrando e saindo das dobras do morro num jogo de esconde-esconde, era o mesmo por onde acabara de passar o piquete dos dragões de Minas, que, no começo d'*O mestre de campo*, de Afonso Arinos, já vai a caminho da Vila Nova da Rainha, atual Caeté, cuja sólida matriz também me foi mostrada por Antônio Joaquim.

Na sua casa de Belo Horizonte, no alto da rua Tomé de Sousa, ele continuava discretamente a me instruir, com ar de quem vai deixando cair sem querer informações óbvias, que, no entanto, eram sempre reveladoras. E os olhos marítimos de Lúcia pareciam trazer o espaço que Minas não possui, com o qual sonha, e onde ela situou o mundo mágico das suas histórias. Sem contar que a própria Lúcia contribuiu muito para me instruir, com os seus belos livros sobre Sabará e Diamantina.

Como disse no começo, o Patrimônio para mim foi sobretudo uma questão de amizade e afeto, uma oportunidade de convivência e conhecimento devidos a bons amigos. Mas bem sei que um estudo objetivo mostraria como esses amigos, e todos os funcionários que não conheci nem conheço, realizaram profissionalmente com a inteligência e o coração uma das obras mais notáveis que este país já viu.

48. Caipiradas

Este disco põe o ouvinte no centro de um mundo cultural peculiar, que está se acabando por aí: o mundo caipira.*

A gente que vive na cidade procurou sempre adotar modos de ser, pensar e agir que lhe pareciam os mais civilizados, os que permitem ver logo que uma pessoa está acostumada com o que é prescrito de maneira tirânica pelas modas — moda na roupa, na etiqueta, na escolha dos objetos, na comida, na dança, nos espetáculos, na gíria. A moda logo passa; por isso, a gente da cidade deve e pode mudar, trocar de objetos e costumes, estar em dia. Como consequência, se entra em contato com um grupo ou uma pessoa que não mudaram tanto assim; que usam roupa como a de dez anos atrás e respondem a um cumprimento com certa fórmula desusada; que não sabem qual é o cantor da moda nem o novo jeito de namorar; quando entra em contato com gente assim, o citadino diz que ela é caipira, querendo dizer que é atrasada e portanto meio ridícula. Diz, ou dizia; porque hoje a mudança é tão rápida que o termo está saindo das expressões de todo o dia e serve mais para designar certas sobrevivências teimosas ou alteradas do passado:

---

* *Caipira: Raízes e frutos*. Selo Eldorado, 1980.

música caipira, festas caipiras, danças caipiras, por exemplo. Que, aliás, na maioria das vezes, conhecemos não praticados por caipiras, mas por gente que finge de caipira e usa a realidade do seu mundo como um produto comercial pitoresco.

Nem podia ser de outro modo, porque o mundo em geral está mudando depressa demais neste século, e nada pode ficar parado. Hoje, creio que não se pode falar mais de criatividade cultural no universo do caipira, porque ele quase acabou. O que há é impulso adquirido, resto, repetição — ou paródia e imitação deformada, mais ou menos parecida. Este disco é um esforço para fixar o que sobra de autêntico no mundo caipira, através da difícil permanência ou da modificação normal, devida à influência inevitável da cultura das cidades.

Aliás, a cultura do caipira não é nem nunca foi um reino separado, uma espécie de cultura primitiva independente, como a dos índios. Ela representa a adaptação do colonizador ao Brasil e portanto veio na maior parte de fora, sendo sob diversos aspectos sobrevivência do modo de ser, pensar e agir do português antigo. Quando um caipira diz "pregunta", "a mo'que", "despois", "vassuncê", "tchão" (chão), "dgente" (gente), não está estragando por ignorância a língua portuguesa; mas apenas conservando antigos modos de falar que se transformaram na mãe-pátria e aqui. Até o famoso *erre retroflexo*, o *erre de Itur* ou *de Tietê*, que se pensou devido à influência do índio, viu-se depois que pode bem ter vindo de certas regiões de Portugal. Como vieram o desafio, a fogueira de são João, o compadrio, o jogo de cacete, a dança de são Gonçalo, a Festa do Divino, a maioria das crendices, esconjuros, hábitos e concepções. Quantas vezes ouvi caipiras *improvisando* na viola quadras bonitas que anos depois encontrei em coleções de folclore português! Lá por 1946, creio que num sítio perto de Rio das Pedras, me senti transfixado pelos versos admiráveis de um deles sobre a pureza da Virgem Maria, recebendo no seio o Espírito Santo sem a mancha do nosso velho pecado. Mais tarde, numa coletânea de poesia popular portuguesa, li quase a mesma coisa, identificando a fonte que o cantador ignorava tanto quanto eu e com a qual se comunicava por participar na sequência de uma longa tradição.

Portanto, é preciso pensar no caipira como um homem que manteve a herança portuguesa nas suas formas antigas. Mas é preciso também pensar na transformação que ela sofreu aqui, fazendo do velho homem rural brasileiro o que ele é, e não um português na América. "Tabaréu", "matuto", "capiau", "caipira" ou o que mais haja, ele é produto e ao mesmo tempo agente muito ativo de um grande processo de diferenciação cultural própria. No Norte, talvez esteja mais perto do português pela língua e pela tradição, apesar da mistura maior com as raças ditas de cor. No Sul está mais afastado, mais transformado pela contribuição do índio. Na extensa gama dos tipos sertanejos brasileiros, poderia ser considerado "caipira" o homem rural tradicional do sudoeste e porções do centro-oeste, fruto de uma adaptação da herança portuguesa, fortemente misturada com a indígena, às condições físicas e sociais do Novo Mundo.

Na verdade, o caipira é de origem paulista. É produto da transformação do aventureiro seminômade em agricultor precário, na onda dos movimentos de penetração bandeirante que acabaram no século XVIII e definiram uma extensa área: São Paulo, parte de Minas e do Paraná, de Goiás e de Mato Grosso, com a área afim do Rio de Janeiro rural e do Espírito Santo. Foi o que restou de mais típico daquilo que um historiador grandiloquente mas expressivo chamou de "Paulistânia".

Nessa linha de formação social e cultural, o caipira se define como um homem rústico de evolução muito lenta, tendo por fórmula de equilíbrio a fusão intensa da cultura portuguesa com a aborígine e conservando a fala, os usos, as técnicas, os cantos, as lendas que a cultura da cidade ia destruindo, alterando essencialmente ou caricaturando. Não se trata, portanto, de um ser à parte, mas de um irmão mais lerdo para quem o tempo correu tão devagar que frequentemente não entra como critério de conhecimento, e que em pleno século XX podia viver, em parte, como um homem do século XVIII. Quem esteve em contato com ele sabe, por exemplo, o quanto é impreciso sobre a própria idade e como não consegue pôr datas na lembrança, além de não saber o que se passa na sociedade maior, cujos sinais podem estar ao seu lado sob a forma de jornal que ele não lê, de cinema que não vê, de rádio que não escuta, de trem que não toma. "Como vai o imperador?", perguntou-me em 1948 o nonagenário nhô Samuel Antônio de Camargo, nascido no Rio Feio, atual Porangaba. "Vai bem", respondi. E ele, com uma dúvida: "Mas não é mais aquele *veião* de barba?". E eu: "Não, agora é outro, chamado Dutra".

Em compensação, no quadro da sua cultura o caipira pode ser extraordinário. É capaz, por exemplo, de sentir e conhecer a fundo o mundo natural, usando-o com uma sabedoria e uma eficácia que nenhum de nós possui. No ano de 1954, na zona rural de Bofete, eu me atrasei para um encontro com nhô Roque Lameu, marcado para as dez horas. O meu relógio indicava dez horas e quinze minutos e eu comentei que estava desacertado. "Está pouca coisa", disse ele, "porque pelo sol deve ser nove e meia." Quando dali a pouco acertei o relógio, vi que estava adiantado quarenta e cinco minutos, e que o velho caipira não apenas calculara a hora com absoluta exatidão, mas achava que três quartos de hora não era coisa apreciável, além de não me corrigir, com a constante polidez de caboclo, lembrando que, ao contrário, eu tinha chegado antes da hora marcada.

Com o seu perfil adunco, cor bronzeada e barba rala na face magra, nhô Roque podia ser um mameluco apurado. Do ancestral português herdara com a língua e a religião a maioria dos costumes e das crenças; do ancestral índio herdara a familiaridade com o mato, o faro na caça, a arte das ervas, o ritmo do bate-pé (que noutros lugares se chama cateretê), a caudalosa eloquência no cururu.

O cururu e a dança da Santa Cruz são dois exemplos muito bons do encontro das culturas. Parece terem sido elaborados sob influência dos jesuítas, que aproveitaram as danças indígenas e o gosto do índio pelo discurso e o desafio para enxertar doutrina cristã. Nada mais caipira do que cururu e dança da Santa Cruz, que só existem em áreas de forte impregnação originária dos antigos piratininganos. E nada mais misturado de elementos portugueses e indígenas, como tanta coisa que observamos nas cantigas, nas histórias, nas técnicas do homem rural pobre e isolado de velha origem paulista.

Faz muito tempo que não ando pelos lugares perdidos do interior, e nem sei se eles ainda existem como tais depois da multiplicação das estradas e ônibus. Quando eu andava — entre 1943 e 1955 — o caipira ainda era uma realidade cultural definida, apesar de ser cada vez maior a sua ligação com a cultura urbana, aceleradamente modernizada. Era espoliado e miserável na absoluta maioria dos casos, porque, com o passar do tempo e do progresso, quem permaneceu caipira foi a parte da velha população rural sujeita às formas mais drásticas de expropriação econômica, confinada e quase compelida a ser o que fora, quando a lei do mundo a levaria a querer uma vida mais aberta e farta, teoricamente possível.

Foi então que o caipira se tornou cada vez mais espetáculo, assunto de curiosidade e divertimento para o homem da cidade, que, instalado na sua civilização e querendo ressaltar este privilégio, usava aquele irmão miserável para provar como ele tinha prosperado, como era triunfalmente diverso. A vida do caipira ficou sendo então, para ele próprio, uma privação terrível, porque podia ser comparada a outras situações;

e para o citadino, um divertimento que lhe dava a confortável sensação de haver mudado para algo melhor e mais alto.

A partir daí, o canto e a música caipira sofreram, não as influências normais e por assim dizer orgânicas que sempre sofreram das suas congêneres cultas; mas a deformação caricatural e alienante que as desfigura, e que corrompe o gosto médio como vingança involuntária do espoliado contra o seu espoliador.

A tarefa, portanto, é procurar o que há nele de autêntico. Autêntico não tanto no sentido impossível do originariamente puro, porque em arte tudo está mudando sempre; mas no sentido de buscar os produtos que representem o modo de ser e a técnica poético-musical do caipira como ele foi e como ainda é; não como querem que ele seja, mais ou menos caricaturado para espetáculo dos outros.

49. O mundo coberto de moços

Na história da Faculdade de Filosofia da Universidade de São Paulo, o período da rua Maria Antônia foi uma espécie de eixo em torno do qual giraram as concepções de ensino e o relacionamento de alunos e professores, entre si e com a sociedade. Quando mudamos para lá, creio que em 1949, mal se imaginava que haveria transformações tão profundas, porque os primeiros dez anos foram de continuação do mesmo espírito que predominava nos prédios anteriores.

Pode-se definir mais ou menos este espírito dizendo que ele se constituíra a partir da concepção *positiva* da universidade francesa, com a sua forte componente idealista. Segundo ela, o saber é uma atividade que se justifica a si mesma, embora tenha como alvo a aplicação prática. Mas esta não cabe aos que o produzem e difundem, e sim a instâncias meio indefinidas que permanecem entre parênteses. Consequentemente, o professor fala para transmitir, o estudante ouve e absorve. E ambos formam um segmento especial, sem compromisso obrigatório com os problemas imediatos. Isso não impede, é claro, que professores e alunos, enquanto cidadãos, atuem individualmente cada um a seu modo nos outros segmentos da sociedade.

O que aconteceu na *Maria Antônia* foi a passagem dessa atitude neutra e relativamente contemplativa para um empenho da faculdade enquanto faculdade, mobilizada para participar nos problemas da hora. Não mais individualmente através dos seus membros, mas como grupo. E até com certo esforço para superar o espírito corporativo, que mantinha professores e estudantes como setores separados e paralelos, com tipos específicos de atuação.

Esse processo começou a fermentar no fim dos anos de 1950. Em 1957-1958 ocorreu o primeiro movimento coeso dos professores da então Faculdade de Filosofia, Ciências e Letras (que abrangia da Matemática à Educação), no seu relacionamento com a sociedade: a resistência ao sempre prepotente governador Jânio Quadros, devida à punição por ele imposta ao professor João Cruz Costa. Pela primeira vez, o corpo docente se uniu em absoluta maioria na oposição a um ato do Executivo, que feria a dignidade e a autonomia de uma instituição de ensino superior. Logo a seguir, nova mobilização da faculdade, desta vez articulada com outros grupos: a memorável campanha pelo ensino público. Ao mesmo tempo, começavam as primeiras iniciativas comuns de docentes e alunos, como a comissão paritária que estudou as condições do ensino com vistas a uma reforma e cujo fecho foi o notável relatório da autoria de Florestan Fernandes, que fora o mais combativo e dedicado lutador na campanha mencionada.

Nos anos de 1960 a faculdade já estava envolvida de maneira mais direta nos problemas do momento, e com acentuada fermentação interna. Contribuiu para isso a nova composição do corpo docente, agora formado em maioria por brasileiros, com a retirada dos fundadores estrangeiros que não se haviam fixado aqui e eram mais distantes da ação externa, pela própria condição de hóspedes. Traço decisivo foi o advento da leva de jovens docentes, que fazia pouco eram alunos e agora, chegados ao amadurecimento, se mostravam capazes de produção intelectual que consolidou e ampliou o trabalho dos decênios iniciais. Além disso, havia a atmosfera popular e nacionalista do governo João Goulart. Os estudantes e os jovens docentes embalaram nos grandes movimentos mais ou menos radicais, interessando-se pela cultura do povo e para o povo, através do teatro, do cinema, da poesia, dos métodos renovados de ensino elementar, sobretudo o de Paulo Freire, que de certo modo simbolizou o espírito transformador daquele momento de grande mobilização da inteligência brasileira.

A *Maria Antônia* se tornou um dos centros dessa mentalidade renovada, que a ligou em profundidade a outros grupos sociais. Sobretudo à noite, na hora dos cursos noturnos, dava a impressão de ser um quartel-general que enquadrava a convivência inquieta de jovens da casa e de fora; estes, atraídos pela sua capacidade de aglutinar, e todos enchendo as calçadas e os bares vizinhos em debates sem fim.

Por isso mesmo, quando veio o Golpe Militar de 1964, ela foi imediatamente invadida pela polícia, com alunos e professores detidos, inquéritos abertos — num vasto movimento de intimidação e repressão. Mas o fermento interno não baixou. Na fase menos áspera da ditadura, de 1965 a 1968, ele continuou a subir, até desfechar no ano decisivo de 1968.

Ano que há de ficar na crônica do século como o da mocidade, representada pelos estudantes a partir das agitações da Universidade de Berkeley em 1964. O moço se transformou durante algum tempo na força mais viva da sociedade, parecendo inclusive substituir o operário como fator principal na transformação revolucionária das instituições. Politicamente, culturalmente, ética e até esteticamente o moço abalou as concepções e os costumes — substituindo o respeito pela irreverência, a organização cristalizada pela ação espontânea, o cálculo pela inspiração, a compostura pelo desalinho, a seleção pela invasão, o "bom gosto" pelo frenesi. Toda autoridade pareceu de repente sórdida, e as palavras mais pejorativas passaram a ser *elitismo*, *paternalismo*, *autoritarismo*. Para substituir o modelo pai-filho que regia a sociedade e sobretudo o ensino, propôs-se um modelo do tipo irmão-irmão, que repercutiu na concepção de universidade e abalou o cerne das normas didáticas.

Ao mesmo tempo, foram questionados os métodos e concepções da transformação social, com o descrédito do stalinismo e as dúvidas crescentes sobre o marxismo oficial. Um marxismo lírico e heterodoxo se misturou a fragmentos de neoanarquismo e aos novos avatares do cristianismo radicalizado, para gerar uma mentalidade geral de demolição, a que não eram estranhas certas inspirações da "Revolução Cultural" chinesa, além de largas doses de Marcuse.

Foi esse espírito geral da mocidade que deu forma à convivência dos jovens na *Maria Antônia* em plena ditadura militar, enquanto o ensino seguia na sua rotina, dando poucas indicações de querer acertar o passo com o tempo.

Em 1967, se não me engano, rompeu um indício de explosão iminente: inconformados com a falta de vagas, que os deixava de fora apesar de aprovados, candidatos ao curso de psicologia invadiram o saguão e acamparam nele sob as vistas atônitas dos porteiros dona Floripes e seu Portela, despertando a agitada indignação do zelador Carlos, que, aliás, se suicidaria por outros motivos no ano seguinte.

As agitações estudantis de maio de 1968 na França, que quase derrubaram o governo, deram aos jovens uma esperança ilimitada e utópica de revisão profunda e regeneradora da cultura, do ensino, das relações sociais. No Brasil elas repercutiram logo, sendo que a partir de julho, em São Paulo, com a *Maria Antônia* no epicentro. Passeatas, reivindicações avançadas, ocupação dos prédios, nos quais se instaurou uma espécie de república provisória, levando a administração da faculdade a funcionar em contato com os órgãos estudantis e os alunos a trabalharem com os professores no sentido de modificar o ensino. Paralelamente, as comissões paritárias, as departamentais e a geral, punham a discussão sobre a reforma universitária na dependência da colaboração estreita de docentes e estudantes.

Foi ao mesmo tempo o apogeu e o canto de cisne da *Maria Antônia*, que caiu junto com os restos de democracia no fim do ano. Em frente dela a Universidade Mackenzie representava a mentalidade conservadora, e os conflitos surgiram quando os estudantes da *Maria Antônia* estabeleceram o pedágio da rua e tomaram posse do seu espaço. Nessa altura já estava em preparo a fase terrível da ditadura, cujos promotores se serviram provavelmente da disputa entre os dois lados da rua para desfechar a pancada mortal no lado de cá. Aos olhos da opinião convencional a coisa devia se configurar mais ou menos assim: no Mackenzie, a ordem, os bons costumes, a tradição, escorados em mestres confiáveis e estudantes vindos de famílias bem organizadas; na *Maria Antônia*, a subversão, a baderna, a ameaça à estabilidade, por parte de uma juventude solta no mundo, sem amparo familiar, mal orientada por professores rebeldes. É pouco mais ou menos o que está dito num pronunciamento bem-pensante e untuoso da reitora do Mackenzie na ocasião, professora Ester de Figueiredo Ferraz.

As "forças da ordem" não hesitaram e resolveram o conflito estudantil como se o Mackenzie fosse o Bem e a Faculdade de Filosofia o Mal. Invadiram-na, fecharam-na, forçaram a sua mudança. A *Maria Antônia* tinha acabado e, com ela, a fase mais amena da ditadura. Quase ao mesmo tempo veio o AI-5 e, logo depois, vieram as aposentadorias punitivas de professores, a prisão, o expatriamento de professores e estudantes.

Vendo com olhos de hoje a *Maria Antônia*, a impressão poderia ser que nada deu certo. A faculdade foi praticamente expulsa por uma decisão governamental que sucedeu à violenta repressão da polícia. O resultado do laborioso trabalho das comissões paritárias foi ignorado. As vivas discussões entre alunos e docentes, no prédio ocupado pela rebelião estudantil, deram alguns frutos, mas nada de profundo. A reforma universitária que veio a seguir foi insatisfatória. Grande número de estudantes e professores foram excluídos.

No entanto, tudo mudou e se abriu um questionamento sem fim do ensino universitário, das relações aluno-professor, dos vínculos com a comunidade. Na *Maria Antônia* (que estou analisando apenas sob este ângulo) amadureceu e explodiu a mentalidade de transformação que ainda não encontrou as boas soluções, mas lançou a universidade no caminho da renovação.

A Faculdade de Filosofia, a partir da sua fundação em 1934, foi um fermento de radicalização intelectual no quadro do ensino superior de São Paulo. Um quarto de século depois, a *Maria Antônia*, sempre dentro dos limites da classe média, foi o sinal de uma radicalização mais ampla, que lançava pontes para o mundo da ação política e do operariado. Ela promoveu uma substituição de radicalismos dentro do novo espírito que vem quebrando os conceitos e as normas tradicionais, de maneira a dar espaço vital ao jovem, à mulher, ao negro, ao homossexual, num mundo que antes estava cristalizado em torno do homem adulto, branco, sexualmente ortodoxo, e que fazia dessas características um requisito para o exercício do poder. Na atmosfera trepidante da *Maria Antônia* dos anos de 1960 questionaram-se os tabus e os jovens mostraram pela primeira vez o seu poder de fogo em setores decisivos, inclusive provocando nos professores uma divisão que, a partir de então, marcou a política universitária. De fato, houve os que aceitaram o movimento e procuraram inserir-se nele criticamente; e houve os que o negaram com horror como se fosse o fim do mundo, formando desde então uma nítida direita cultural. Assim, os movimentos de 1968 foram o apogeu cheio de méritos e deméritos de um processo de revisão da cultura e do comportamento na universidade, a fim de situá-la no centro da grande aventura modernizadora que, nesta segunda metade do século, vem se processando sobretudo no terreno dos valores e da conduta em sociedade. Apesar das suas fraquezas e incoerências, a *Maria Antônia* foi (sejamos solenes neste instante) um marco histórico.

50. Abecedários

No *Compêndio narrativo do peregrino da América*, de Nuno Marques Pereira, cuja primeira edição é de 1728, lemos certas quadras que o narrador caracteriza do seguinte modo:

> E para acabar este discurso, vos quero repetir uns versos pelas letras do A, b, c que dizem se acharem escritos no testamento, com que faleceu um homem no Reino de Portugal, nos quais deixou um extrato com que se haviam de governar seus filhos [...].

Cada quadra corresponde a uma letra do alfabeto e contém um preceito ajustado às normas mais conformistas, destinando-se a incutir respeito à tradição e à ordem vigente (faltam as letras J, U e, obviamente, K, W, e Y).

O *Peregrino da América* teve grande popularidade no século XVIII (seis edições em 37 anos) e o ABC devia circular amplamente por via oral e cópias manuscritas, sendo possível existirem ainda muitas delas, com variantes diversas segundo é inevitável neste tipo de registro. Aqui desejo falar de uma versão algo diferente, transmitida por tradição oral e cópias manuscritas através das gerações, em certos ramos de uma família de Paracatu, Minas Gerais, que sempre o considerou obra de um antepassado. Conheço três dessas cópias. Uma, do século XIX, tem o seguinte cabeçalho: "Abecedário moral do coronel João José Carneiro de Mendonça". As outras, já do século XX e uma delas bastante imperfeita, trazem esta indicação precisa: "ABC composto pelo coronel João José Carneiro de Mendonça, no ano de 1810".

Mas tal atribuição é evidentemente insustentável, porque apesar de diferenças trata-se da mesma obra, e João José nasceu mais de meio século após a publicação do *Peregrino*. Os poucos descendentes que perceberam isto em nossos dias ficaram surpresos e decepcionados, não faltando quem quisesse resolver o impasse, como o eminente historiador Marcos Carneiro de Mendonça, que para isso recuou a hipotética autoria até um passado indefinido, conforme se lê na página 12 do seu opúsculo *Do Arraial da Meia Pataca à Fazenda Itamarati* (Rio de Janeiro: Gráfica Tupy, 1960):

O Peregrino da América, em seu famoso livro, sem lhe citar a origem, transcreve um ABC, que segundo velha tradição tem sua autoria em nossa família, com o tempo atribuída ao meu bisavô, tenente-coronel João José Carneiro de Mendonça, cuja lápide pode ser encontrada no Mosteiro de São Bento do Rio de Janeiro.

Acho improvável e creio que antes de mais nada importa verificar a diferença entre as duas versões, pois a da família Carneiro de Mendonça não é simples cópia da versão do *Peregrino*. A fim de deixar isto claro, transcrevo-as em colunas paralelas, usando para a da esquerda a primeira edição do livro de Nuno Marques Pereira, feita em Lisboa "Na Oficina de

Manoel Fernandes Costa, Impressor do Santo Ofício, Ano de M DCC XXVIII" (nas sucessivas edições há raras e pequenas variantes, de modo que o texto do ABC se manteve íntegro). Para a coluna da direita uso o opúsculo de Marcos Carneiro de Mendonça, que traz a única reprodução impressa da versão conservada em sua família. Para retificar um ou outro lapso que ela contém, recorri às referidas transcrições manuscritas.

A, B, C DE EXEMPLOS	ABC
A	**A**
Amor de Deus seja estudo	Amor de Deus seja o estudo
Da vossa melhor lição,	De vossa melhor lição;
Propondo no coração	Proponde no coração
Amar a Deus sobre tudo.	Amar a Deus sobre tudo.
B	**B**
Bom homem, será razão	Bom homem, bom cidadão
Vos faça o procedimento	Vos faça o procedimento
Sendo o principal intento	Sendo o principal intento
Fazer por ser bom cristão.	Fazer por ser bom Cristão.
C	**C**
Cortês sede; que é defeito	Cortês tirai com proveito
Faltar este aviso humano:	O chapéu a aviso humano,
Por um chapéu mais cada ano	Mas sobretudo cada ano
Comprai agrado e respeito.	Comprai agrado e respeito.
D	**D**
Dai; que é tributo de nobre	Dar é tributo do nobre,
Quanto no avaro baixeza.	Pois ser avaro é baixeza,
Dai ao maior por grandeza:	Dai ao maior por grandeza,
Dai por caridade ao pobre.	Dai por caridade ao pobre.

E

Espelho seja o conselho
Nos claros a vós atento,
Compor o procedimento
Pelo lume deste espelho.

F

Fiel a Deus, e ao Rei dado;
Porque Deus assim ordenou:
A Deus, porque vos criou;
Ao Rei, de quem sois criado.

G

Graças, e equívocos sós,
O que natural cair:
Que é mau o fazer rir,
Podendo-se rir de vós.

H

Honra, é joia que mais val,
A tudo o mais preferida:
Pela honra se arrisca a vida;
Que a honra é vida imortal.

I

Ira, fiquei-vos de aviso,
Não vos domine a razão;
Onde governa a paixão,
Não obra livre o juízo.

L

Livros não fechados, lidos,
São só para o que se têm;
Que livros que se não lêm
São tesouros escondidos.

E

Espelho seja o conselho
Do sábio e a ele atento
Componde o procedimento
Pelo lume desse espelho.

F

Fiel a Deus, e ao rei dado
É conselho que vos dou,
A Deus porque vos criou,
Ao rei de quem sois criado.

G

Graça, aqui entre nós,
A que natural sair;
Porquanto é mau fazer rir
Podendo-se rir de vós.

H

Honra é joia sem igual,
A tudo o mais preferida,
Pela honra se arrisca a vida,
A honra é vida imortal.

I

Ira, vos fique de aviso,
Não vos domine a razão;
Onde governa a paixão,
Não obra livre o juízo.

L

Livros, não fechados, lidos,
Para isso é que se têm;
Livros que se não lêm
São tesouros escondidos.

M

Mentir na realidade,
Leva dos vícios ao cabo:
Pai da mentira é o Diabo;
E Deus é suma verdade.

N

Namorar, só deve ser,
Quando hajais de namorar
A mulher para casar,
E nunca para ofender.

O

Olhai, em tudo que obrais,
O incerto fim que tereis;
Que logo atrás tornareis,
Se adiante não olhais.

P

Pecar, é grave delito:
Mas se pecas, filho, quando
A Pedro imitas pecando,
Imita a Pedro contrito.

Q

Quem sois, é simples vaidade,
Que trazeis no pensamento;
Que o melhor procedimento
É só melhor qualidade.

R

Razão em toda a ocasião
Vos assegura de ultraje;
Que armas levais de vantage,
Se vos armais de razão.

M

Mentir, na realidade,
Leva dos vícios ao cabo;
O pai da mentira é o diabo
E Deus a suma verdade.

N

Notícia má, novidade,
Nunca transmitas à toa;
Sem certeza nem à boa
Convém dar publicidade.

O

Olhai em tudo que obrais
Ao fim certo que tereis,
Pois logo atrás tornareis,
Se adiante não olhais.

P

Pecar é grande delito;
Se pecas filho querido,
Imita Pedro arrependido,
Imita a Pedro contrito.

Q

Quem sois... é simples vaidade
Que trazeis no pensamento.
O melhor procedimento
É a melhor qualidade.

R

Razão em toda sazão
Vos assegura de ultraje,
Armas levais de vantage
Se vos armais de razão.

S

Soldado sede, e servi,
Pois nisso vos ocupais;
Aos perigos não fujais,
E à ociosidade fugi.

T

Terra melhor é a Corte:
Tudo o melhor se acha nela;
Mas vivei nesta, ou naquela,
Que tudo é pátria de sorte.

V

Vivendo sempre ajustado,
Conforme a renda, ou despesa,
Gastar menos, é baixeza;
Gastar mais, será pecado.

X

Xadrez, e os mais jogos, arte
São de engenho; mas o ofício
De jogar sempre é vício;
Sabê-los jogar é parte.

Z

Zelo vos advertirei
Da fé: é bem que se dê
Vossa vida pela Fé,
Vossa honra pela Lei.

S

Soldado sendo, servi,
Aos perigos não corrais,
Mas ao dever não fujais;
À ociosidade fugi.

T

Terra melhor é a Corte,
Tudo melhor está nela;
Mas viver nesta ou naquela,
Tudo é pátria, tudo é sorte.

V

Viver, mas sempre ajustado
Conforme a renda a despesa;
Gastar menos é baixeza,
Gastar de mais é pecado.

X

Xadrez, qualquer jogo, ofício
Não é, mas simples parte;
Saber jogar é uma arte,
Mas nunca o façais por vício.

Z

Zelo convém que tenhais
Pela fé, por ser honrado;
Mas por zelo exagerado,
Sem razão não ofendais.

Pelo que sei, na tradição oral e cópias manuscritas da família Carneiro de Mendonça aparecem algumas vezes as duas versões da letra N. No fim das cópias mais recentes, às quais me referi acima, lê-se:

Falta a letra J, e para a letra N há a segunda parte que se segue:

Namorar só deve ser
Quando hajais de namorar
A mulher para casar,
Mas nunca para ofender.

Uma leitura atenta mostra que a versão da mencionada família é quase sempre de melhor qualidade, pela organização do pensamento, a escolha das palavras, a eufonia e a clareza. E é preciso registrar que tanto na transmissão oral quanto nas cópias manuscritas as diferenças são nela mínimas (sem contar erros evidentes), ao contrário das que a separam do ABC do *Peregrino da América*. Isto sugere que a relação entre a primeira e a segunda coluna é menos a de um texto e suas variantes que a de duas versões configuradas, que podemos denominar Versão A (do *Peregrino*) e Versão B (da família Carneiro de Mendonça).

Com efeito, observe-se para começar que a letra N de uma nada tem a ver com a de outra. A seguir, que para as letras C, F, P, S, X e Z as diferenças vão fundo, produzindo modos diversos e por vezes não coincidentes de definir o preceito. Noutros casos a coincidência é quase completa e, aí sim, as discrepâncias poderiam justificar-se por flutuações devidas à reprodução oral ou erros de cópia, isto é, duas fontes normais de variantes. Note-se finalmente que nem uma só quadra é exatamente igual nas duas versões.

À vista disso, vejo três hipóteses possíveis para explicar a existência da Versão B. Primeira: haveria um arquétipo do qual ambas derivaram independentemente. Segunda: não houve arquétipo e a Versão A corresponderia ao original, alterado pela Versão B. Neste caso, as alterações poderiam até ter sido feitas por uma única pessoa, pois parecem obedecer a um propósito de aperfeiçoamento, e seria contrário ao que sabemos sobre o destino dos textos supor que o simples acúmulo de variantes, surgidas ao acaso, pudesse levar a isso. Sendo assim, João José poderia ter copiado o trabalho de outro e os descendentes lhe atribuíram por conta própria a autoria, com o correr do tempo e as confusões que ele costuma acumular. A terceira hipótese é que o próprio João José tenha feito as modificações, e isto explica a tradição familiar, pois, ao lhe atribuírem com tanta segurança e boa-fé a autoria plena do ABC, os descendentes estariam apenas exagerando sem querer o seu verdadeiro e limitado papel.

Seja como for, a Versão B deve ser bem posterior, pois, além da linguagem mais simples e moderna, há nela pelo menos três momentos que parecem trazer a marca do século XVIII tardio. É o caso do primeiro verso da segunda quadra, "Bom homem, será razão", que na Versão B é assim: "Bom homem, bom cidadão".

Na quadra da Versão A predomina a tônica religiosa como critério único para definir o "bom homem". A da Versão B destaca também as virtudes cívicas, próprias do "bom cidadão". Talvez caiba notar que a palavra cidadão denotava antes o morador de cidade, gozando das franquias municipais, o "burguês"; mas no fim do século XVIII não apenas o seu uso se generalizou no mundo português, como ela ganhou conotação mais forte, de "cidadania", ligada à consciência política, podendo, depois da Revolução Francesa, adquirir um toque de cunho subversivo para os padrões do tempo e do regime.

No caso da letra F, a Versão A recomenda fidelidade a Deus e ao rei "Porque Deus assim ordenou". Mas a Versão B atenua o absoluto desta ordenação divina e introduz um elemento contingente de oportunidade, que pode até parecer estratégico: "É conselho que vos dou". Como quem diz: "Seja fiel a Deus e ao Rei porque é conveniente". Mas é claro que ambas mantêm o elemento de submissão, como não poderia deixar de ser na época.

Mais interessante é o caso da quadra Z. Na Versão A a devoção à fé (católica, subentende-se) aparece como algo absoluto, devendo-se dar por ela não apenas a vida, mas a própria honra, que na quadra H aparece como valor supremo. Com efeito, no contexto, *lei* deve significar *lei de Deus, religião*. A Versão B (onde, aliás, a quadra está melhorada como fatura e clareza) introduz um elemento de tolerância que também só se manifestou no mundo português com o século XVIII já indo para o fim, e mesmo assim timidamente. De fato, a quadra preconiza o zelo pela fé, como a outra, mas aconselha a não lesar terceiros por causa dela: "Mas por zelo exagerado,/ Sem razão não ofendais".

Portanto, reconhece que há limites para o fervor religioso, cabendo respeito por outras maneiras de pensar.

Não quero dizer com isso que a Versão B seja ideologicamente mais *avançada*, mas que acolhe conceitos bem posteriores à publicação da Versão A, portanto modernos para o tempo, atenuando, embora de leve, o caráter conservador e conformista do "ABC de exemplos". Nessa ordem de ideias ganha relevo a data de 1810 (quando João José o teria *composto*, segundo a tradição familiar), pois ela corresponde a um momento em que era cabível dirigir conselhos pensando em "cidadão" tolerante, e não, como no texto do *Peregrino*, apenas um "súdito" que aceita sem discutir a autoridade do rei e da Igreja. Por isso, a data de 1810 dá certa verossimilhança à hipótese da intervenção modificadora de João José.

Mas, modificador, ou simples copista do que outro modificara, o certo é que ele não pode ter sido *autor* de um ABC impresso mais de meio século antes do seu nascimento. Qual teria sido então o mecanismo da atribuição plena, que persiste até hoje? Imagino que João José deveria citar o ABC com frequência, dando-o como paradigma de conduta para a família. Os filhos, ao prosseguirem nesse hábito, diriam coisas do tipo — "como diz o ABC de meu pai", querendo dizer "o ABC que meu pai nos ensinou". Na geração dos netos a confusão já estaria instalada e "o ABC de meu avô" passara a significar de perfeita boa-fé "escrito por meu avô", o que foi sendo mencionado nas cópias manuscritas.

No entanto, seja qual for a origem da Versão B, sem João José ela não seria conhecida. Isto leva a dar alguma informação a seu respeito, inclusive como subsídio para quem quiser mexer no assunto, que não é transcendente, longe disso, mas tem o seu encanto.

João José Carneiro de Mendonça era filho de Bento José Carneiro de Mendonça e sua mulher Úrsula Ferreira da Cunha. Nascido em 1786, no tempo em que teria *composto* o ABC começava uma carreira próspera em Paracatu, sendo genro de um ricaço local, José Batista Franco. Em 1812 era escrivão da Câmara, redigindo com fluência. Em 1820 (referido como capitão) era vereador; em 1821, eleitor, escolhido com a maior votação, ao contrário do que ocorreria em 1833, quando o elegeram para a mesma função com apenas um voto (*Livros da Câmara Municipal de Paracatu*, Arquivo Público Mineiro, respectivamente Livros 6, 7 e 9). Nessa última data era coronel--chefe da Legião da Guarda Nacional de Araxá, onde tinha propriedades, já endinheirado e pai de prole numerosa que soube estabelecer bem. Seus descendentes, por via masculina e feminina, se espalham hoje pelos estados de Minas, Rio e São Paulo, além dos descendentes de colaterais dele nestes e em Goiás. Sua família, vinda de uma freguesia de São José, situada no bispado de Mariana, era enorme e em geral abastada, com terras de mineração e pecuária estendendo-se por todo o território da vasta comarca de Paracatu, desde esta localidade, ao norte, até Desemboque, ao sul, perto da serra da Canastra; e entrando por Goiás na direção oeste.

Um de seus genros, Antonio Paulino Limpo de Abreu, magistrado formado em Coimbra, começou como ouvidor de

Paracatu e acabou sendo o político que foi mais vezes ministro no Segundo Reinado, nada menos de doze, uma das quais como presidente do Conselho. Tendo chegado na carreira judiciária a ministro do Supremo Tribunal, foi também membro do Conselho de Estado, senador e presidente do Senado (onde, segundo Machado de Assis, "redobrou a disciplina do regimento"), recebeu o título de visconde de Abaeté, com a categoria de Grandeza, e morreu honestamente pobre em 1883.

O filho mais velho de João José, João Carneiro de Mendonça, nascido em 1809, formou-se em 1834 na Faculdade de São Paulo, foi promotor de Araxá e juiz de direito de Cavalcanti, Goiás, cargo no qual faleceu solteiro, antes de 1850. Tendo sido amante da famosa dona Beija, teve com ela uma filha e anda hoje deformado de maneira incrível em romances e telenovelas, assim como o pai e a mãe, transformados em personagens de ficção sem nenhum vínculo com o que realmente foram, salvo os nomes.

Dona Beija, que acabou matrona respeitável, aparece aliada a João José num caso de violência em Araxá, que indico segundo Waldemar de Almeida Barbosa, *Dicionário histórico-geográfico de Minas Gerais*, Belo Horizonte, 1971, verbete sobre essa cidade:

Em 1840, tendo-se ausentado o Juiz, assumira o cargo o juiz municipal, Antonio da Costa Pinto. Deveria, então, presidir as sessões do júri, que estavam marcadas. E, nesse júri, deveria ser julgado um réu protegido pelo Tte. Cel. João José Carneiro de Mendonça. Este, com seus filhos e genros e com apoio do Coronel. Chefe da Legião local, Antonio Ribeiro da Silva, do Juiz de Paz em exercício, Manoel Gonçalves Pinheiro, do vigário da Paróquia, Pe. Francisco José da Silva, e da própria Dona Beija, reuniram [sic] cerca de quarenta jagunços, dispostos, segundo se dizia, a impedir a realização do júri. Nada mais do que uma arruaça, fruto da época. Mas os boatos mais alarmistas se espalharam com rapidez. Assim, todos os camaristas e o Juiz interino fugiram para o Desemboque. Ali, em sessão permanente, dirigiram diversos apelos ao Presidente da Província, nos quais se falava em sedição.

Logo depois João José se meteu em complicação mais séria: a Revolução Liberal, de que sua família participou ativamente no oeste e noroeste da província, como se pode ver nos documentos reunidos na *História da Revolução de Minas Gerais em 1842*, Rio de Janeiro, 1843 (Anônimo) e no livro do cônego José Antônio Marinho, ele próprio revolucionário militante: *História do movimento político que no ano de 1842 teve lugar na província de Minas Gerais*, Rio de Janeiro, 1844. João José, sua enérgica mulher, os filhos e os genros estiveram entre os principais dirigentes na região de Araxá. Na sede da família, Paracatu, onde a rebelião triunfou por algum tempo, presidiu a Câmara rebelde seu sobrinho José Carneiro de Mendonça. Em Araxá houve combate, com dois mortos da parte legalista e parece que muitos mais da outra, além dos feridos de ambos os lados, destacando-se como um dos comandantes da coluna revoltosa (cuja base de operações era a sua fazenda) seu filho Joaquim, nascido em 1817, ativo aliciador de partidários e combatentes. Foragido este, a estratégia da defesa no processo (cuja cópia parcial devo à gentileza de Leon Kossovitch) consistiu em lhe atribuir, e ele assumir, toda a culpa, a fim de livrar os pais, irmãos e amigos.

A mulher de João José, em solteira Josefa Maria Roquete Batista Franco, fora humilhada e presa por mais de dois meses em enxovia, assim como o filho mais velho, João, e o genro José Antônio Pestana de Aguiar, que quase foi fuzilado. Segundo o promotor que a denunciou, sendo ela "de gênio varonil e belicoso, desempenhou admiravelmente as funções de um dos chefes da sedição, cabendo-lhe muitas responsabilidades no presente processo" (segundo Sebastião Afonseca e Silva e Aires da Mata Machado Filho, *História do Araxá*. Belo Horizonte: Imprensa Oficial, 1964, p. 22). João José (que na fase preparatória estivera no Rio conspirando com o genro Limpo de Abreu, então desembargador e deputado geral) escapou dos vexames e da prisão (mas não do processo), porque se escondeu, como os filhos e outros parentes. Limpo de Abreu, apesar de vacilante, fora um dos principais articuladores do movimento, "o oráculo dos planos sediciosos", segundo um ofício da Câmara legalista de Patrocínio, citado na *História da Revolução*, já mencionada, p. 260. Não espanta, portanto, que tenha sido desterrado para Portugal.

É provável que esses contratempos (incluindo saque e confisco de propriedades) hajam, se não causado, pelo menos ajudado a decisão de mudar para a província do Rio de Janeiro, onde ele tinha ligações de parentesco. O fato é que mudou no decênio de 1840 com a maioria dos filhos, comprando a Fazenda da Posse, ao norte do povoado então recente de Petrópolis, no qual construiu casa e comprou outra fazenda, Itamarati, hoje integrada no perímetro urbano. Dali por diante levou vida pacata até morrer, no começo de 1853, deixando bens cujo montante declarado no inventário (devo a cópia do mesmo a Vera de Assis Ribeiro) era de 201:427$025, ou seja, duzentos e um contos, quatrocentos e vinte e sete mil e vinte e cinco réis.

Este montante abrangia as duas fazendas da província do Rio e, na de Minas, cinco menos valiosas em Patrocínio e Paracatu, além de uma chácara em Araxá. E ainda: uma fábrica de sabão e duas casas em Petrópolis, 64 escravos, muito gado vacum e outros bens (cavalos, carros, móveis, prata, dívidas ativas etc.).

Hoje, passados mais de duzentos anos do nascimento, João José pode ser visto sob o aspecto de um velhote plácido, ao lado da mulher carrancuda, num belo grupo de família daguerreotipado no decênio de 1840. Deixado para trás o seu sertão, com jagunços, tropelias e revoltas, ele parece mesmo um seguidor conformista do ABC, que pode ter registrado em versão diversa ou, mais provavelmente, modificado para melhor. Mais não sou capaz de dizer, até novas informações.

Registro das primeiras publicações

1. "Drummond prosador", *Revista do Brasil*, ano I, n. 2, 1984.
2. "Fazia frio em São Paulo", *O Estado de S. Paulo*, Cultura, 3 out. 1982 (com o título: "Apenas lembrando").
3. "A vida ao rés do chão", prefácio a Carlos Drummond de Andrade et al., *Crônicas*. São Paulo: Ática, 1980. (Para Gostar de Ler, v. 5).
4. "O mundo desfeito e refeito", *Cadernos de Estudos Linguísticos*, Universidade Estadual de Campinas, n. 22, 1992 (Homenagem a Carlos Franchi).
5. "Os dois Oswalds", *Itinerários*, Faculdade de Ciências e Letras de Araraquara (Unesp), n. 3, 1992.
6. "Oswaldo, Oswáld, Ôswald", *Folha de S. Paulo*, 21 mar. 1982.
7. "O diário de bordo", *Folha de S. Paulo*, Livros, 12 dez. 1987.
8. "Navio negreiro", prefácio a Aldemir Martins, *O navio negreiro, Castro Alves*. São Paulo: Strudioma, 1992.
9. "Cartas de um mundo perdido", *O Estado de S. Paulo*, Cultura, 8 abr. 1989.
10. "Erico Verissimo de 1930 a 1970". In: Flávio Loureiro Chaves (Org.). *O contador de histórias: 40 anos de vida literária de Erico Verissimo*. Porto Alegre: Globo, 1972.
11. "Mestre Alceu em estado nascente", *O Estado de S. Paulo*, Cultura, 28 ago. 1983.
12. "Fernando de Azevedo", *Folha de S. Paulo*, 13 fev. 1988 (com o título, dado pelo jornal: "A personalidade contraditória de Fernando de Azevedo").
13. "Aquele Gilberto", *Folha de S. Paulo*, 19 jul. 1987.
14. "Um crítico fortuito (mas válido)". In: *Gilberto Freyre: Sua ciência, sua filosofia, sua arte*. Rio de Janeiro: José Olympio, 1962 (com o título: "Gilberto Freyre crítico literário").
15. "Dialética apaixonada", *Leia Livros*, ano II, n. 3, 1979.
16. "O gosto pela independência", *O Estado de S. Paulo*, Cultura, 22 abr. 1984 (com o título: "A inteligência crítica e o gosto pela independência").
17. "Roger Bastide e a literatura brasileira", *Revista do Instituto de Estudos Brasileiros*, n. 20, 1978.

18. "Machado de Assis de outro modo", II Colóquio UERJ — *A interpretação*. Rio de Janeiro: Imago, 1990 (em versão algo diferente, como comentário de uma comunicação de Dirce Cortes Riedel).
19. "Acerca de André Gide", inédito, é parte de uma palestra sobre a crítica de Roger Bastide, feita na Escola de Comunicações e Artes (USP) em 1987.
20. "À roda do quarto e da vida", *Revista USP*, n. 2, 1989.
21. "As transfusões de Rimbaud", *Folha de S. Paulo*, Letras, 9 set. 1991 (com o título: "Transfusões").
22. "Realidade e realismo (via Marcel Proust)", *In memoriam Eurípedes Simões de Paula*. São Paulo: FFLCH, 1983.
23. "Os brasileiros e a nossa América", inédito (1989).
24. "O olhar crítico de Ángel Rama", inédito.
25. "Em (e por) Cuba", *Encontros com a Civilização Brasileira*, n. 18, 1979.
26. "Discurso em Havana", *Leia Livros*, ano IV, n. 42, 1981.
27. "Cuba e o socialismo", *Brasil Agora*, n. 2, 1991.
28. "Lucidez de Cruz Costa", prefácio (sem este título) a Cruz Costa, *Pequena história da República*. 3. ed. São Paulo: Brasiliense, 1989.
29. "Bettarello", prefácio (sem este título) a Italo Bettarello, *A poesia italiana atual*, Boletim n. 15 (Nova série), Faculdade de Filosofia USP, 1977.
30. "A força do concreto". In: Maria Angela d'Incao (Org.). *História e ideal. Ensaios sobre Caio Prado Júnior*. São Paulo: Brasiliense, 1989.
31. "Lembrança de Luís Martins", *O Estado de S. Paulo*, Cultura, 13 abr. 1991.
32. "Discreto magistério", *Folha de S. Paulo*, 19 out. 1980 (com o título: "O mestre").
33. "Sobre a retidão". In: Antônio Arnoni Prado (Org.). "Libertários e militantes: Arte, memória e cultura anarquista", *Remate de Males*, Instituto de Estudos da Linguagem (Unicamp), n. 5, fev. 1985.
34. "O companheiro Azis Simão", *Revista USP*, n. 9, 1991.
35. "Arnaldo", inédito, destinava-se ao número 5 da revista *Argumento*, interrompida no número 4 pela censura do regime militar (1974).
36. "Dispersão concentrada", *Revista USP*, n. 6, 1990.
37. "Hélio versus demônio", *Jornal do Brasil*, Ideias, 10 dez. 1988 (com o título "A favor do contra", dado pelo jornal).
38. "Censura-violência", *Palavra Livre: Jornal da Comissão Permanente de Luta pela Liberdade de Expressão*, ano I, n. 1, São Paulo, abr. 1979.
39. "Salinas no cárcere", prefácio (sem este título) a Luiz Roberto Salinas Fortes, *Retrato calado*. São Paulo: Marco Zero, 1988.
40. "Literatura comparada", *Anais do I Congresso da Associação Brasileira de Literatura Comparada*, Porto Alegre, v. I, 1988.
41. "O recado dos livros", *Jornal da Unicamp*, ano III, n. 34, 1989.

42. "Cinematógrafo". In: Julieta de Godoy Ladeira (Org.). *Memórias de Hollywood*. São Paulo: Nobel, 1987.
43. "Um verão, em Berlim", *Shalom*, ano XVI, n. 19, maio 1982 (com o título: "Antes de qualquer política").
44. "Nas Arcadas", *Jornal do XI*, ano 75, n. 1, 1978.
45. "O barão", inédito.
46. "Mário e o concurso", *Memória*, ano V, n. 17, jan.-mar. 1993.
47. "Patrimônio interior", *Revista do Patrimônio Histórico e Artístico Nacional*, 1987.
48. "Caipiradas", texto no estojo dos dois discos *Caipira, raízes e frutos*. São Paulo: Estúdio Eldorado, 1980.
49. "O mundo coberto de moços", *Maria Antônia*. In: Maria Cecília Loschiavo dos Santos (Org.). *Uma rua na contramão*. São Paulo: Nobel, 1988.
50. "Abecedários", inédito.

Antonio Candido de Mello e Souza nasceu no Rio de Janeiro, em 1918. Crítico literário, sociólogo, professor, mas sobretudo um intérprete do Brasil, foi um dos mais importantes intelectuais brasileiros. Candido partilhava com Gilberto Freyre, Caio Prado Jr., Celso Furtado e Sérgio Buarque de Holanda uma largueza de escopo que o pensamento social do país jamais voltaria a igualar, aliando anseio por justiça social, densidade teórica e qualidade estética. Com eles também tinha em comum o gosto pela forma do ensaio, incorporando o legado modernista numa escrita a um só tempo refinada e cristalina. É autor de clássicos como *Formação da literatura brasileira* (1959), *Literatura e sociedade* (1965) e *O discurso e a cidade* (1993), entre diversos outros livros. Morreu em 2017, em São Paulo.

© Ana Luisa Escorel, 2024

Todos os direitos desta edição reservados à Todavia.

Grafia atualizada segundo o Acordo Ortográfico da Língua Portuguesa de 1990, que entrou em vigor no Brasil em 2009.

Este volume tomou como base a quarta edição de *Recortes* (Rio de Janeiro: Ouro sobre Azul, 2012), elaborada a partir da última versão revista por Antonio Candido. Em casos específicos, e a pedido dos representantes do autor, a Todavia também seguiu os critérios de estilo da referida edição. O texto de orelha, redigido originalmente pelo próprio Antonio Candido, foi mantido.

capa
Oga Mendonça
composição
Maria Lúcia Braga e Fernando Braga,
sob a supervisão da Ouro sobre Azul
preparação e revisão
Huendel Viana
Jane Pessoa

Dados Internacionais de Catalogação na Publicação (CIP)

Candido, Antonio (1918-2017)
Recortes / Antonio Candido. — 1. ed. — São Paulo : Todavia, 2024.

Ano da primeira edição: 1993
ISBN 978-65-5692-585-1

1. Literatura brasileira. 2. Ensaio brasileiro. I. Título.

CDD B869.4

Índice para catálogo sistemático:
1. Literatura brasileira : Ensaio B869.4

Bruna Heller — Bibliotecária — CRB 10/2348

todavia
Rua Luís Anhaia, 44
05433.020 São Paulo SP
T. 55 11. 3094 0500
www.todavialivros.com.br

Acesse e leia textos encomendados especialmente
para a Coleção Antonio Candido na Todavia.

www.todavialivros.com.br/antoniocandido

fonte Register*
papel Pólen natural 80 g/m²
impressão Geográfica